文化吉林

輝南卷

弘揚長白山文化
打響吉林特色地域文化品牌

王儒林

　　吉林有文化，而且吉林文化有底蘊、有潛力、有特色、有希望。從前郭縣王府屯距今約一百萬年的石製工具到距今十六萬年的樺甸仙人洞和距今三萬年的榆樹人，從燕趙文化東進到漢武帝設四郡，從夫餘、高句麗、渤海文明的興衰更替到遼金、清朝問鼎中原，從抗日烽火、解放硝煙到新中國老工業基地的紅色記憶，從二人轉、吉劇、長影到吉林期刊、吉林歌舞和吉林電視劇現象，勤勞智慧、淳樸善良、勇於開拓的吉林人民在白山松水間創造出絢麗多彩的地域文化，成為中國文化版圖上一道獨特風景。

　　文化與山素來結緣，正如泰山之於魯，嵩山之於豫，黃山之於皖，長白山是吉林的象徵、吉林的品牌。吉林文化始終與長白山難捨難分、血脈相連，集中體現於長白山文化之中。長白山文化發源和根植於吉林沃土，是包容吉林各民族文化、蘊含吉林發展歷史、反映吉林人性格特質、凸顯吉林氣派的「大文化」；是中華民族「多元一體」文化的重要組成部分，源遠流長、博大精深，構成了吉林文化的骨骼和脊梁。在地域文化越來越受到人們關注、文化軟實力越來越成為衡量一個地區核心競爭力的重要指標的當今時代，大力弘揚作為吉林文化標誌性符號的長白山文化，把這份寶貴的文化資源保護好、挖掘好、利用好、開發好，對於打響吉林特色地域文化品牌，鑄造極具時代內涵的吉林精神，提升吉林文化軟實力，凝聚吉林改革發展正能量，無疑具有十分重要的現實意義。

近年來，我省大力推進以優秀吉林地域文化為主要內容的長白山文化建設，出臺了《長白山文化建設規劃綱要》，啟動實施了長白山文化建設工程，在長白山文化資源保護研究、挖掘整理、開發利用等方面做了大量工作，取得了顯著成績。我們要進一步加強長白山文化理論研究，豐富長白山文化核心和外延，進一步加強長白山文化遺產的發掘、保護和展示推介力度，擴大長白山文化的影響力，進一步加強對長白山文化內涵的拓展和提升，把長白山文化資源更好地轉化為文化產品、文化事業和文化產業，推動長白山文化建設躍上新臺階，推動吉林文化大發展大繁榮，為實現富民強省目標、中華民族偉大復興、中國夢做出貢獻。深入挖掘、研究、整理長白山歷史文化，既是一項宏大浩繁的系統工程，又是一項功在當代、利在千秋的基礎工程。希望有更多有識、有志之士投身長白山文化建設事業，讓這份寶貴的文化資源更好地服務於當代，惠澤於未來。

由省委宣傳部組織編撰的《長白山文化書庫》系列叢書，是長白山文化建設工程的重要標誌性成果。叢書從基礎研究、地方特色、主要藝術門類三部分，對長白山文化的歷史資源進行了全面細緻的挖掘和整理，堪稱長白山文化研究與普及的鴻篇巨製，不僅對研究和宣傳長白山文化大有裨益，而且對培育吉林文化品牌、樹立吉林文化形象也將產生積極的促進作用。在叢書即將付梓之際，謹表祝賀並向全體工作人員致以問候。

主編寄語

莊嚴

　　長白奇迤蘊靈秀，松江悠長毓文傑。千百年來，雄渾壯美的白山松水賦予了肥沃豐饒的吉林大地以生機和活力，滋養了吉林人民勤勞睿智、堅韌進取、寬容開放的精神品格，積澱了多元融合、底蘊深厚、色彩斑斕的地域文化。這獨具魅力的吉林特色地域文化猶如一株馥鬱芳香的花朵，在中華民族文化百花園中爭妍綻放。

　　文化是經濟發展之根，是社會發展之源。省委、省政府高度重視文化建設，制定出臺了《長白山文化建設規劃綱要》，把吉林省歷史文化資源工程列入宣傳思想文化工作「六大工程」之一。省委宣傳部深入貫徹落實省委、省政府的要求，開展《長白山文化書庫》建設，啟動實施了《文化吉林》叢書編撰工作，將其作為全省宣傳思想文化工作的重要舉措，周密部署，精心組織，強力推進，取得了預期成果，為全省人民奉獻了一份珍貴的精神食糧。

　　《文化吉林》叢書是《長白山文化書庫》中全景展現特色地域文化的重要組成部分。年初以來，我省廣大宣傳文化工作者以對家鄉、對歷史、對文化事業的高度責任感和使命感，不畏繁難，勤勉執著，嚴謹認真，精益求精，在資料收集、遺產挖掘、書稿撰寫等方面付出了大量艱辛的努力，進行了許多開創性的探索和實踐，圓滿完成了這次編撰任務。叢書編撰秉承傳播和弘揚吉林文化的理念，梳理總結吉林文化資源，提煉昇華吉林文化精髓，激發增強吉林人的文化自覺、文化自信，使優秀文化更好地服務於吉林的發展振興。

《文化吉林》內涵豐富，圖文並茂，辭美情摯，引人入勝，是人們認識吉林、瞭解吉林、研究吉林的概覽長卷，是吉林文化走向全國，面向國際的真誠心聲。叢書真實勾勒了吉林文化歲月滄桑的歷史縱深，生動展現了吉林文化多姿多彩的時代律動，帶我們走進吉林地域文化演進的舞臺，親身感受風雲激盪的文化事件，出類拔萃的文化人物，領略淵深源遠的文化景觀，妙趣橫生的文化傳說，體驗琳瑯紛呈的文化產品，淳樸濃郁的文化民俗。叢書將吉林文化的發展脈絡、現狀和未來，客觀詳盡地展現給廣大讀者，是一部能夠讀得進去、傳播開來、傳承下去的佳作精品。

　　鑒往以勵志，展卷當奮發。《文化吉林》這套融史料性、知識性、可讀性於一體的叢書，為我們進一步保護、研究、開發吉林地域特色文化提供了重要史料資源。作為後繼者，當代吉林人有責任、有義務肩負起將吉林文化充分融入社會主義核心價值觀，推動吉林文化發展進步的歷史使命，讓優秀傳統文化在繼承中創新，在創新中前行，在全國文化發展大格局中唱響吉林「聲音」，打造吉林文化品牌，樹立文化吉林形象。

第三章 · 文化名人

第四章‧文化景址

第五章・文化產品

第六章‧文化風俗

第一章
——

文化發展概述

輝南縣有萬年的人居歷史，多元的社會形態，燦爛的古代文明，深厚的地域文化，百年的移民開發，紅色的革命歷程。富饒美麗的輝南以它久遠的歷史淵源、獨特的地域情調、凝重的人格力量，傳遞著濃郁的歷史情懷和沉重的使命感。

輝南縣位於吉林省東南部，東經 126°，北緯 42.4°，地處長白山西麓，境內崇山峻嶺，漫谷丘陵，沃野平疇，河流縱橫。自古以來是從西南進入長白山的必經之地。東與靖宇縣相接，西與梅河口市毗鄰，南和西南與柳河接壤，東北與樺甸市搭界，北與磐石市隔江相望，「枕梅抱柳，倚磐攜靖」，為長白山之門戶，沈吉之要衝，靖撫之咽喉，吉東之屏障，歷史上曾是吉東地區重要的政治、經濟、文化郡縣。縣域幅員 2278.7 平方公里，轄十鎮、一鄉和一個省級開發區，一百四十三個行政村，全縣二十一個民族，總人口三十六萬。縣政府駐地朝陽鎮，隸屬於通化市。

　　輝南縣的歷史源頭可以追溯到一九六○年在杉松崗煤礦發現的恐龍腳印化石，表明至少在一億多年以前，這片土地已經出現了像恐龍這樣的生物，有著

▲ 輝南城區圖

良好的史前自然生態環境。這片廣袤的土地，曾經是大金「一代賢相」紇石烈良弼的故里，明代海西女真輝發部的部國，乾隆皇帝第二任皇后烏喇那拉氏，以及慈禧太后的祖居，長白山區反沙俄義軍的集結地，東北抗聯第一路軍的抗日遊擊區。大清王朝十二帝中，有五位來過這裡，或走馬征戰，或打虎斃熊，或登臨祭祀，或吟詩寄情。粗略統計，清代輝發部出身的二品以上的議政大員、督撫等就有十多人。

一百年前，一個叫做白純義的輝南知事在縣署大堂寫了這樣一副楹聯：考海國以披圖周肅慎漢挹婁唐靺鞨明扈倫三千年此界彼疆迨我朝一視同仁全畛消域，攬山川而設治左蛟河右駝峰背牛星面龍窟數百里沙環水聚冀他日鐘靈毓秀振起人文。這副楹聯讀起來雖然有些拗口，但基本反映了輝南的歷史變遷。在虞舜至漢初這個漫長的歷史時期，本地為穢貊語族原始部落活動區，穢貊語族的先世在此漁獵稼穡。南北朝時期，高句麗與古老的肅慎民族的後裔勿吉聯手推翻扶餘政權，其勢力進入輝南地域，輝南為高句麗的絕奴部轄區。六六八年，唐滅高句麗後，在輝南設置了衛樂州都督府，轄區包括今天通化地區北部各縣，隸屬安東都護府。唐代以後，歷朝歷代都在此地建鎮設治，有「海東盛國」之稱的渤海政權在此建立了政治和軍事相對自治的回跋城。契丹人建立遼

▲ 舊朝陽鎮城樓

▲ 輝發古城遺址

政權以後，對輝發河流域回跋女真人實行比較寬鬆的自治政策，設立了回跋大王府，治所在現在的團林鎮小城子屯，軍事隸屬咸州兵馬司。金代時期這裡曾經是經濟文化繁榮區域，史料記載，有猛安十三屯，人煙稠密，村寨相接，居住著女真阿里民忒石水紇石烈部，湧現出紇石烈良弼、胡刺等著名歷史人物。元代輝南屬遼陽路的東寧府管轄，居住女真人。元政權在此設置斡盤千戶，治所設在輝發古城，曾出土元代「八思巴文百戶印」。二十世紀五〇年代輝發古城還出土了東夏國的「勾當公事印」，說明東夏政權與此地也有緊密的交往。明代海西女真扈倫四部之輝發部征服了輝發地域上的女真各部，建立了輝發部國，國都設在輝發古城。清太祖努爾哈赤為了統一女真，於一六〇七年征伐輝發，明代中葉輝發女真部落最終走向滅亡。清朝建國之後把輝南地域視為祖宗的發祥地之一，設置「盛京圍場」加以封閉保護。從清光緒五年（1879 年）以後，清政府在輝發河一帶封荒馳禁，輝發河兩岸土地得到開發。宣統元年

▲ 中國礦泉水之鄉

（1909年）清政府在此地設治直隸廳。因廳址在河以南，故稱之輝南直隸廳。中華民國二年（1913年），改為輝南縣。

輝南背靠長白山區資源寶庫，面臨松遼平原富饒糧倉，集山區特色和平原優勢於一身。朝長、營白、樺輝三條省級公路與縣內公路相互交叉，形成了網

▲ 中國生態旅遊大縣

▲ 中國綠色大米之鄉

▲ 中國野山參之鄉

狀，為出行提供了便捷的交通條件。輝南地處半山區，屬於北溫帶大陸性季風
氣候，氣候溫和，濕潤多雨，水源豐富，優越的地理位置，良好的氣候環境，
為經濟和社會發展提供了豐富的自然資源和物質保障。輝南稻作歷史較早，是
吉林省重要的水稻主產區和綠色水稻生產示範基地，有「東北稻米之鄉」的美
譽，二〇一〇年被國家授予「中國綠色大米之鄉」，榮獲全國綠色博覽會金
獎。輝南為長白山之門戶，長白山區特產資源十分豐富，當地政府依據這一優
勢，全力打造長白山特色產業集群，大力發展中藥材產業，二〇一一年被中國
特產之鄉推薦暨宣傳活動組織委員會授予「中國野山參之鄉」。對山核桃進行
系列開發，山核桃年產量達到二十萬噸，二〇一四年被命名為「中國野生山核
桃之鄉」。大力推進林蛙養殖基地建設，進行高端開發和深入加工，二〇一四
年被命名為「長白山林蛙之鄉」。輝南礦產資源豐富，其中火山渣和泥炭儲量
分別居全國第一。礦泉水日天然湧出量十點一八萬立方米，被國家權威部門認
定為目前國內外稀有、罕見的高品位礦泉水，與歐洲阿爾卑斯山和俄羅斯高加

索地區並稱為世界三大優質礦泉水產地。二〇〇二年八月，順利通過了中科院專家評審組的嚴格評審，成為全國第五個被正式命名的「中國礦泉水之鄉」的縣。輝南旅遊資源豐富，境內有龍灣國家 AAAA 旅遊區，椅山湖省級水利風景區，青頂子省級水利風景區和國家重點文物保護單位輝發古城遺址，吉林省重點文物保護單位回跋古城遺址、大椅山河東遺址、慶陽河東遺址。二〇〇七年，輝南縣以得天獨厚的自然景觀、厚重的地域歷史文化及濃郁的民俗風情，入選「中國生態旅遊大縣」六十六強，榮獲全國十佳「最具魅力的旅遊大縣」的榮譽稱號。

在新的歷史時期，輝南縣文化工作緊緊圍繞滿足群眾日益增長的文化需要，不斷加強基礎設施建設，完善公共文化服務網路，積極構建服務體系，堅持城鄉文化一體化發展，活躍和豐富了城鄉人民群眾的文化生活。文化隊伍建設不斷加強，文化設施日臻完善，文藝創作碩果纍纍，文化活動有聲有色，文化市場繁榮有序，文化產業提速發展，文化服務力明顯提升，文化吸引力顯著增強，文化影響力不斷擴大，文化建設成果不斷顯現，形成了全民重視文化建設、參與文化建設的良好氛圍，為輝南經濟社會協調發展提供了強大的精神動力、堅強的思想保證、有力的興論支持和良好的文化條件。

文化隊伍建設不斷加強。全縣有文化單位十四個，設有文化廣播體育新聞出版局、文化館、圖書館、文化市場稽查大隊、電影公司、少兒業餘體校、藝術團、少數民族文化館、戲劇創作室、文物管理辦公室、電視台、廣播電台，輝南視聽網、微波站和十一個鄉鎮文化站、廣播電視站。從業人員 二百〇六人，其中文化系統八十二人，廣播電視系統一百二十四人。在加強專職文化隊伍建設的同時，還構建了覆蓋城鄉的群眾文化骨幹隊伍。全縣有農村電影放映隊十一個、農民劇團二個、秧歌隊六十九支三千餘人；社區文化輔導站七個、社區藝術團七個、文化輔導員一百五十人、健身隊九個、文化志願者隊伍十支三百五十人；企事業單位兼職文化人員、文藝愛好者一千餘人。文化藝術協會發展至十四個，成立了作家協會、書法家協會、美術家協會、攝影家協會、音

▲ 農村文化大院

▲ 輝南廣電大樓

樂舞蹈家協會、戲劇曲藝家協會、詩詞楹聯家協會、老幹部書法協會、收藏家協會、集郵協會、根石雕刻家協會、剪紙協會、舞蹈協會、吉他協會等，基本囊括了縣域文化藝術的主要門類。協會會員由原來不足百人猛增至上千人，其中國家級各類文化藝術協會會員二十一人，省級會員五十八人。實施人才興文戰略，吸引優秀文化人才，文化隊伍建設水平從根本上得到提升，文化人才總量有較大的增加，結構更趨合理，基層文化工作網路更加健全，文化人才隊伍素質進一步提高，文化產業經營管理人才、公共文化服務人才和新媒體新業態人才快速增長。

▲ 吉視傳媒大樓

　　文化基礎設施日臻完善。構建了以縣城公共文化設施為龍頭，以鄉鎮和社區公共文化設施為骨幹，以機關、學校和企事業單位的文化設施為輔助，以民營文化設施為重要補充的文化設施網路。投資建設了愛民廣場、現代城廣場、富強廣場、站前廣場、朝陽湖公園、北山公園、體育館、輝發河沿河景觀帶、朝陽大街仿古街等文化場所和設施，改善了文化活動的環境和條件。對原有的廣播電台、電視台、圖文訊息台、吉視傳媒輝南台、文化館舞廳、圖書閱覽室、桌球館、新華書店、工人文化宮、老幹部活動中心、青少年宮，十一個鄉鎮的文化工作站、廣播站進行了升級改造，基本滿足了城鄉群眾文化活動的需要。廣播電視覆蓋率達到 100%，行政村文化室覆蓋率達到 100%，文化大院覆蓋率達到 100%，農家書屋覆蓋率 97%，農村行政村文化活動廣場覆蓋率 53%，形成了較為完備的縣、鄉、村三級文化服務網路。健全以訊息網路、廣

▲ 小說《醫林志》　　　　　　　　　　▲ 剪紙作品《三陽開泰》

播影視和平面媒體為載體的公共文化訊息服務體系。積極推進網路文化建設，輝南視聽網、中國輝南網、輝南文聯網、各鄉鎮網站以及校園網站堅持用正確的導向、健康的內容、一流的質量、先進的技術打造網上品牌，建設與社會主義和諧社會相適應的網路文化。吉視傳媒股份有限公司輝南分公司已擁有網路光纜長度一千一百公里，電纜長度一七八九公里，城鄉網路用戶七萬戶，網路覆蓋率百分之九十五。二○○八年完成了縣城朝陽鎮的網路數字化傳輸。從二○○九年開始對農村進行網路數字化轉換，到二○一二年全縣基本實現了網路數字化傳輸。

　　文學藝術創作碩果纍纍。小說散文創作收穫頗豐。輝南作家立足腳下這片熱土，飽蘸激情，辛勤筆耕，追求理想，放歌時代，特別是作家協會成立以後，文學創作進入收穫期。左仁義的長篇小說《醫林志》《大中醫》《一代中醫》《獵殺》《雙龍記》，王啟勝的中篇小說《永恆的淨化》、雜文《囈非囈》，范世強的中篇小說《漢相渡》《冥靈子》《沈括》，徐錫前的小說《逃亡》《弒》，劉寶幫的小說《大西瓜》，孫慶江的紀實文學《鐵血南滿》、史志的《輝發史

▲ 高智慧書法作品

略》，白豔華的散文《風口裡等你》《人生是一次荒涼的行走》、短篇小說《你是我的三月》相繼發表、出版。文學創作不僅勢頭迅猛，創作質量也不斷提升，湧現出一些名篇佳作。白豔華、林遠、宋文濤的散文入選《全國最美散文經典》，宋文濤的散文《二毛》獲人民大會堂獎，左仁義、白豔華獲「通化市振國青年文學獎」。詩詞創作取得了豐盈的碩果，單雲開的《詩詞曲賦大典》和《單雲開詩文集》；黃永剛的《得味齋吟草》；青年詩人林遠的《傷心愛情》《逐夢丹青》；趙光澤的《輝發山賦》《龍灣賦》《毛澤東賦》《香港回歸賦》；孫慶江的《輝發古城賦》《龍灣賦》；亢金龍的組詩《秋天正走向深處》分別在《長白山詩詞》《當代百家辭賦評註》《華夏風騷》和《長白山》發表。李開陽的《龍灣賦》獲全國金融文化詩歌優秀獎、《芒種》萬家詩會優秀獎。黃永剛詞作《沁園春·牡丹》獲「慶祝建國 60 週年東北網大賽」銀獎。李鳳林的《詠龍灣》《登四方頂子》《登扈爾奇山》先後在《長白山詩詞》《當代詩詞》《中華詩詞作品選》《長白山詩詞精選》《關東詩苑》等詩刊發表。于化成的《冬遊輝南大龍灣有感》等七首古體詩被收錄《中華詩詞文卷——吉林詩詞卷》。書畫創作碩果纍纍，異彩紛呈。鄒朝明在「全國少林書畫大賽」獲佳作獎，高智慧的作品先後入選「全國第二屆行草大展」「鄧石如杯」「乾元杯」「埇橋杯」

▲ 孫秀先作品

大展。許才山獲全國黨政軍幹部「蘭亭杯書法大賽」一等獎，作品赴韓國交流。趙光澤在全國「吉祥金鼎獎」獲銅獎，並應邀參加在北京舉辦的中日友好書法交流，書法作品被輝南縣政府作為禮物贈送給國際友人。李國棟在紀念毛澤東《沁園春・雪》發表六十週年全國書法大賽中獲入圍獎，並被收入《當代書畫家新作匯賞》。輝南的美術家們堅持深入生活，以靈動的畫筆，凝聚向上、向善的力量。國家美協會員張國君的國畫《牛集》獲「建國 58 週年吉林省美展」一等獎，並獲「關東畫派晉京展」優秀獎；《雪潤豐收》獲「走進生活——全國書畫院第二屆徐悲鴻美術獎」優秀獎，《驚秋》《春曲》獲「風華正茂——中國當代實力派畫家提名展」優秀獎。作品多次在《美術》《海峽美術》《中國書畫報》等刊物發表，入編多部國家級大型畫冊，並被有關藝術機構收藏。國畫家崔弘（崔虹）自二〇〇六年以來，先後出版《中國美術家畫廊——國畫家崔虹》《崔虹中國畫集》。李國棟的煤粉畫被譽為「全國首創，關東一絕」，煤粉畫《弄潮兒》獲中國煤礦第四屆藝術獎。郭暢的國畫《小夥伴》在「松江風情・吉林省中國畫、油畫小幅畫展覽」獲優秀獎，孫秀先《春滿乾坤》獲「第四屆全國青少年書法之星作品展」成年組金獎，《浩然正氣圖》

獲「全國第二屆魅力中華青少年才藝國際大賽」成年組金獎。劉凱油畫《向日葵》獲「吉林省美展」三等獎，入選中國美協《當代油畫作品集》。張世范《錦繡中華》獲文化部「錦繡中華杯全國書畫大賽」金獎。二十世紀八〇年代中期，輝南戲劇創作進入黃金期。湧現出劉長太、李金江、李在春、張振國等優秀創作人才和吉劇《好花難開》《兩隻烤鴨》《八九雁來》《王二甲》《會親家》，拉場戲《縣長拉車》等優秀作品。九十年代中期以後，輝南戲劇創作呈現多元良性發展勢頭，劇作家深入群眾，深入生活，關注現實，直面現實，創作了一些很有影響的作品。戲劇《鵑嫂》《老嶺最知情》《嶺前新家》《又是一年春草綠》《李岩與紅娘子》成為當時最流行的錄音作品，《李岩與紅娘子》被吉林省作為對外文化交流作品出口東南亞地區。二人轉《玉雪杯》獲省文化廳年度評比一等獎，李在春創作的小品《三醉酒》在吉林省小品二人轉匯演中獲編劇、導演、演員、舞美四個一等獎。戲劇創作有力地帶動了舞台繁榮，由趙鵬

▲ 少兒舞蹈《好中國》

▲ 鄭立波攝影作品《大山寫意》

創作、孫慶江改編，范正飛、孫慶江導演的尊師愛教歌舞劇《愛的奉獻》、兒童法制宣傳劇《警鐘》，在吉林、遼寧、河北、湖南、內蒙古等地演出一百五十多場次，觀眾達二十多萬人次。音樂舞蹈創作伴隨時代的節奏，取得了豐碩的成果。吉林省舞蹈家協會會員裴月霞收集整理的民間舞蹈《雙面人》被收入《中國民間舞蹈集（吉林卷）》，與民間舞蹈《霸王鞭》一起申報非物質文化遺產。中國舞蹈家協會會員呂淑娟創編的少兒舞蹈《好中國》《扇青青》《鼓童》《恭喜發財》《戲春》《戲獅》《阿里郎》《滿族姑娘》分別獲全國藝術金獎、上海世博藝術精品最佳表演獎、中國舞蹈家協會藝術展演金獎、東北三省電視舞蹈大賽銀獎、中央電視台少兒舞蹈大賽銀獎、吉林電視台青蘋果金獎。吉林省音樂家協會會員於德勝創作的歌曲《為祖國祝福》在吉林電視台《祖國您好》徵歌中入選，《秦淮河放歌》由中國音像出版社錄製出版。孫慶江作詞、耿長

海作曲的歌曲《關東爺們》在吉林省委宣傳部、吉林省音樂家協會舉辦的「我們的中國夢——講述中國故事」文藝作品徵集活動中獲三等獎。二〇一〇年輝南縣第七中學孫奪獲第八屆新加坡世界「金獅獎」，二〇一二年獲北京「星光中國」鋼琴組特金獎。優秀攝影作者和作品脫穎而出，王炳成的攝影作品分別獲吉林省第十二屆攝影展銀獎，中國人像攝影銅獎，中國藝術攝影家協會

▲ 張國君作品《晨曦》

▲ 在農家書屋學習

▲ 送春聯下鄉

▲ 藝術節廣場活動

第十五屆藝術攝影展金獎，多幅作品在《大眾攝影》《中國攝影報》《海峽影藝》上刊登，榮獲二〇一三年大眾攝影「十佳攝影師」稱號。李忠輝的攝影作品在「二〇一三年第 5 屆東北亞書法、美術、攝影展」中獲金質收藏獎，在「吉林省二〇一三年第 12 屆攝影展」獲銀獎。李鳳林的攝影作品《潮》獲首屆「名佳杯」金獎，《穀場姐妹》獲遼寧省第九屆攝影展銅獎，《農民工的午餐》獲

遼寧省第九屆攝影展優秀獎。鄭立波的攝影作品《江南晨曲》獲第二十二屆國展優秀獎。全縣有八名國家攝影協會會員，石道河鎮被文化部命名為「中國攝影之鄉」。

　　文化活動有聲有色。基層群眾文化活動呈現出廣泛性、多元性、普及性、自發性的良好發展態勢。縣政府和文化部門向群眾開放廣場、公園、文化館、圖書館、體育館等公共文化設施，群眾以公共文化設施為依託，自我組織、自我管理、自娛自樂。城鎮社區都成立了藝術團、農村村村有秧歌隊，城鄉各地群眾自發成立了京劇票友、二人轉、花鼓隊、太極拳、讀書閱覽、健身舞、健身操、健身球、國標舞、風箏等活動組織，廣大群眾常年活動在文化廣場、文化大院，冬扭秧歌夏唱戲，一年四季跳健康。堅持在重大節日開展文藝演出、展覽、主題演講、歌詠大會、電影晚會、廣場舞會等活動，讓群眾在潛移默化

▲ 農民草編培訓班

中學習革命歷史，弘揚優秀傳統文化，樂享文化改革發展成果，豐富精神文化生活。積極開展「文化下鄉」活動，縣圖書館連續十五年開展「圖書趕大集」活動，向各鄉鎮發放圖書五千一百餘冊，並幫助社區建立起圖書閱覽室。縣藝術團、音樂舞蹈家協會、戲劇曲藝家協會堅持開展送戲下鄉活動，二○○九年以來送戲下鄉二百九十五場，深受農民的歡迎。文化館深入村屯搞培訓，為農村文化建設培養骨幹，幫助村鎮、社區建立文體活動室。注重打造特色文化活動，在全省率先開展建立特色文化鄉鎮活動，全縣有八個鄉鎮被吉林省文化廳、省體育局命名為特色鄉鎮。二○○三年，石道河鎮被文化部命名為「攝影之鄉」，樣子哨鎮被國家體育總局命名為「體育之鄉」。在全省率先開展了「文化大院」活動，吉林省文化廳於二○○四在全省推廣了輝發城鎮開展文化大院活動的經驗，並在全省文化工作現場會上介紹了經驗，中央電視台等新聞媒體

▲ 聯合檢查行動

相繼報導了輝發城鎮開展文化大院的消息。開展形式多樣的主題文化藝術節活動，先後舉辦了全省抗「非典」英模游龍灣活動、全省書法家龍灣筆會、全國百名詩人詠龍灣、全縣農民藝術節、民間藝術節、群眾文化藝術節，連續十年舉辦了「龍灣之夏」「金秋輝南」廣場文化周。開展打造地域文化品牌活動，圍繞打造火山文化、明代女真歷史名城，精心設計舉辦了系列文化活動，開展理論研討，開闢廣播、電視專欄，出版宣傳冊，製作影視宣傳片，編寫文藝作品，舉辦書畫攝影展，舉辦大型廣場文化演出等活動。

　　文化市場和文化產業建設成就斐然。文化市場建設進入了新的發展階段，形成包括歌舞娛樂、藝術培訓、音像製品、婚慶服務、網路傳媒、大型動漫、打字印刷、廣告裝潢以及新興文化娛樂項目在內的綜合性市場體系。文化經營單位達到三百家，從業人員二千餘人，投資百萬元以上企業二十八家。在積極扶持文化市場發展和完善的同時，不間斷地加強對文化市場進行管理。以維護市場秩序為重點，加大對違法違規行為的打擊力度。全面清查出版物市場，查繳非法出版物和「法輪功」等邪教組織宣傳品，封堵、刪除傳播政治謠言及相

▲ 天鹿天食

辉发城址发掘现场

此次的考古发掘不仅证实了该城址的始建年代，始建时间，更为以后的本体保护提供了有力的依据

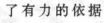

灶 址

明代房址

石 臼

城墙解剖

▲ 辉發城遺址展示板

關有害訊息的網站和網頁。從嚴查處網路市場接待未成年人和超時營業、演出市場淫穢色情表演和利用電子遊戲機賭博等問題。專項治理圍繞噪音擾民、假日期間接待未成年學生、校園周邊文化環境等問題,嚴肅處理學校周圍開辦電子遊戲室、歌舞廳等娛樂場所,營造有利於未成年人健康成長的文化環境。

　　文化產業有了較快的發展,初步形成包括新聞出版、圖書音像、休閒娛樂、體育健身、古玩收藏、文藝演出、工藝美術、訊息服務、廣播影視、群眾文化等文化產業體系,成為全縣經濟的重要組成部分和新的增長點。全縣文化經營單位已達三百餘家,其中印刷企業八家,音像出版物經營單位三家,文化傳媒企業七家,婚慶禮儀服務六家,藝術培訓十八家,書畫院十一家,文化娛樂場所十二家,網際網路上網服務營業場所二十二家,從業人員二千多人。文化經營領域不斷拓展,文化市場進一步繁榮,文化產業作為新興產業在縣域經濟發展以及滿足人民群眾精神文化需求中發揮著越來越重要的作用,逐步進入

▲ 輝發城遺址考古挖掘活動

新的發展時期。

　　文物保護富有成效。全縣有各級文物保護單位五十三處，文物遺址遍布全縣所有鄉鎮，其中國家級文物保護單位一處（輝發古城遺址）；省級保護單位八處（小城子古城遺址、輝南西關、民國張作相四合院遺址等）；縣級保護單位四十四處（樣子哨鎮馬鞍山遺址、撫民鎮青頂子遺址、甘飯盆石刻等）。館藏文物種類繁多。現有館藏文物二七四九件，吉林省博物館藏七十九件，縣博物館藏二六七〇件，包括玉石器、石器、金銀器、銅器、鐵器、陶器、瓷器，物件豐富。這些文物印證了輝發大地從古至今的重要歷程，是瞭解研究輝南歷史的重要教材，保護和延續輝南歷史文脈的重要依據，發展輝南文化的重要資源，見證輝南振興的寶貴財富。革命紀念地和戰跡地眾多。初步統計，輝南有重要歷史事件發生地、會址、戰跡地、紀念地、烈士殉國地等三十多處。其中抗日戰爭時期的主要戰跡地和紀念地十五處，解放戰爭時期的十八處，這些革命遺址和紀念地是革命先輩留存下來的寶貴遺產和精神財富，是我們世代相傳的「黨史活教材」。同時有百年以上歷史的老村屯四十三個，其中道光年間三個，咸豐年間四個，同治年間三個，光緒年間三十三個。這些老村屯是輝南百年歷史的縮影，承載著輝南百年的記憶，記錄著輝南百年發展的歷程，孕育著輝南最早的文化胚胎和這片土地的人文精神。文物管理部門認真貫徹「保護為主、搶救第一、合理利用、加強管理」的十六字文物保護方針，採取切實措施，做好文物保護工作，連續多年實現了文物安全無事故，所有文物保護單位和館藏文物無被盜、無被搶、無丟失、無損壞；國保、省保、市保和縣保文物「四有」檔案齊全。加強對《文物保護法》的宣傳力度，利用形式多樣的宣傳教育手段，普及文物保護知識，對廣大群眾和青少年進行愛祖國、愛家鄉的教育。每年利用「5‧18博物館日」和「文化遺傳保護日」舉辦形式多樣的文物保護宣傳活動，還將文化遺址和博物館文物拍成照片製成宣傳展板，在縣城和各鄉鎮巡迴展出，增強了群眾的文物保護意識。制定保護規劃，落實文物安全責任制。成立了文物保護工作領導小組，政府下發了《關於進一步加強文物保

▲ 輝南縣文博館

護工作的意見》，明確各職能部門的相關責任，形成了縣、鄉、村三級文物保護網路體系。劃定保護範圍及確定建設控制地帶，落實文物安全責任。每年對各級文物定期不定期地進行文物保護安全巡查。建立文物保護檔案，對全縣文物保護單位進行「四有」檔案管理，內容涉及地理位置、歷史沿革、保護現狀、保護範圍及建設控制地帶。積極爭取資金，加大文物保護設計維修力度。二〇一三年籌措資金六十五萬元，完成與北京建工建築設計院簽訂的輝發城址文物保護規劃，二〇一四年三月由國家評審通過。圓滿完成省文物考古研究所與輝南縣文物所對輝發城址第二次發掘工作；完成了輝發城址搶險加固工程方案設計及申報工作；完成了第七批吉林省文物保護單位申報工作。積極配合上級文物部門對古文化遺址的勘探和挖掘活動。二〇〇一年，配合吉林省考古研究所對板石河釣魚台遺址進行發掘；二〇〇四年，配合吉林省考古研究所對永康小城子遺址進行調查發掘；二〇一〇年，配合吉林省考古研究所對輝發城址

進行主動發掘；二〇一一年，配合吉林省考古研究所對輝發城址進行二次發掘，確定城牆構築性質及年代。

　　文化之常青樹，緣天地域化之嬗變。輝南從一個蠻荒之地發展到如今，其過程充滿了幾代人奮鬥的血汗，卓越的智慧，不屈不撓的毅力，豪邁剛烈的精神品格。這一切，凝聚成輝南地域文化的獨特風貌。輝南人視文化為生命的血脈，發展的力量，創新的底蘊，共同的精神家園。不斷萃取精神錘煉之美質，發掘人文涵育之亮點，彙集薰陶人、塑造人、鼓舞人的正能量，培育愛鄉愛土的人文情懷，形成歷史感、生態性、文化味並存的文化特質，為打造長白山第一門戶提供強大的精神力量。

第二章

——

文化事件

　　諸多的歷史文化事件孕育了輝南的文化胚胎，形成了輝南獨特的文化形態，賦予了輝南地域文化的內涵，積澱成為輝南的歷史文化底蘊。由一個個文化事件組成的歷史文化背景所產生的凝聚力，培育了輝南人的理想追求，引領了輝南人向上的價值取向，激發了輝南人自強不息的人文精神。

皇太極在輝發山舉辦迎親和大婚儀式

　　明萬曆四十二年（1614年），努爾哈赤為進一步加強與科爾沁部莽古思貝勒的政治聯盟，努爾哈赤欽定了他的第八個兒子皇太極和莽古思貝勒的女兒博爾濟吉特氏（哲哲）的婚事。當年五月二十八日，年僅十六歲的哲哲由父親莽古思陪同前來同皇太極成婚。努爾哈赤對皇太極的婚事非常重視，令皇太極率領部下從赫圖阿拉城（今新賓老城）出發，北行三百餘里，到達扈爾奇山城（今輝南縣輝發古城），在此殺牛宰羊舉行隆重的迎親儀式和結婚儀式，皇太極時年二十三歲。對皇太極和哲哲這樁婚事，清初史料多有記載。《清實錄》記：「甲寅年（1614年）四月壬寅（5月28日）蒙古國科爾沁貝勒莽古思，以女歸上子，貝勒皇太極未婚，上命貝勒皇太極行親迎禮，至輝發國扈爾奇山

▲ 清太宗皇太極

▲ 孝端文皇后（哲哲）

城，大宴成婚。」《清史稿》第二一四卷（列傳一《后妃‧太宗孝端文皇后》）載：「太宗孝端文皇后，博爾濟吉特氏，科爾沁貝勒莽古思女。歲甲寅四月，來歸，太祖命太宗親迎，至輝發扈爾奇山城，大宴成禮。」《清史稿》第一卷《太祖本紀》載：「甲寅夏四月，帝八子皇太極娶於蒙古，科爾沁部莽古思之女也，行親迎禮。」

　　努爾哈赤之所以選定在輝發古城為皇太極舉行迎親和大婚儀式，既有輝發古城距離建州較近的因素，還有物質保障方面的原因。輝發部滅亡後，努爾哈赤從建州分撥一千戶到輝發耕種其田，並設置輝發都督對其管理。試想如果沒有這樣一個基地做保障，如何能保證這次龐大的婚禮所需物資的供給。除此之外，選擇輝發古城完婚，還有當時女真婚俗上的考慮。明代中後期，由於受中原禮教的影響，女真族婚俗中的「妻母報嫂」「搶婚」「竊婚」等原始婚姻殘餘受到限制，但仍然保留某些原始遺風，如「野祭」「野合」等習俗還在延續。女真族的婚禮都在晚上舉行，掌燈開始野祭，設立祭台，點燃松明子和火把，照亮神桿下的祭台，薩滿對獵神、山路神、水神、火神、風神等神祇偶像禮拜並讚歌，參加婚禮的人們在祭台下和歌伴舞，祝福新人。在祭神儀式結束後，新人要在野外的樹屋、洞穴、樹叢中的柳床度過這愛情的狂歡之夜，俗稱「野合」。輝發古城依山傍水，應該是按照這些原始遺風舉辦婚禮的最佳地點。

　　皇太極與哲哲的婚姻，是努爾哈赤「滿蒙通好親善」的政治決策，後來演變為清朝「南不封王，北不斷親」的基本國策。努爾哈赤通過聯姻通好的親善政策，與科爾沁部這一「扎薩克 24 部之首」結成了牢固的聯盟關係，鞏固了當時滿洲在遼東的統治地位，無後顧之憂地專心對付大明王朝。這項統一多民族立國的重大決策，成就了努爾哈赤一生的豐功偉業，對此其後輩讚歎不已。康熙皇帝曾說，「本朝不設邊防，恃蒙古部落為屏藩耳」。乾隆皇帝在巡視科爾沁部時，對滿蒙聯姻也大加讚揚，題詩：「塞牧雖稱遠，姻盟向最親。嗣徽彤管著，綿澤礪山申。設候嚴喧查，清塵奉狩巡。敬誠堪愛處，未忍視如賓。」詩中充分表達了一家人的感情。這種懷柔政策推而廣之到蒙古各部落，

收到了良好的政治效果。這項化敵為親，人為長城，屏藩溯漠的政策，比土石築起的長城更加堅不可摧。在清代，廣袤草原上的蒙古族不但沒能聯成一體來舉族叛清，相反卻在清王朝統一全國，平定各地叛亂，鎮壓人民反抗的戰爭中，蒙古王公們率領驍勇善戰的蒙古騎兵與清軍一起，披堅執銳，橫刀躍馬，在刀光劍影中所向披靡，於戰火硝煙裡馳騁疆場，立下了顯赫的戰功。這是中國歷代王朝少見的現象，顯示出清王朝統治者在處理民族關係方面，比歷代統治者都略高一籌之處，也可說是維護多民族封建帝國完整統一的重大成就。同時，這種聯姻通好的政策，也給科爾沁部以至蒙古帶來了實實在在的利益，在清太祖、太宗、世祖、聖祖期間，先後有四后、十三妃出自科爾沁部，蒙古科爾沁部影響了清初的五朝四帝。

康乾二帝視察輝發古城留詩賦

　　在中國歷史上，帝王巡行是國家的大事。這不僅是由於每次出巡都興師動眾，更重要的是帝王出巡給國家帶來了很大的影響，在歷史上打下深刻的印記。清代皇帝多次巡行東北，在入關以後，曾經有四位皇帝先後十次赴東北巡視，其中康熙、乾隆在東巡中都親臨輝發，吟詩作賦，行圍射獵，祭祀輝發古城。

　　康熙三十七年（1698 年）夏天，康熙皇帝親自揮軍，經過三次大的征戰終於平定了漠西蒙古首領噶爾丹叛亂。西北太平，大功告成，康熙異常興奮，決定通過東巡祭祖，巡視塞北，督察軍務。當年農曆七月二十九日，康熙在皇太后及胤禔等七位皇子的隨行下，離京東巡，往返一百〇三天，這是康熙第三次走馬關東。這次東巡名義上是謁陵，實際是視察北部防務。當時中俄雅克薩反擊作戰雖然勝利結束，但沙俄亡我之心不死，不斷騷擾東北邊境，時局大有「盤馬彎弓箭待發」之勢，作為一代守土有責的君主，康熙此次東巡意在檢查戰備。原定這次出行是從山海關出發，由於時值秋收，康熙怕車馬踐踏了老百姓的莊稼，於是決定由道口北上。農曆七月二十九日，兩萬人的東巡隊伍從北京出發，由居庸關北上，途經蒙古地區，在松花江改乘船隻逆水南下，於農曆九月二十六日來到吉林，駐蹕四日，主要視察了吉林城的城防事宜。四日後，東巡隊伍沿輝發河左岸西行，於農曆十月五日到達輝南境內，在龍虎碴子行圍，斃殺二熊，當日駐蹕輝發。身臨祖宗當年征戰之地，想到先烈創業的艱辛，康熙不由感慨萬分，於是寫下一首《行圍輝發》詩，抒發對先祖的崇敬之心。

　　金戈鐵馬百戰時，
　　戎衣辛苦首開基。

榻邊鼾睡聲先定，

始布中原一著棋。

　　在這首詩裡，他首先歌頌了太祖努爾哈赤身經百戰，為大清開創基業的艱苦，接著又高度評價了消滅輝發部的重要意義。「始布中原一著棋」這一句，從戰略上充分肯定了吞併輝發是努爾哈赤統一女真，進取中原的戰略棋局中的一著定勢之棋。康熙的《行圍輝發》詩看似無華，但字裡行間都透視著政治家的遠見卓識和帝王的風骨，是迄今為止輝發文檔中最有價值的詩文。

　　在康熙東巡輝發後的五十六年（1754年），清朝的另一個盛世之君乾隆皇帝也步著爺爺的後塵，東巡來到輝發古城。這是乾隆帝第二次東巡。此時他已四十四歲，正值壯年。農曆五月六日，乾隆率隊從圓明園出巡，經熱河由古北口出取道吉林，而後到達盛京。之後再從山海關返回北京。往返費時五個月（153天），其聲勢和規模大大超過康熙皇帝。

　　農曆八月六日，乾隆東巡抵達吉林，八月十九日行圍輝發。在獵獲頗豐之

▲ 黃成稼國畫《康熙巡視輝發山》

後，率領文武官員登上輝發山頂祭祀先祖，當晚駐蹕輝發城西大營。據考證西大營即現在的點將台，其地原名叫月牙台，在輝發部時期這裡是一座軍營，因為地處輝發河以西，故稱西大營。那天晚上，乾隆的行宮就設在這裡，隨行的御林軍晚間在此操典，所以傳說乾隆在此月夜點兵，月牙台也由此改名為點將台，並成為輝南八景之一，記錄在《輝南縣志》上。祭祀之後，寫下了《輝發故城懷古》和《登輝發故城再賦》兩首詩。

輝發故城

天教草昧起英雄，開創艱難自大東。
鏟削蓬蒿基景運，馳驅險阻立豐功。
諭盟徒恃營三窟，不戰惟勞舉一戎。
荒堵秋風懷昔日，欽承統緒凜予衷。

登輝發故城再賦

輝發河東巍峨峰，云是當年征戰處。
拜音達裡擾王帥，築城三遭守險固。
質臣取還婚弗娶，潛與葉赫通盟屢。
患在肘腋弗翦除，堂堂大業何由樹。
我師神武真天人，一時龍虎風雲附。
師興五日破堅城，殲魁誘脅為臣庶。
即今旗籍那拉氏，百年世祿被恩遇。
我來仰烈憶草創，撫跡應親攬艱巨。
威呼雙槳渡溪河，彼岸候馬亂流渡。
葦聚蔽騎披胄過，其下浸滛盡沮洳。
山從人面起巍峨，仰首不見天密櫨。
策騎逡尋歷其巔，雉堞久壞蔓草護。

故老無能為我言，敬觀締造披實錄。

徒見山高水深慨，懷哉久安長治故。

從臣謂我今日勞，較昔如何莫輕語。

這兩首詩都具有很高的文學價值和史料價值，是輝南歷史上寶貴的文化遺產。特別是《登輝發故城再賦》，把努爾哈赤攻打輝發部的戰爭場景描寫得很細膩。過去一些史料記載，這場戰爭只是陸戰，從乾隆這首賦「威呼雙槳渡溪河，彼岸候馬亂流渡。葦聚蔽騎披冑過，其下浸謠盡沮洳」描述中，才知道原來還有一支部隊在水中隱蔽接敵，出其不意發起進攻，難怪輝發部敗得那樣迅速。

康乾二帝通過祭祖懷遠，來考察民情，部署軍事，賞罰官員，督促治政，對盛京地區的政治、文化、經濟均起了一定的推動作用。特別在東巡中，清帝連繫蒙古各部落的王公貴族，巡查邊地，建立防禦和對盛京地區皇家建築加以修整，減免沿路各省縣的賦稅，體察人民疾苦，應該說有著一定的積極意義。

邊塞詩人吳兆騫風雪訪輝發

　　吳兆騫，江蘇吳江縣人，字漢槎，明崇禎四年（1631 年）出生於書香門第。自幼聰慧過人，九歲作《膽賦》，十歲作《京都賦》，少年時名揚江南，聲震京師，有許多佳作問世，被譽為「左江三鳳凰」之一，中國著名邊塞詩人。

　　順治十四年（1657 年），吳兆騫中舉人，就在人們以為他的仕途即將開始的時候，誰知卻陷入「南闈科場案」之中。在複試中，他因交白卷被革除舉人名號。順治皇帝親自定案，將其家產籍沒入官，父母兄弟妻子一併流放寧古塔（今黑龍江省寧安縣）。吳兆騫在被押解寧古塔途中，到了輝發境內。他通融監押人員，不顧流途勞累，頂風冒雪去探望神往已久的回跋古城和輝發古城。吳兆騫在風雪中走進了回跋古城，昔日雄踞一方的回跋大王府已經變成了斷壁

▲ 後金太祖滅輝發部

殘垣，被風沙無情地掃蕩著。詩人望著百年廢址，想起了昔日女真輝發部在強敵大舉進攻時，隘塞空設，孤城力竭，刀兵殘草，鬼哭黃埃的悽慘場景，發出了「興衰恨莫裁」的興嘆。由於回跋古城距輝發古城只有五公里的路程，吳兆騫在探尋回跋古城遺址後，緊接著又登上了輝發山城。當時是輝發部滅亡後的第五十二年，古城昔日的繁華不見了，進入詩人眼簾的是滿目焦土，威嚴的貝勒府變成了一片廢墟，神聖的祭天祠成了一堆瓦礫，駐紮重兵的候月營也被枯萎的荒草深深覆蓋著，當年為了防禦努爾哈赤入侵修築的三重城牆已經變成了雉堞，只有昔日戰場上的楊柳還在頑強地生長著。吳兆騫在走遍劫後荒城後，最後登上了輝發山頂，看著古城的險要，想起了當年那場戰爭的殘酷，有了「登臨兀度客心驚」的震撼之感。回跋古城和輝發山城都是「擊基而棟滅」的遺址，落魄詩人面對荒敗之地，吳兆騫增添了無限感慨，帶著這樣一種心情，揮筆寫下了《過灰扒廢城》和《經灰法故城》兩首詩。

過灰扒廢城

大漠何王國，行人此日來。

雄圖一戰盡，廢址百年衰。

魚鳥空橫草，麒麟已沒苔。

松聲悲舊壘，水氣冷荒台。

伊昔龍庭日，曾傳狼纛開。

勢窺東海盛，部繞北關回。

候月雕弓盡，乘冰鐵騎催。

兩雄方齮齕，雜種遂紛猜。

釁此征祠祭，勵期辟草萊。

旌飛沙浩浩，鼓合雪皚皚。

大敵全師會，孤城力鬥摧。

兵聲殘白草，戰哭聚黃埃。

韓進秦先舉，虞亡晉始恢。
尚傳京觀在，誰嘆爀蠹灰。
隘塞形空設，興衰恨莫裁。
依稀營畔柳，惆悵笛中梅。
叢棘朝晞露，崩沙晚沸雷。
撫塵心佗傺，覽跡思徘徊。
地遠何人吊，程遙我馬隤。
淒涼懷古意，秋角滿長垓。

經灰法故城

雪峰天際見荒城，猶是南庭屬國名。
空磧風去當天盡，戰場楊柳至今生。
祭天祠在悲高會，候月營空想度兵。
異域君臣興故里，登臨幾度客心驚。

　　吳兆騫這兩首詩絕非尋常，由於出自清代
文化名人之手，其文學藝術價值當然不菲，但
其歷史價值更為珍貴。《過灰扒廢城》是迄今為
止描寫回跋女真的第一首文學藝術作品，從這
首詩的內容看，回跋城是在一次重大的戰爭中
滅亡的，而且這場戰爭參與的兵力比較多，規
模比較大。吳兆騫雖然是一位詩人，但他涉獵
很廣，從詩賦用典就可知其對史學有一定研
究。另外，他所處的時代是明末清初，距離遼

▲ 《秋笳集》

金年代較近，接觸的史料或是民間傳說，比現在要豐富得多，要知道湮沒一個
重大的歷史事件並不需要更長的時間，吳兆騫在這首詩中描寫的那場戰爭，有

可能幫助找到回跋女真滅亡的原因。《經灰法故城》詩，勾勒了一幅輝發部城區建設圖。

　　吳兆騫離開輝發，於九月底到達寧古塔，詩人就這樣和黑土地走到了一起。開始設館授徒，培養滿漢子弟讀書。在寧古塔眾多的流人中，吳兆騫文學造詣最高，名氣最大。他在寧古塔生活了二十二年，寧古塔這個「塞外絕域」的山山水水，風土民情深深地留在了他的記憶中，凝固於他的筆端，他將自己戍居塞外的不同思緒，寫成詩詞集《秋笳集》和《歸來草堂尺牘》流傳於後世。康熙二十年（1681 年），在好友顧貞觀、納蘭性德、徐乾學等人努力下，吳兆騫終於啟程南歸。三年後，詩人病逝於北京，享年五十四歲。

劉建封《長白山江崗志略》
記輝南史地事南樓令九首

　　劉建封，字桐階，又名劉石蓀，號「天池釣叟」，山東省諸城縣人，生於一八六五年，是清末東三省總督徐世昌、錫良等屬下的奉天候補知縣，也是辛亥革命時期著名的詩人。光緒三十四年（1908 年），劉建封領班勘查奉吉兩省界線。這次考察，西以頭道花園河為起點，東以紅旗河尾閭為止點，南至團頭山（斷頭山），北至松花江之下兩江口，東西長約六百餘里，南北寬約三六〇里。在勘查中，奉吉兩省以水為界，均經分班詳勘，擇其山徑要沖之處，均以木或以石設立界碑，盡職盡責地完成了奉吉兩省勘界任務。他還三次登上長白山，對長白山天池和圖們江、松花江、鴨綠江三江之源做了詳細考察，後人稱劉建封為「全面科學考察長白山區的第一人」。踏查中，劉建封對長白山天池之十六峰親自命名，還對二百四十個江崗進行考證和記錄，並先後編著了《長白山江崗志略》、《長白設治兼勘分奉吉界線書》、詩集《白山紀詠》、地圖集《長白山江崗全圖》和攝影畫冊《長白山靈跡全影》，為後人留下了珍貴史料。在《長白山江崗志略》中有記輝南史地事南樓令詞九首。

　　輝發城：「志略史猶征，江濱輝發城。許未知、故國先營。鐵鐓五銖多石臼，遼金續，馬嘶聲。　　擷韻布縱橫，採風排陣兵。奮爭先、紛露峥嶸。再紀遼東山水勝，憶釣叟，命初名。」

　　蛟河：「有水亦蛟河，匯流推碧波。幾岔分、俱未蹉跎。奧處有溝堪吊鹿，四方頂，聳巍峨。　　屈指百年過，江山演若何？草木心、豈可消磨。向使英雄思報國，唱不盡，大風歌。」

　　蝦蟆河：「河岸遍桑麻，今名曰蛤蟆。極石鋪、遍野山花。源近龍灣鄰奧壤，榆樹岔，掛雲霞。　　千里我驅車，百年又踏查。過撫民、未訪何家。奇事津門能有偶，天地大，不須誇。」

三通河：「嶺後發三通，河邊住范公。父渡遼、年少隨從。月夜讀書聞水厲，大鰲射，挽長弓。　　方略育英雄，奇招變幻中。善用兵、奧妙無窮。剩有神形遺卷裡，聽風雨，化雲龍。」

七十二龍灣：「七十二仙灣，皆收志略間。方位明、點綴群巒。光緒末年逢夕雨，人曾見，玉龍懸。　　至此向東邊，騰騰紫氣環。卷巨風、吹出黃煙。飛入天池塵夢杳，臥長白，閱江川。」

杉松崗：「到此路迢遙，礦藏俱富饒。十數家、煤廠牌招。煉鐵公司名寶聚，寒門土，火中燒。　　植物做皮硝，須將澀性挑。種類繁、槲櫟先標。途遇雲龍而後曉，天津客，任辛勞。」

樣子哨：「近哨聳孤亭，蘭山傳漢儒。故事留、東野聞書。施禮移前恭問訊：就新學，意何如？　　叟答祖居涂，云孫與老狐。為避秦、遁跡偏廬。隔世兩千年以上，論此地，屬玄菟。」

朝陽鎮：「古鎮謂朝陽，百年前重商。鄰海龍、西有圍場。此近天池思釣叟，擔憂責、走江崗。　　志略記行藏，文華補大荒。未了情、草木滄桑。二十四溝明月夜，分明是，照劉郎。」

駱駝砬子：「銅礦現邊陲，駝腰嶺過時。砬子形、頗具神奇。開發東荒添舉措，縣丞設，柳河宜。　　古道布深棋，新愁會小詩。近太初、板屋參差。遊遍花園尋鐵筆，山有恙，問誰知？」

▲ 《長白山江崗志略》

張鳳台記輝發河輝發城詞

　　張鳳台，字鳴岐，河南安陽崇義村人，生於清咸豐七年（1857 年）。曾先後任直隸省元城（今河北省大名縣）、吳橋、東鹿縣知縣。光緒三十三年（1907 年）擢升長春府知府候補。光緒三十四年（1908 年），東三省總督徐世昌、巡撫唐紹儀舉授他為長白府設治委員。長白設治公所成立後，張鳳台為首任設治委員（知府銜）。張鳳台在長白設治公所任職一年零七個月，他廣徵博采，編著了八卷七十二篇十四萬字的《長白彙徵錄》，翔實記載了長白府疆域、山川、兵事、風俗、物產、藥類、內政外交、名勝古蹟等。《長白彙徵錄》是一部成就斐然的拓荒之作，是一部內容豐富、有史學價值的史料。其中記有輝發河輝發城南樓令詞一首：「長白事徵存，古城輝發聞。隔柳邊、哈達東門。水道提綱曾記載，現名晚，亦當珍。　　當此渡河津，吟鞭指處奔。一剪梅、引遍清芬。二百闋推新派湧，終可藉，慰前人。」

清宣統二年（1910年）出版《奉天輝南廳志》

《奉天輝南廳志》，為該廳同知薛德履監修，張見田、於龍辰纂，候官張元奇題書名，知廳事薛德履作序，清宣統二年（1910年）成書，石印本一冊八十二頁，共約九千字。

監修薛德履，直隸獲鹿縣人，輝南撫民理事、同知花鈴知府銜，後調山西候補直隸州知州。編輯員張見田，安徽桐城縣人，五品銜候補訓導，優稟貢生。編輯員於龍辰，輝南廳人，學務總董，孝廉方正。

▲ 輝南直隸廳廳志

《奉天輝南廳志》為上、下兩卷，共二十八節。上卷為沿革考、全境圖、城圖、奏稿、天文、地理、廳界、社址、道里、山、水等節，下卷為衙署、職官、學堂、巡警、營制、田賦、戶口、人物、仕宦、節孝、商務、八景、廟宇、農產、礦產、藥材、動物、水產等節。

「沿革考」記載了輝南廳治自唐虞迄宣統二年（1910年）中歷朝的歷史沿革。「奏稿」計有三篇，一是宣德元年（1909年）三月東三省總督徐世昌、奉天巡府唐紹儀關於奏設輝南直隸廳的奏摺。一是宣統元年（1909年）十二月東三省總督錫良關於將輝南廳試辦薛德履等改為署理的奏摺。「天文」「地理」「廳界」「社址」「道里」「山」「水」等目，記載了輝南的自然地理概況。「職官」「學堂」「巡警」「營制」「田賦」等目，記載了輝南政治、經濟情況，雖然均很簡略，卻是設治初期的真實寫照。如「學堂」目載，輝南有大小學堂八處，簡易學塾一處，還有圖書館一處。「農產」「礦產」「植物」「藥材」「動物」等目，簡記輝南的自然資源。

民國八年出版《輝南縣風土志》

《輝南縣風土志》，輝南縣知事王瑞之編輯，奉天作新印刷局鉛印，平裝一冊九十八頁。

編撰王瑞之，字輯五，山西太原人，奉天法政專門學校畢業，民國八年任輝南縣知事。當年冬月主持修成《輝南縣風土志》。

《輝南縣風土志》全書一冊，分為十四章五十五節。內容包括：沿革；地理（氣候、位置、疆域、區劃附全縣圖、山脈、河流、古蹟、八景）；職官（縣公署、警察所、勸學所）；民治（戶口、警察、保甲、教養工廠、嗎啡療養所）；財賦（國家稅、地方稅）；教育（教育會、學校、私塾）；公共團體（農會、商會）；軍隊（捕盜營、防營）；人物（節孝、俊秀）；宗教；禮俗（禮典、婚禮、喪禮、祭禮）；物產（動物、植物、礦物）；實業（農業、林業、工業、商業、漁業、獵業、牧畜業、礦業）；交通（道路、車輛、爬犁、郵政局、電話局、渡船、帆船）。

本志特點：一是體例完備，包容面廣。自然環境、區劃、政治、經濟、軍事、教育、人物以至宗教、禮俗、實業、交通等均有志述。二是重視食貨，詳敘經濟。這部分雖只有二章（全志共十四章），但所占篇幅卻超過全志的一半，詳記物產，如動物就有四十九種，尤詳敘特產，如黃煙、麻、藍靛、木材以及人參、鹿茸、鹿胎、牛黃、虎骨、草藥、礦產等，均詳介種類、用途、打製和加工方法等，體現了山區經濟特色。「農業」項，記有當地各種作物的播種、耕耘、收穫時間和產量，還有作物保護及災害預防方法，頗具實用價值。三是記敘具體，材料準確。

《輝南縣風土志》全書約三點七萬字，由王光烈題書名，該志體例完備，資料翔實，語言精練，被奉天省樹為全省各縣《風土志》範本。

民國十六年出版《輝南縣志》

　　《輝南縣志》於中華民國十五年（1926年）七月開始編撰，翌年六月脫稿，年末刊行。總監修為白純義，字仲方，興京人，輝南縣知事。編修館長李碩夫，字少甫，瀋陽人，行政科長。修編館長兼鑑定于龍辰，字青雲，輝南縣人，公款主任。聘請總纂于鳳桐，字猗操，興京人。

　　《輝南縣志》全書五卷，五十九節，共約十點七萬字。首卷包括序文、編修館同仁合影、例言、編修者姓名等節。卷一《疆域》包括位置、幅幀、邊界、區劃、山川、城鎮、土質、古蹟、名勝、道路、物產、氣候等節。卷二《政治》包括沿革、政績、教育、警察、保甲、區村、市政、團練、清鄉、財政、選舉、外交、司法、電話、電報、郵政、水利、林政、金融、衛生、消防、教育等節。卷三《人士》包括民族、戶口、選舉、農業、商品、礦業、漁業、林業、墾務、醫業、宗教、禮俗、語言、外僑等節。卷四《附記》包括人物、藝文、建議、歌謠、軼聞、跋等節。

▲　輝南縣志

本志體例完整,目附「縣大事年表」,自民國元年(1912年)迄民國十五年(1926年)十一月,按年月將本縣大事列入表內。舉凡政治、經濟、軍事、文化、教育等諸大事均有記載。編年之後,不僅「方輿、建置、民政、秩官、選舉、人物、藝文」等目皆備,而且依時代之發展,增加了外交、司法、電話、電報、郵政、衛生、商業、醫業、外僑等目。本志內容翔實,又如卷二政治「財政」目,附田賦、雜捐、會費、貨幣、稅捐、公款處六條。每條除記各項歷史沿革外,又詳記其具體情況。卷四附記徐世昌、唐紹儀《奏請設治輝南直隸廳於大肚川摺》;錫良、程德全《奏請將輝南廳治移設謝家店摺》。附詩賦二十六首,其中有清聖祖康熙《行圍輝發詩》和清高宗《輝發故城懷古》《登輝發故城再賦》等。

《輝南縣志》由劉尚青題寫書名,前縣知事王瑞之、費國光、王杼,輝柳林區駐在所所長關慶元、劉順則(職務不詳),縣二小教員王繩武、教育所長陳萬青以及李碩夫、于龍辰等撰寫序文,總纂于鳳桐作跋。

出土元・百戶印

　　民國十年（1921 年）在輝發城附近出土了一枚八思巴文的百戶印。據《奉天通志・金石志》記載：「民國十年（1921 年），輝發古城附近發現一印，正文為元國書，背有文曰：「□□蒙古軍百戶印，延祐七年（1321 年）五月中書省禮部造。見存北平歷史博物館。」從文獻記載的情況看，印正文為八思巴文。八思巴文是以其創造人、元世祖忽必烈之「國師」——西藏梵僧八思巴的名字命名的，是由梵藏字演化出來的一種拼音文字，能拼寫漢字、女真字和其他文字。至元六年（1269 年）二月正式頒行使用。印的鑄造年代在延祐七年，即西元一三二一年。屬中央禮部統一頒造，為元代軍事組織的用印。《元史》卷九十八記載：「世祖時頗修官史。內立五衛，以總宿為禠軍，衛設率軍都指揮使，外則萬戶之下置總管，千戶之下置總把，百戶之下置彈壓，立樞密院以總之。」可見百戶是當時下層軍事機構設置。雖然品級不高，元代百戶的品級均為六品至七品，但從另一個側面說明，當時輝發城一帶已經形成一定的人居氛圍和社會生活。八思巴文印的出現，是元代在輝發城設置基層政權機構的有力證據，元代政權在此設立政權機構，證明輝發河流域的女真族當時步入了一個中興時期。這枚百戶印原存北京歷史博物館，今不知流落何方，對研究元時輝南一帶的設置情況具有一定歷史價值。

▲ 出土元・百戶印

出土「勾當公事印」

二十世紀五〇年代，輝南縣輝發城曾出土過東夏國的「勾當公事印」，說明東夏政權曾在此設立基層機構。東夏（1215-1233）即大真國，朝鮮史書稱東真國，是十三世紀時蒲鮮萬奴在中國東北建立的一個國家。蒲鮮萬奴原為金朝將領，他於貞祐三年（1215 年）自立為天王，國號大真，年號天泰。一二一六 年降於蒙古，一二一七年再度自立，國號東夏。勢力最大時，西北至上京城（今黑龍江省阿城白城子），西南至婆速路（今遼寧省丹東九連城），東南到曷懶路（今朝鮮咸鏡北道吉州）與恤品路（今俄羅斯濱海邊疆區雙城子）。大真國前期的政治中心在咸平（今遼寧開原北），復國後移至南京（今吉林延吉城子山），一二三三年滅亡。

勾當公事印呈正方形，邊長五點七公分，厚一點八公分，背有一長方形短矩狀把手，鈕高三公分。印為陽文九疊篆書「勾當公事之印」六字。印背陰刻「大同七年（1231 年）七月，禮部造」，印鈕頂陰刻「上」字。

「勾當」從字義上講，有主管、辦理、處理的意思。《北史》曾有過記載。唐朝勾當已入官職名稱，宋代時勾當官為關銜署的主要承辦官員，處理日常事務，管理機要文書等。宋時此類官員雖然品級不高，設置十分廣泛，職權類別極為繁雜，掌握一定的實權。遼代也曾設有勾當公事。金承宋制，所設勾當官也很多，但不及宋朝，貞元二年（1154 年）沿宋代之稱「幹辦官」，貞元四年（1156）年改稱勾當官。《金史》記載最多的是戶部及其相關的勾當官，勾當公事。《金史·百官志》謂：「勾當官五員，正八品，專提控支納，管勾勘覆，經歷交鈔及香、茶、鹽引，照磨文賬等事。承安二年（1197 年）作四員，貞祐四年（1216 年）作十五員」。貞祐三年（1215 年）所發交鈔上就有「尚書戶部勾當官」押記。金章宗「泰和八年（1208 年），省戶部官員置三司，謂兼勸農、鹽鐵、度支、戶部三科也」，至貞祐罷。三司下設勾當二員，正八品。

由此可知金代勾當官員（勾當公事）設置之多。

　　九疊篆是宋代以後官印上流行的一種篆字，自宋代開始，延續到元、明兩代，其筆劃曲折繁複，布滿整個印面，均勻飽滿，工整美觀，其字型不易辨認，顯得神祕而有權威，又可起到防止造假的作用。金代官印承襲了宋代制度，印面呈方形，印鈕作長方形，上端常刻有「上」字，以示用印方向，印紋絕大多數採用漢書九疊篆。

　　宋代官印背多刻有鑄印年月及機構，金代官印除承襲此制外，還常在印面或側加上某字作為代號，用以起到區別同類機構或職官用印，明確使用者的責任，便於管理控制。這時的鑄印機構均屬中央政府管理，官印鑄造的十分精細，九疊篆筆劃渾厚有力，布局美觀而典雅，尚有宋代遺風。自金代開始，由禮部鑄印形成定製，此後元、明、清各代均由禮部鑄造官印。輝南縣輝發城鎮長春堡出土的印鑑，印背陰刻「大同七年七月禮部造」，正是金代以後由禮部鑄造的官印。

　　金代沒有用大同年號。中國古代文獻記載中曾有兩個大同年號，一是南朝梁武帝時期，二是遼代。這個「大同」年號應該看作是金末一個地方政權的紀年。這枚「勾當公事印」，可能是金末蒲鮮萬奴在此建立的東夏國基層政權組織的印鑑。

▲ 勾當公事印章

杉松崗礦一井發現恐龍化石

一九六〇年四月，杉松崗煤礦一井在採掘中發現了「恐龍爪」化石。據地質科學家的鑑定和推測，此地是遠古時期的一片沼澤地和一條塊狀的森林，曾有恐龍在這一帶生息，同時證明杉松崗地區含煤地質時代早至中侏儸紀。「恐龍爪」化石在輝南的發現，對中國當時考古和自然科學研究做出了貢獻，此化石現收藏於中國科學院脊椎動物與古人類研究所，複製品藏於大連自然博物館內，供人參觀。

恐龍足跡是恐龍在溫度、黏度、顆粒度非常適中的地表行走時留下的足跡。它是化石的一種，也可以看成是留在岩層中的一種沉積構造。已發現的恐龍腳印化石並不是很多，甚至是稀少的。這是因為在一般情況下，動物的腳印是不能保存下來的。在乾硬的地面上，動物走過以後只能留下淺淺的印痕，隨之便消失了。假若地面過軟，含水量較高，流動性較大，腳印會很快被周圍流動的泥沙埋沒。只有當泥沙的濕度適當時，腳印才能被保留下來。更重要的是，印有腳印的層面要適時地被外來的沉積物所覆蓋，過早或過晚都不能形成足跡化石。所以腳印化石是大自然用天然的錄像機為動物活動錄下的「特寫鏡頭」，是自然歷史的腳印。恐龍足跡不僅在地質學上很有意義，在生物學上也有著非常重要的意義。它印證了早在遠古時期輝南土地上就有恐龍等生物的存在。

▲ 恐龍爪化石

發現西鳳明墓

　　輝發部西鳳明墓位於縣城朝陽鎮鋼廠附近的西鳳舞山下。這裡地勢開闊，依山傍水。其東面為朝陽鎮火車站，西與梅河口市野豬河鄉搭界，北依西鳳山，南臨大柳河。西鳳山下地勢平坦遼闊，近處大片土地現已被輝南縣鋼廠的廠房和居民住宅所覆蓋。一九八六年，輝南鋼廠在此地挖管道時，曾出土了大量的明代遺物。有金帽頂、銀飾件、銅器、鐵器、骨器、石器、料器、瓷器等，同時還發現有棺釘，總計四十八件。近幾年來，當地群眾在靠近西南側的河邊挖沙時，也曾發現有人骨瓷器和玻璃器皿等明代遺物。一九八六年六月文物調查時發現這裡是一處較大的明代墓群，地表移平，很難看出排列情況，由於未經過發掘和清理，所以對墓葬的形制尚不清楚。

　　出土遺物：

　　金銀飾：四件。其中金帽頂一件，金帽飾二件，銀飾品一件。

　　銅器：二件。其中銅匙一件，銅鍋一件。

　　鐵器：二十八件。其中鐵匕一件，鐵刀二件，鐵鏃十一件，棺釘十件，鞋釘一件，鐵飾件三件。

　　陶瓷器：六件。有纏枝青花盤，孔雀綠釉小盤，纏枝青花高足杯，模印紋青瓷碗，青花玉壺春瓶，纏枝青花碗。

　　另外，還有長條礪石一件，骨飾三件，藍料紐扣三件。

　　西鳳明墓地處輝發河流域的上游，東距輝發城約二十公里。從墓葬出土的遺物看，其年代與輝發城大致相同，因而，專家認定西鳳明墓當為輝發城女真部落的墓地。從墓葬出土的金帽頂等物

▲ 西鳳明墓出土鎏金銅帽頂

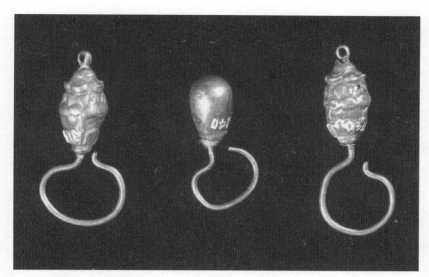

▲ 鎏金銅耳墜

分析，此處曾葬有輝發部的達官貴族。另外，輝發城的瓷器以明代萬曆年間為最多，而西鳳明墓中的瓷器均早於萬曆年間，這與史籍中記載努爾哈赤攻滅輝發部的時間正相符合。西鳳明墓的發現對研究明代輝發部的歷史有重要作用，同時，也為研究輝發河流域女真族的生活習俗提供了一定的實物參考。

舊輝南公園楹聯被收錄《中華語海》

　　《中華語海》是由國內二七二名專家學者共同主編的大型語詞工具書，被稱為中華語言精粹寶典，黑龍江人民出版社一九九九年出版。此書收錄民國時期輝南舊公園六副楹聯，崇聖祠（文廟）三副楹聯。舊公園六副楹聯分別為王瑞之的公園門聯：「能先慮能後憂則吾豈敢，一勺水一拳山與爾斯同」；于龍辰的醉翁亭聯：「有山有水豈惟金谷華林堪稱勝境，可名可志直媲醉翁喜雨略假優游」；李猶龍的醉翁亭聯：「有客皆知心似水，此翁真含醉名亭」；于貴中的曲池聯：「池邊芳草青三徑，檻外遙山碧四周」；王毓琛的曲池聯：「半畝芳塘蕩槳才知添夜雨，千條弱柳臨風恰欲挽遊人」；江顯泰的埠聯：「才幾時古木荒涼到此頓成新世界，試轉過綠楊深處其中別有小洞天」。崇聖祠三副楹聯均為白純義所作，其中崇聖祠聯為：「至德積久彌昌溯闕里家聲光昭聖緒，殊祥應時必顯崇素王功業瑞表前麻」。兩廡聯為：「為聖學作干城帝誥王謨賴宏文羽翼，向洪流支砥柱人心世道憑大力維持」；「起墜緒屏異端道德攸歸功參位育，闡微言承聖統心傳所寄學貫天人」。

▲ 《中華語海》

建國後第一部《輝南縣志》發行

　　一九九一年五月十四日，建國後第一卷《輝南縣志》在輝南發行。總編劉明義，副總編王育博。輝南縣時任縣委書記谷春元作序。肖勁光題寫書名。

　　《輝南縣志》一九八一年起草，一九八八年成書，歷時七年時間。本志上限通頂，追溯各項事業起源；下限到一九八五年，個別內容延伸至一九八六年。採用圖、記、志、傳、錄等體裁，以志為主體。本志設建置區劃、自然環境、人口戶籍、民族宗教、黨派群團、政權政協、公安司法、民政勞動、兵防兵備、兵制兵事、農業農機、林業水利、畜牧特產、工業交通、郵電電業、城建環保、商業外貿、物價審計、工商計量、教育科技、文化體育、衛生廣播、社會習俗、方言傳說、革命烈士、各界人士、大事記略等三十篇，下分七十四章，三百一十二節，約八十六萬字，七十幅圖片，前後分別設概述和附記。

　　《輝南縣志》展現了輝南各族人民披荊斬棘、英勇奮鬥的歷史，記錄了輝南各界人士開發輝南、建設輝南、振興輝南的輝煌歷程，成為傳統教育珍貴資料和愛祖國、愛家鄉、愛社會主義的生動教材。一九八六年六月，全國人大常委會副委員長肖勁光為《輝南縣志》題寫書名。解放戰爭時期，肖勁光同志任東北民主聯軍副總司令員兼參謀長。一九四六年十月兼任南滿軍區司令員。他堅決執行中央、軍委制定的戰略方針和各項政策，與陳雲同志一起，領導了堅持南滿根據地的鬥爭，運用靈活機動的戰略戰術，指揮了著名的「四保臨江」戰役。在這期間，他在張學思同志的陪同下，多次親臨輝南、金川指揮作戰和後勤保障工作，深受輝南人民的尊敬和愛戴，得到輝南縣政府的請求後，欣然命筆，為輝南縣志書寫了書名。

編撰出版《輝南縣文物志》

　　一九八六年四月，成立「輝南縣文物志編寫委員會」，並展開工作。編寫過程大致分為兩個階段：第一階段為普查階段，歷時四十五天。普查隊員跋山涉水，踏查輝南大地，發現古遺址、古城址、古墓石刻四十處，採集、徵集文物千餘件，取得比較翔實豐富的第一手材料，基本查清了輝南縣文物分布狀況及其特點，積累了二十多萬字的文物檔案資料，為編志工作提供了依據和基礎。在普查結束之後，於五月中旬舉辦了「輝南縣首屆出土文物展覽」，深入各鄉鎮展出，借此向廣大群眾宣傳文物法和文物保護工作的重要意義。第二階段為編寫階段，從五月下旬至九月中旬。在普查的基礎上，對一些重要的遺址進行了複查，同時查閱了大量的資料，共同編寫了綱目，然後分頭執筆拿出初稿，集體討論，最後由一人編撰，在建國三十七週年前夕，完成初稿，於一九八七年十月出版。

　　《輝南縣文物志》為志書體，分前言、凡例、志、記、圖標和附錄等部分，志分章、節、目。本志主要收錄省級重點文物保護單位；具有歷史、科研價值的古遺址、古墓葬、古城址、古石刻；收入輝南出土的重要的古代文物；反映抗日戰爭、解放戰爭的戰跡地、烈士墓、重大歷史事件、歷史人物以及日本侵略輝南時慘案發生地；重要的風景名勝。本志把輝南歷來有關文物工作的活動按年代順序編入大事記。本志附有一定數量的插圖和照片。本志編寫的主要依據為一九八六年文物普查資料，並參閱歷次文物調查資料。凡引文都註明出處，參閱文獻附於書後，以備查閱。

▲ 輝南縣文物志

開展建立特色文化鄉鎮活動

一九八六年，輝南縣開展建立特色文化鄉鎮活動，當年十月，通化市在輝南縣召開農村文化工作現場會，在全市推廣建立特色文化鄉鎮的經驗。輝南縣政府命名平安川鄉「詩歌之鄉」、高集崗鄉「書法之鄉」、板石河鄉「農民畫之鄉」、輝發城鎮「歌舞之鄉」、樓街鄉「音樂之鄉」。一九八七年，吉林省文化廳在全省總結推廣了輝南建立特色文化鄉鎮的做法，並在全省開展了建立特色文化鄉鎮活動。一九九一年，板石河鎮被吉林省文化廳命名為「農民畫之鄉」，從一九九二年開始，撫民鎮、輝南鎮、樓街朝鮮族鄉、輝發城鎮先後被吉林省文化廳命名為「剪紙之鄉」「書法之鄉」「歌舞之鄉」「舞蹈之鄉」。二〇〇一年，樣子哨鎮被國家體育總局命名為「中國體育之鄉」，二〇〇三年，石道河鎮被文化部命名為「中國攝影之鄉」。

▲ 石道河鎮被評為中國民間文化藝術之鄉

打造火山生態文化

　　輝南地處長白山龍崗山脈，中國第二大火山群龍崗火山群和第一大火山口湖群龍灣就坐落在輝南東部山區。火山景觀、森林景觀、濕地景觀、花卉景觀、冰雪景觀、岩石景觀、野生動植物景觀構成了底蘊豐富的火山生態文化，成為火山文化的主體資源和形象，成為發展旅遊產業的重要依託資源。從一九九六年開始，輝南把打造地緣文化品牌定位在打造火山文化上，構建了「以生態文化為基礎，以歷史文化為底蘊，以民俗文化為補充，以旅遊文化為亮點，以經濟文化為支撐」的工作思路，從戰略上確立了輝南文化發展的主體地位、戰略目標和發展走向，促進和推動輝南文化事業和文化產業的發展。通過打造火山文化把生態文化、民俗文化、旅遊文化、歷史文化有機結合起來，形成地域文化的優質品牌，進一步提升文化軟實力，擴大文化影響力，彰顯輝南地域文化的獨特魅力。大力開展打造火山文化的基礎性宣傳工作，組織開展龍灣金秋大型主題廣場文化活動，舉辦群眾文化藝術節，謀劃和實施大型文藝演出，舉辦書畫攝影展，開展「唱紅歌、讀經典」活動；出版《輝發史略》等輝南史志書籍，宣傳畫冊，開闢了介紹輝南歷史文化的廣播電視節目，拍攝龍灣風光電視宣傳片，創作了歌曲《母親河》《回跋城，我心中的城》《椅山湖放歌》《美麗朝陽鎮》《關東爺們》《盛世逢年》《龍灣戀歌》，使打造火山文化活動深入人心。以建立國家衛生城和旅遊縣城活動為牽引，加強生態文化建設。綠化輝南大地，美化城鄉環境，治理髒亂差。對縣城朝陽鎮愛民廣場、城上城、朝陽湖等五個節點實現亮化，打造「不夜城」。集城市防洪和百姓休閒於一體的內外水治理，城鄉面貌煥然一新。科學整合旅遊資源，建立「農家樂鄉村遊」「綠色採摘園」等延伸景點，豐富旅遊內容，保護景區生態。加強文化設施建設，建設文化一條街、仿古一條街、飲食一條街、朝陽鎮北山公園、三通河濱河景觀帶、朝陽湖群眾文化小舞台。加強文物遺址保護，投資建設了文物展覽館，

完成了輝發古城的整體設計，加強百年以上老村屯保護、開展非物質文化遺產項目申報，開展建立歷史名城名鎮活動。深入挖掘輝南自然風光、歷史遺存、紅色經典、民族民俗、工藝美術等文化資源內涵，促進文化與旅遊、商貿、物流等產業融合發展。實施文化強縣惠民工程，推進圖書館、檔案館、博物館、文化館建設，完善鄉鎮綜合文化站服務功能，實現了行政村文化大院和農家書屋全覆蓋；啟動文化人才培養計劃，樹立文學戲劇創作、剪紙書畫、根雕板刻、草編柳編等技藝領軍人物，帶動文化產業的壯大，開發天鹿生態園、輝發河水上十里遊，舉辦龍灣杜鵑節、龍灣楓葉節、龍灣金秋廣場等活動。

▲ 農家書屋

▲ 群眾文化藝術節

電影《山神》在輝南金川鎮拍攝

　　一九九二年，北京電影製片廠與香港電影公司在輝南金川鎮合拍電影《山神》。導演：黃健中。主要演員：申軍誼、蓋麗麗、王馥荔、牛犇。《山神》的主要劇情是老把頭的遺孀翠環深深愛著家裡的幫工石硅，石硅卻與俊俏年輕的姑娘英子相愛。採參的季節就要臨近，石硅每天苦練絕技，到了採參的時節，石硅果然在陡峭的石硅子上採到了珍貴的「夫妻參」。為了爭奪「夫妻參」，八條好漢獻出了生命，老人們說這是石硅挖出了老祖宗，觸犯了山神的緣故。人們於是將石硅依山規綁山，讓厄運降在石硅的頭上，英子與他共生死。善良的翠環將奄奄一息的石硅和英子救出，她久久望著他們離去的背影。這部電影反映了闖關東的人們在林海雪原奮鬥的歷史，展示了神奇的關東民俗。

▲ 電影《山神》劇照

電影《老二黑結婚》在三角龍灣拍攝

　　由墨白編劇，邢樹民、黃曉娟、鄭昊、王玉笑等著名演員出演的、中央電視台電影頻道拍攝的電影《老二黑結婚》，於二〇〇六年在輝南縣三角龍灣開拍，同年在影視電影頻道播放。《老二黑結婚》是一部反映目前農村老年婚姻問題的輕喜劇故事片。電影的主要情節是：當年老二黑和花嬸因出演評劇《小二黑結婚》而遠近馳名，兩人也因此相愛。但由於花嬸父親的反對，這對戀人最終沒能走到一起。如今，小二黑已成了老二黑，老伴也去世了，孩子們又各忙各的，那份埋藏在心底的情感萌發了。

　　《老二黑結婚》是繼《山神》《娘家人當官》之後，在輝南龍灣拍攝的第三部電影。把龍灣作為熱播劇的取景地，這與龍灣的原生態的景觀有直接關係。秀美的龍灣火山風光，不僅吸引了遊客，也吸引了影視劇的導演編劇。

▲ 電影《山神》劇照

開展文化大院建設活動

從二〇〇二年開始，輝南縣率先在全省開展文化大院建設活動。總結推廣了輝發城鎮「建設文化大院，讓文化進村入戶」的經驗，並在二〇〇三年吉林省農村文化工作研討會上交流，受到了省政府領導的充分肯定，吉林省文化廳於二〇〇四年在全省推廣了輝南的經驗。十多年來，全縣累計投入資金四百多萬元，建成了一百四十二個集電化教育室、體育活動室、農民夜校於一體的村級文化大院，占全縣行政村的百分之百。培養文藝骨幹數千人，發展文化示範戶三百多戶，建立民間文藝表演團體十六個，農家書屋一百三十八個，農村電影放映隊十一個，為「農家書屋」徵訂各類報紙雜誌以及農業科技、文體、衛生等方面的書籍五千多套，初步形成以文化大院為主陣地、以文藝骨幹戶為骨

▲ 電影《山神》劇照

幹、以民間文藝表演團體為補充的鄉村文化格局。利用文化大院提高農民素質。深化以「學文化、學技術，比成績、比貢獻」為主題的「雙學雙比」活動，形成教育培訓、科技示範、訊息服務、合作組織、扶貧救助五大工作網路，著力培育有文化、懂技術、會經營的新型農民，注重建設農村專業合作經濟組織和農林科技示範基地，積極打造農村富餘勞動力轉移就業品牌，為農民增收致富提供了有效服務。利用文化大院深化「十星級文明戶」和「三創十好」活動，促進文明、科學、健康的生活方式走進農村千家萬戶，把文化大院建成豐富的文化舞台，讓農村文化活動開展和活躍起來。

▲ 文化大院活動

中國吉林龍灣野生杜鵑花卉旅遊節

　　為了宣傳推介龍灣旅遊的資源特色，提高景區的知名度，增強景區與遊客及當地居民的親和力，輝南縣政府和龍灣保護區管理局從二〇〇六年開始，連續八年成功舉辦「吉林龍灣野生杜鵑花卉旅遊節」。龍灣遍生的野生杜鵑，臨水綻放，為清麗自然的龍灣風光帶來色彩。龍灣的野生杜鵑花期在四五月，先開花，後發新葉，多生於岩石裸露的陡壁、山脊、山坡、河岸及林間的強酸性土壤中。杜鵑花在龍灣保護區內隨處可見，尤集中於大龍灣、三角龍灣湖畔和大龍灣至吊水壺景區的旅遊步道中，花叢密集，花色豔麗，成為龍灣群森林公園內獨特的風景。「龍灣野生杜鵑花卉旅遊節」巧妙地利用龍灣野生杜鵑花卉的觀賞性和因其形成的獨特景觀，來推介龍灣景區的資源特色，凝練其美麗、耐寒、耐貧瘠等自然品性來寓意不畏艱難、昂揚向上的奮鬥精神，把宣傳生態文化、增強資源保護意識融於活動中，並緊跟社會新風和時尚理念精心策劃活動的公益主題，追求生態效益、社會效益、經濟效益的有機結合與完美統一，使每屆節慶活動都舉辦得富有新意。

　　「龍灣野生杜鵑花卉旅遊節」每屆都確立一個主題，使背景文化更加鮮明。二〇〇六年舉行「中國吉林野生杜鵑花卉旅遊節暨國家 AAAA 級旅遊風景區掛牌儀式」，由吉林省林業廳、通化市政府主辦，龍灣保護局、輝南縣政府、輝南森經局承辦。二〇〇七年「中國吉林龍灣野生杜鵑花卉旅遊節」，是由吉林省林業廳、吉林省旅遊局、通化市人民政府共同主辦，由通化市旅遊局、輝南縣人民政府、吉林龍灣國家級自然保護區管理局承辦。二〇〇八年「中國吉

▲ 龍灣杜鵑

林龍灣野生杜鵑花卉旅遊節暨吉林龍灣『山花迎模範』公益主題活動」。主題是：生態蘊文明，林區創和諧，杜鵑花枝俏，山花迎勞模。七十餘名省級以上勞動模範及各界人士參加了開幕式與公益主題系列活動。二○○九年「中國吉林龍灣野生杜鵑花卉旅遊節暨慰問全省抗震救災白衣戰士龍灣之旅公益活動」，主題是：觀賞龍灣杜鵑，弘揚抗震精神。旨在紀念「5‧12」抗震救災壯舉，將龍灣的生態之美奉獻給吉林省赴抗震救災一線的醫務人員，弘揚團結一致、眾志成城、不畏艱辛、勇於拚搏的抗震救災精神。二○一○年「中國吉林龍灣野生杜鵑花卉旅遊節暨慰問一汽集團優秀科技工作者公益主題活動」，主題是：關愛地球、保護生態、倡導低碳旅遊。龍灣保護區管理局邀請了一百一十名一汽集團公司的優秀科技工作者代表，到龍灣森林公園遊園賞春，並向他們贈送了終身免費入園卡。二○一一年「中國吉林龍灣野生杜鵑花卉旅遊節」活動的主題是：關愛生態、保護濕地，以期藉助旅遊節慶活動，廣泛深入地宣傳《吉林省濕地保護條例》。二○一二年「中國吉林龍灣野生杜鵑花卉旅遊節」活動的主題是：弘揚生態文化，促進科學發展。二○一三年「中國吉林龍灣野生杜鵑花卉旅遊節」在龍灣景區舉行，這次龍灣野生杜鵑花卉旅遊節與國家林業局訊息中心舉辦的「美麗中國攝影大賽」有機結合，邀請攝影家們親臨龍灣，參加龍灣春季風光攝影採風活動，還在節慶期間舉辦了「輝南縣輝發剪紙優秀作品展」。

▲ 中國吉林野生杜鵑花卉旅遊節暨國家AAAA級旅遊風景區掛牌儀式

舉辦首屆群眾文化藝術節

輝南首屆群眾文化藝術節於二○一三年舉辦。由縣委宣傳部主辦、文廣新局承辦的打造長白山第一門戶「輝南縣群眾文化藝術節」由開幕式、閉幕式及愛民廣場的文藝晚會和文化藝術作品成果展銷活動組成。共組織來自朝陽鎮十個太極拳晨練隊、五個廣場舞蹈隊、五個社區藝術團、三個藝術協會、一個藝術培訓班以及來自綜合執法局、衛生局、文廣新局、教育局、環保局、農村信用社、輝南消防隊、長龍大酒店等十三個單位的一千多名群眾演員參與開幕式文藝演出，輔導達五十餘次；組織輔導閉幕式秧歌匯演人員達一百餘人；組織了三場由縣音樂舞蹈家協會、縣戲劇曲藝家協會、縣社區管理服務中心共三百餘人參加的專場文藝晚會，輔導人數一百餘人；設置了藝術作品成果和文化遺產、非物質文化遺產圖片展位四十二個，共有來自十二個單位的上萬件作品參加了展銷。本次文化藝術節是輝南有史以來規模最大、人數最多、質量最高、最令人震撼的一次盛會，得到各界人士及公眾的一致讚許及好評。

▲ 藝術節活動

全國百名詩人詠輝南

二〇一〇年七月四日,「當代詩人詠輝南——龍灣採風行」活動在輝南縣開展。全國各地一百餘名詩人齊聚龍灣瑪珥湖山莊,進行二天採風活動,還參觀了吉林輝南經濟開發區三家重點企業。會後,中華詩詞網、關東詩陣、通化詩詞論壇掀起了一場「輝南龍灣熱」,全國詩人踴躍發表有關輝南和龍灣詩作,作品達三千多首。這些作品由輝南詩社協助通化市詩詞學會編輯出版了精裝本《當代詩人詠輝南——龍灣採風行》詩詞專輯,共收集詩作一千二百餘首。

在二〇一〇年七月舉辦的「當代詩人詠輝南——龍灣採風行」活動中,又建立了新的詞牌《一剪梅引》,為中華詩詞寶庫增添了新的奇葩。

《一剪梅引》由孫慶江、吳寶余、趙光澤發端,原詞為三人閒暇所創作的《輝發懷古》,後被孫慶江作為《輝發詩略》一書的開篇詞。輝南詩會期間,經著名詩人張福有修改和制譜,詩人溫瑞協助整理成為新詞牌。原詞為:「城

▲ 全國百名詩人詠輝南活動合影

郭猶在，故國已隨煙波去，大江東流。勝也王侯，敗也王侯，輝發碧水蕩春秋。把酒臨風論今古，清風明月上枝頭，雲也悠悠，風也悠悠。故壘河邊，金戈鐵馬爭鳴地，舊址殘留。塵也歷史，土也歷史，興衰榮辱皆風流。虎踞龍盤稱部國，開疆拓土做強酋，心也悠悠，神也悠悠。」經修改後成為《一剪梅引·輝發懷古》：「花隨故國煙波去，輝發城頭水照流。勝也王侯，敗也王侯。把酒臨風今古愁，曉光明月上枝頭。雲自愁悠，霞自愁悠。龍盤虎踞稱雄處，榮辱興衰志未休。掌上春秋，筆下春秋。金戈鐵馬征戰謀，開疆拓土說強酋。事不難收，史不難收。」

此調因沿襲《一剪梅》在原詞各節開端加字而成，故名《一剪梅引》。《一剪梅引》雙調八十八字。在《一剪梅》基礎上，每節之前加一句七字句，平仄與原《一剪梅》首句相反。押韻略有變化，有的地方要求對仗。《一剪梅引》是繼白城杏花詩會創造《玉匋涼》、江源詩會振興《紀遼東》後，吉林詩詞界為中華詩詞寶庫發展作出的又一次新的貢獻。輝南詩會期間一共發表《一剪梅引》二百二十首，為長白山詩詞傳作積累了新的、標誌性的作品。

▲ 《當代詩人詠輝南——灣採風行》詩詞專輯

承辦二〇一二年全國剪紙大賽

　　二〇一二年五月十八日，由中國剪紙協會主辦，輝南縣文廣新局與輝南縣撫民鎮政府聯合承辦的首屆全國剪紙大賽在輝南三角龍灣瑪珥湖山莊賓館舉行，有三十二個省、市、自治區四百三十八名作者的八百八十七幅作品參賽，會議期間舉辦了中國剪紙高峰論壇。中國文藝家協會剪紙藝術委員會主席趙光明，中國工藝美術學會會長孫建軍，清華大學教授楊陽，山西省民俗專家段改芳，中國文藝家協會理事、吉林省民俗專家曹保明，河北大學教授魏利群參加並指導了賽會。五月中旬進行了評審，分別評選出特等獎、金獎、銀獎、銅獎、優秀獎、優秀組織獎和優秀論文獎。吉林省非物質文化遺產輝發滿族剪紙傳人、輝南縣輝發滿族剪紙藝術家徐貴庫的剪紙作品《輝發古韻》榮獲大賽金獎，《白山魂》榮獲銀獎，《威震九州》、《三角龍灣》等榮獲銅獎，並在賽會高峰論壇宣讀了論文。大賽的規模、作品的數量和質量都是前所未有的，首次在全國展示了輝發滿族剪紙的藝術風采。

▲ 2012 年全國剪紙大賽在輝南三角龍灣瑪珥湖山莊賓館舉辦

第三章 ——

文化名人

　　輝南歷史悠久，奇山秀水，東有龍崗火山景觀，北有輝發一灣秀水，古城高深，龍潭神奇，一山一水，足以讓天下遊人流連忘返。這如畫的山水，這久遠的歷史文化，孕育了輝南人的聰明才智，地靈人傑，人才輩出。

「一代賢相」——紇石烈良弼

紇石烈良弼（1119-1178），金代天輔三年（1119 年）生於回怕川（金代稱輝發河為回怕川）的一個寒素家庭，原名紇石烈婁室，任刑部尚書時賜名良弼。金時女真文字大家，「時學希尹之業者稱為第一」。良弼從十七歲開始步入政壇，為補尚書省令史，經常接觸簿書，並深得其中奧妙，許多重大文牒，口述即成，並能做到詞理兼到。在海陵時期曾拜參知

▲ 紇石烈良弼

政事，進尚書右丞，賜佩刀入宮，轉左丞。世宗即位，以良弼為南京留守兼開封尹，再遷河南都統，召為尚書右丞。以撫定奚、契丹還，進尚書左丞，再進平章政事，始由執政入居宰相。後又進右丞相，再進左丞相，被視為金代第一「賢相」，聲譽俱隆。他與世宗一起維護當時以女真族為統治民族的制度，求得女真的發展地位，為造就具有金代特點的「一代之法」作出重大功績，《金史》載紇石烈良弼傳。良弼不僅是金代的著名政治家，而且還是卓有建樹的史學家和教育家。金世宗時期是官修史書成就最大時期，就實錄而言，編修了《太宗實錄》《睿宗實錄》《熙宗實錄》《海陵實錄》四部史書。其中《太宗實錄》《睿宗實錄》都是良弼主修的，《太宗實錄》修成於大定七年（1167 年），金世宗賜紇石烈良弼金帶、重彩二十端。《睿宗實錄》成於大定十一年（1171年）。紇石烈良弼是從輝發走出去的「一代賢相」，不僅在《金史》上有他的傳記，而且在《中國宰相史》也有紇石烈良弼的簡介，他是一位在中國歷史上很有影響，很有地位，而且口碑很佳的歷史人物。

著名曲藝家——耿瑛

耿瑛（1933-　），筆名王英、曲平、肖雨田等，生於吉林省輝南縣樣子哨村。他自幼愛好民間藝術，少年時代就自編自演過一些戲劇、曲藝作品。中學時代開始在報刊上發表小說、詩歌和曲藝作品。一九五三年八月，耿瑛到原遼東通俗出版社擔任見習編輯。一九五四年八月，調到遼寧人民出版社，任專職曲藝編輯。

▲ 《耿瑛曲藝選》

耿瑛從事文藝編輯工作四十餘年，編輯圖書約六百種，為二十多部評書和曲藝集撰寫序言。其中《中國曲藝史》等書在全國獲獎，評書《中國十大傳統評書經典》等書在遼寧省獲獎，主編的叢書有《楊家將九代英雄傳》，參與編寫的圖書有《東北俗文化史》《中國曲藝通史》《中國曲藝志·遼寧卷》。發表過曲藝作品及評論文章近千篇，其中較為流傳的有東北大鼓《白求恩》，二人轉《畫家史》《寶山霞光》《包公弔孝》，相聲《假灶王》《紅樓百科》，中篇《火海英雄安業民》《小包公演義》。出版的專著及論文集有《二人轉寫作知識》《曲藝縱橫談》《關東梨園百戲》《東北大鼓漫談》《書林內外集》《耿瑛相聲集》（內參版）。退休後，仍堅持曲藝創作和研究，遼寧電視台、瀋陽電視台、香港鳳凰台曾對其進行專訪，《光明日報》《曲藝》《瀋陽日報》等報紙雜誌曾先後報導過他「為人作嫁」的事蹟。一九九二年起享受政府特殊津貼。

▲ 耿瑛和姜昆合影

民間剪紙藝術家——管夢珍

　　管夢珍（1915-1996），女，原籍山東省膠南縣龍灣涯村，一九六四年遷居輝南縣撫民鎮上孤頂子村，吉林省著名剪紙民間藝術家，輝發滿族剪紙藝術傳承人。管夢珍的剪紙作品以人物和花鳥為多，經她手剪出的人物蒼潤古樸，花草樹木伸枝綻蕾，爭芳鬥豔，鳥兒栩栩如生，魚兒活靈活現，構思清晰簡練，藝術精湛嫻熟，詩情畫意觸目皆是，惟妙惟肖令人讚歎。管夢珍一生酷愛剪紙藝術，晚年還不斷構思創作。為了使輝發滿族剪紙藝術傳承發展下去，不顧年事已高，手把手傳授剪紙藝術，經她言傳身教的剪紙新人有三十多人，其中很多人在發展輝發滿族剪紙藝術上都有所作為，成果顯著。

▲ 管夢珍

書畫藝術家──胡國泰

胡國泰（1926-1999），遼寧省遼陽縣人，滿族。自幼愛好書畫，其作品多次在全國各報刊發表。一九五二年在《遼東文藝》發表剪紙宣傳畫《參軍光榮》獲獎。一九五四年開始在《吉林日報》《吉林農民報》《吉林畫報》《撫松人參故事》《城市晚報》發表插圖、水彩畫、國畫、油畫作品。水彩畫《我也比量比量這玩藝兒》在一九五九年全國青年美展獲二等獎。油畫《毛主席來到敬老院》在一九六九年全國美展入圍。在一九九六年吉林省老幹部書畫大賽創作的國畫作品獲二等獎。胡國泰一生為輝南書畫藝術

▲ 胡國泰作品

發展作出重要貢獻，曾擔任輝南美術協會常務副會長、輝南老幹部書畫學會會長、通化市書畫協會理事，吉林省老年書畫研究會會員，中國老年書畫研究會會員，被收入《通化市文藝家人才辭典》《中國當代老年書畫家大辭典》，並獲國際書法藝術家榮譽獎。

著名作曲家——張振國

　　張振國（1955-　），吉林省輝南縣人，原任輝南縣藝術團副團長，一九九二年調入吉林省歌舞劇院交響樂團，國家一級作曲家、吉林省拔尖人才、國務院特殊津貼享受者、中國音樂最高獎獲得者。代表作品有《你從黃昏中走來》《撒歡地笑》《關東大秧歌》等。為近三十部百多集電視劇作曲，如《大雪小雪又一年》《母親》《蹚過女人河的男人》《都市外鄉人》《插樹嶺》《沒完沒了的愛》等。張振國創作的關東風格的歌曲因為它貼近生活，很受老百姓的歡迎，受到了百姓和專家的一致好評。最初引起轟動的是《籬笆牆的影子》《生活是一團麻》《大雪小雪又一年》和《劉老根》《插樹嶺》等。這些作品無一不透著黑土的芳香，歌詞樸實生動風趣，曲調熱情奔放上口，音樂素材大都是來自東北民間二人轉、影調、大鼓等等。由於他對東北的生活非常熟悉，掌握的東北民間音樂素材很多，所以他的作品味道足，好聽好唱又好學，為老百姓耳熟能詳，廣為傳唱。

▲ 左一為張振國

著名二人轉演員——宋小寶

宋小寶（1981- ），本名宋寶利，生於輝南縣樓街鄉光明村，優秀二人轉演員，表演風格獨特幽默，備受廣大觀眾喜歡。因家裡困難，讀書到初二時，小寶就輟學跑到瀋陽打工貼補家用。十九歲那年，師從二人轉演員焦小龍，一年後出徒，開始在鞍山、本溪等地演出，小有名氣。二〇〇八年在聯通公司成立十週年慶祝晚會上，精彩的演出獲得了滿堂喝采，被趙本山收入門下，成為趙家班的一位優秀演員。二〇一二年與趙本山、

▲ 作品《相親》

▲ 《22條婚規》劇照

趙海燕再度合作《相親2》笑翻全場，二〇一三年與黃聖依搭檔主演《22條婚規》讓觀眾耳目一新。從二〇〇九年開始涉足影視，先後在《關東大先生》中扮演范四，《櫻桃》中扮演葛望，《櫻桃紅》中扮演趙老樂，《老兵》中扮演吳天寶，《爹媽滿院》中扮演二叔，《收穫的季節》中扮演金翰林。曾獲得「中國當代題材電視劇最佳男演員」獎，第十屆「華鼎獎」最受中國媒體歡迎男演員獎。

音樂教授——田源

田源（1959-　），吉林省輝南縣朝陽鎮人。一九九〇年畢業於吉林藝術學院。現任吉林北華大學音樂學院音樂學主任、副教授、碩士生導師。主教課程《鋼琴即興伴奏》《和聲學》《電腦音樂製作》和《器樂演奏及合奏》。中國音樂家協會會員、吉林市音樂家管絃樂協會副會長、吉林市大提琴協會副會長。

▲ 田源

除了完成教學任務外還完成了大量的創作。作品《祖國母親我愛你》在《音樂創作》上發表。《攜手》《我愛江邊的樹掛》均在國家級刊物上發表，《藍藍的愛》在全國音樂比賽中獲得金獎。獲得了吉林市政府頒發的「松花湖金秋」文藝獎。曾兩次代表北華大學音樂學院出訪美國，指揮美國瓦特卡交響樂團演出了中國作品，並獲得極大的成功。

二〇一二年為輝南縣中醫院譜寫的院歌《杏林風》，在參加吉林省中醫藥局舉辦的吉林省中醫藥系統院歌大賽中榮獲一等獎。還為輝南縣首屆群眾文化藝術節開幕式譜寫了歌曲《母親河》、二〇一三年、二〇一四年輝南縣群眾迎新春文藝晚會譜寫了合唱歌曲《奮進吧輝南》《朝陽小鎮我的家》等優秀作品。

通化聞名 —— 書法家王鐵成

　　王鐵成（1953-　　），輝南縣人。一九八九年，憑藉紮實的書法功力和藝術成就加入中國書法家協會，成為通化市較早的國家級會員之一。他是省書法家協會理事、創作評審委員會委員、市書法家協會副主席。二〇一〇年被中國書法家協會評為「中國書法進萬家先進個人」。

　　王鐵成出生在一個知識分子家庭，自幼習書。初中畢業後回鄉插隊。繁重的體力勞動和艱苦的農村生活沒有磨滅他對書法的熱愛。田間休息時，他時常拾起根樹枝、草棍兒在地上寫，冬日裡就在雪地上練。習書不僅排遣了疲勞，也使他萌發了對藝術的追求。後來被招工到通化，他把業餘時間全部用在學習書法上，幾十年來從未間斷。他先後臨習了柳公權、歐陽詢、褚遂良、虞世南等楷書大家的碑帖；臨習了王羲之、米芾、董其昌、蘇軾等名家的行草墨跡。每當夜深人靜之時，他面對古人的碑帖細細揣摩，慢慢感悟，心追手摩，沉浸

▲ 王鐵成

其中。他臨魏晉碑刻，注意吸納其點畫爽利、俊朗蒼茫的風韻；臨習王羲之《蘭亭序》，注重吸納其疏朗飄逸、秀麗典雅、雋永靈動的書風。臨習先賢碑帖，王鐵成力求形神兼備，領會其風神，汲取其精華，師古而不泥古，力求表達現代人的審美與追求，從而形成了自己的風格：楷書於工穩中見靈動、勁健中見稚拙；行草注重合於古法，得於心源，結構縱橫開闔之間自然安詳，線條的流動中抒發內心的情感。

　　他習書多年，涉獵多種書體，尤以行草和楷書見長。最為精彩的是中楷和小楷，在行筆上吸收了碑帖的內在骨力，線條語言既有唐人的法則，又有魏碑的風韻，使筆如刀的勁挺與圓筆中鋒的柔秀集於一身。觀賞他的楷書作品，一筆一畫經得起仔細推敲和琢磨，可謂筆筆到位而不苟且，方筆與圓筆轉換自如，內斂與外拓處理得當。他還十分注重字外功的修練，包括對藝術的感知、學養、閱歷、格調、胸襟、情趣等，力求將這些非技法因素凝結成的「書法意識」融入書法創作之中。為了達到這個目的，他不斷在知識的海洋中艱苦探求，以彌補學養的不足。此外，他還注重從音樂、美術、大自然等方面吸取藝術元素，不斷豐富自己的書法創作。

　　通化市玉皇山公園大門旁楹聯的書法，就出自王鐵成之手，以其恣肆飛

▲ 書法作品

動、渾厚華滋的美感與中國書法界泰斗啟功先生的手書互相輝映、相得益彰，受到了省內外文化藝術界人士和無數觀賞者的讚歎。《通化日報》的報頭是他上世紀九〇年代所書。多年來，他先後獲得「敦煌國際書法藝術節百傑獎」等多個獎項，近二十次入展中國書協舉辦的正書展、行草書法展、楹聯書法展、冊頁書法展等大型展覽。二〇〇三年，中央電視台和中國書法家協會聯合舉辦首屆「杏花村杯」全國電視書法大賽，在近六萬件參賽作品中，他進入了決賽。經過現場創作和綜合素質考核，摘得了楷書類銅獎。在「紀念鄧小平誕辰 100週年全國書法大展」上，他再次獲得銅獎。二〇一二年，中國書協會員百人精品展在山西臨汾舉行，他以北魏墓誌風格創作的書法作品再次進入精品展行列。

▲ 書法作品

　　中國書法蘭亭獎是中宣部批准、中國文聯和中國書法家協會聯合主辦的全國性書法專業獎，也是中國書法藝術界最高獎。每三年舉辦一次，僅在中國書協會員中徵稿，競爭十分激烈，入展及獲獎更為不易。王鐵成的作品入選二〇〇二年首屆中國書法蘭亭獎作品展和二〇〇九年第三屆中國書法蘭亭獎作品展。二〇一三年，已經六十歲的王鐵成又參加了第四屆蘭亭獎的角逐。他創作的《阮籍詠懷詩十四首》楷書四條屏，近千字的內容，從設計到書寫一氣呵成。整幅作品格調清雅，氣息暢達，受到評委的一致好評，成為我省五位獲獎者之一，為家鄉贏得一份榮光。

敏於丹青──書法家王穎軍

王穎軍（1975-　），吉林省輝南縣人，中國書法家協會會員。幼承庭訓，克紹箕裘，敏於丹青翰事，志學之年受惠於鄉賢鄒朝明先生。年及弱冠，為稻粱之謀奔波各地。然於所愛之藝事不離不棄，所到之處必於丹青所繫之地遊歷。是時於二王用功最勤。旅居北京期間，作品深受京城名宿和流行書風影響。壯歲後得高智慧先生策勵，正本清源，於二王行書一脈研習三載，日課千字，獲益良多。後居金陵，江浙尚藝，海派遺墨，山陰書風時見於尋常巷陌，見人臨習虔禮書譜，有感於

▲ 王穎軍

草書之遒勁，爽利，遂用功於今草，又歷三載。拘於工作變動，輾轉四平、遼源之間，結交時俊，暢談藝事，心扉豁然。與江北知鐮（金澤珊）有兩面之緣，促膝間於書法取法更有深悟。年近不惑，辭去工作。定居龍首山麓，淡遠俗事，歸於清寂，專心藝事，心境遂定。於書法繪畫，重新梳理，求其中正平和之趣。作品風格形式取唐人抄經之滿溢之態，書法取貌於宋代諸賢，不經意處流露二王意趣。作品獲「天下大同·魏碑故里」全國書法展最高獎。作品先後入展中書協展覽；第七屆全國書法新人新作展；首屆「孫過庭獎」全國行草書大展；首屆「陶淵明獎」全國書法展；首屆「王安石獎」全國書法展；第三屆「四堂杯」全國書法大展；生態大連全國書法篆刻作品展；「絲綢之路」全國書法作品展。其他全國書法賽事有：長沙紀念毛澤東同志誕辰一百二十週年全國書法展（湖南省書法家協會）；「尋夢安溪·尋夢鐵觀音」首屆全國安溪

鐵觀音茶文化書畫大賽（福建省書法家協會）。

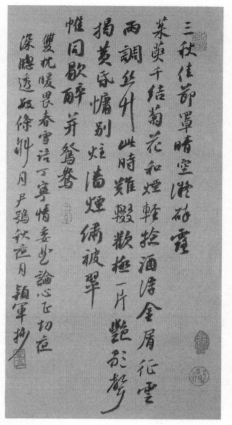

▲ 書法作品

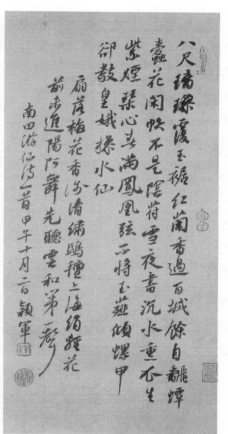

▲ 書法作品

身心雙修——書法家許才山

許才山（1966-　），吉林省輝南縣人，中國書法家協會會員，中國楹聯學會會員，中國楹聯學會書法藝術委員會委員，吉林省書協理事，吉林省政協書畫院院士，吉林省文化援藏促進會副會長，四平市書協名譽主席。少年習書，從唐楷入手，先後臨習柳公權、北碑，擅行草，專工「二王」，一九九八年五月拜吉林大學教授、博士生導師叢文俊先生門下，學習書法及書法理論。崇尚

▲ 許才山

國學傳統，涵養字外功夫，期冀技道兩進，致力身心雙修。注重學習文學、歷史、哲學、倫理、宗教等學科，廣泛涉獵中國古典文獻。自撰書齋「兩進閣」聯：「山林風，書卷氣，金玉心，蘭蕙品，廟堂淨敬，禪定境界，飄然紙上；天地德，日月光，聖賢教，祖宗訓，民物合和，大同追求，蘊化胸中」以明心志。書法追求書卷之氣、山林之風、晉賢之韻、廟堂氣象和禪定境界。代表作「自作詩、聯」等。作品多次入選國內展賽展覽並獲獎。二〇〇〇年入選「時代潮杯」全國黨政幹部書法作品集，二〇〇一年第十七屆中國蘭亭書法節上，作品自作詩《游五女峰》獲「蘭亭杯」全國黨政軍領導幹部書法邀請賽一等獎，二〇〇六年入選全國書法藝術大賽「冼夫人杯」展等。多次參加中韓（韓中）書法展，並赴韓國交流，作品為韓國及國內文化團體、個人收藏。

煤粉畫藝術家——李國棟

　　李國棟（1964-　），字子達，筆名東龍，號小萬，齋號藝夢苑、翰林堂。出生於吉林省梅河口市，中國煤粉畫創始人，現任輝南縣美術家協會主席，吉林省美術家協會會員，中國煤礦文聯美術家協會副主席，中國煤礦書法家協會會員，中國煤礦作家協會會員。擅長書法、國畫、油畫、根雕藝術。中國國際名人研究中心重點推薦書畫家。是集詩書畫印雕攝影六藝於一身的著名藝術家。一九九三年他應吉林省文聯之邀，帶著二十多件作品參加了首屆關東熱鬧節。二○○三年，參加在吉林市舉辦的第二屆國際浪木節，一舉摘取了大會的二金二銀一銅獎牌，成為當屆浪木節收穫最大、獲獎最多的贏家。來自二十八個國家的大使和藝術家主動與他合影留念，對他的作品給予了高度評價。他的油畫作品《走向新世紀》曾獲全國煤礦文化藝術節美術作品一等獎，被山西大同煤礦美術藝術館收藏。根雕作品《古韻》曾獲國際浪木、根藝、木雕藝術展

▲ 李國棟

金獎。書法作品《龍行天下》在中國煤礦文化藝術節書法作品展中獲二等獎。書法作品《長征》在紀念毛澤東《沁園春‧雪》發表六十週年全國書畫大賽中獲入圍獎，並被收入《當代書畫家新作匯賞》一書。國畫作品《松花江上》《富貴吉祥》，受到專家的好評。他開創的煤粉畫被譽為「關東一絕」，作品《弄潮兒》獲中國煤礦第四屆藝術獎，《礦山的早晨》被山西太原美術館收藏。攝影作品《秋韻》《十月》在國家和省舉辦的賽展上先後獲獎。李國棟先後舉辦過四次個人展覽，曾多次參加國際浪木、根藝、木雕藝術展，榮獲兩枚金牌。一九九七年國畫作品入編《中國當代畫家名人辭典》。

▲ 作品《故鄉情思》

青年作家──左仁義

左仁義（1971-　），吉林省輝南縣人，筆名青斗。現為自由創作人，成立青斗文學工作室，吉林省作家協會會員，通化市作家協會會員，輝南縣作家協會副主席。

▲ 左仁義

一九七一年出生的青斗，早期創作過《石格里拉》《仙子譜》等玄幻、傳奇類的小說，雖然市場反響不錯，但他青年時代從事中醫的經歷，深深地烙刻在他的生命裡，難以割捨，最終還是促使他回歸到了中醫題材的創作中來。古人云：不做良相，便做良醫。醫者，意也！上可治國，下可解黎庶於倒懸。青斗的長篇小說《大中醫》，筆法汪洋恣肆，以八十多萬的文字，為讀者構築了一個神祕瑰麗的中醫世界。青斗的中醫傳奇小說《一代宗師──乾隆御醫黃元御》中的主人公是生活在二百四十多年前的「逆襲勵志哥」──黃元御。一生命運多舛，原本一個立志舉子業的青年才俊，不想因病為庸醫所誤，眇目而棄學。轉攻岐黃，三年而成，並最終成為乾隆欽命御醫。對於黃元御這個清代名醫，青斗先生充滿感情。在寫作這部書的過程中，青斗遍查史籍、醫案，傾注了大量的心血。像《大中醫》一樣，青斗運用淵博的中醫文化知識在這部書裡為讀者搭建起了一個「岐黃空間」，這個空間裡所有的「生活流」和所有的「例證性」動作都帶有明顯的岐黃痕跡，情境激發也源自於岐黃，

▲ 作品《獵殺》

由於青斗出身中醫世家，自幼浸淫岐黃，對中醫藥的熟悉與熱愛無出其右。在其醫學題材的創作中，醫理信手拈來，借各個人物之口，娓娓道來，讀來興味盎然。青斗的中醫題材小說《大中醫》《一代宗師——乾隆御醫黃元御》《醫林志》《藥王廟》，從某種意義上講，青鬥完成了在創作手法上從浪漫主義到現實主義的回歸，也完成了他中醫題材的敘事補償和情感救贖。

▲ 作品《雙龍記》

詩書畫印皆通——書法家鄒朝明

　　鄒朝明（1949-　），字曦夢，號輝發山農，別署海棠居主人，祖居山東莘縣單廟，中國書法家協會會員，吉林省通化市書協副主席，輝南縣書協主席。幼承庭訓，始學書法。一九七九年師從輝南縣書畫家劉雁君先生，書畫受先生指點步入正軌，初學趙孟，國畫隨先生學寫意花鳥。一九八三年初拜中國書協會員孫世忠先生為師，得先生親授，廣涉碑帖，用功更勤。歷經十年，書藝漸進，先後參加中國書協主辦的展覽並獲獎。一九九二年成為中國書協會員，後在中國書協首屆書法培訓班進修兩年。深得黃惇、張榮慶、聶成文等導師指教。參加叢文俊書法講座學習班三次，聆聽諸先生親切教誨，始遨遊於書藝海洋。篆刻師從任錫昆先生，作品入展西泠印社國展。詩詞創作受李鳳林先生輔導，都有豐碩的收穫。長遠規劃則要打造詩書畫印皆通。鄒朝明從事書法藝術

▲ 鄒朝明

三十餘年，功底深厚，以二王及宋人風貌示人，兼取沙孟海風格，不追時風。篆刻作品宗秦漢、楚篆，能詩詞善繪畫。主張書法家要提高綜合藝術修養，做到詩、書、畫、印皆精的學者型藝術家。書法作品獲中國書協、中國人口報聯合書展佳作獎；入選中國書協首屆新人展；獲中國書協培訓中心回顧展一等獎；獲慶祝建國五十一週年吉林省書畫作品展銀獎；入選吉林、浙江兩省書法聯展；入選吉林省「好太王杯」書法邀請展；入展中國書協主辦「國際敦煌杯」書法大賽；獲吉林省第二屆書法臨帖大展一等獎；入展亞洲藝術節——吉林省書法精品展；入選甘肅省「黃帝內經」碑林；入展上海書協「文匯、宣城杯」全國書法大賽；入選西泠印社主辦全國印社篆刻邀請展。

▲ 書法作品

自成風骨——書法家趙光澤

趙光澤（1958-　），筆名墨瀾。生於瀋陽，滿族，現任輝南縣詩詞楹聯家協會主席、中國文藝家協會會員、中華詩詞學會會員、中國書畫研究院研究員、北京現代管理大學書畫院研究員、通化市詩詞學會副主席、通化市書畫院高級書畫師、通化市政協書畫院書畫師、輝南縣老幹部書畫協會副主席、輝南縣文聯名譽主席、輝南墨瀾詩書畫院院長。

▲ 趙光澤

從事書法創作三十餘年間，注重汲取傳統，走碑帖結合之路，瀟灑沉雄，自成面貌。二〇〇五年參加中國書畫藝術研究院「金鼎獎」全國書法大賽，自作詩《雄雞贊》獲大賽銅獎。二〇〇五年書法作品作為輝南縣政府禮品，贈予韓國駐中國吉林省辦事處首席代表全洪振先生。二〇一〇年參加中日第七回書法書道交流北京展。二〇一〇年書法作品作為輝南縣政府禮品，贈予韓國咸陽郡首。

二〇一〇年在擔任縣文聯主席期間，曾參與策劃組織「當代詩人詠輝南——龍灣採風行」大型活動。活動結束後，由趙光澤發端，中華詩詞學會副主席張福有先生執筆，在《輝發懷古》（吳寶余、趙光澤、孫慶江合作）無詞牌的基礎上創新一個新的詞牌《一剪梅引》，為中華詞壇做出了重要貢獻。一九九三年作品《毛澤東賦》被收錄《楚天詩魂》一書，全國發行。二〇〇二年作品《輝發山賦》《三角龍灣賦》被收錄進《中國當代百家辭賦評註》一書，全國發行。二〇〇五年參加國家文化部舉辦的全國散文大賽，作品《三角龍灣賦》榮獲大賽優秀獎。二〇〇五年自作詞曲的《龍灣戀》參加全國文化之春徵

歌大賽，獲得精品銅獎。

在擔任縣文聯主席期間，組織成立了縣作家協會、縣音樂舞蹈家協會、縣戲劇曲藝家協會、縣根雕石刻協會，並多次組織各協會藝術家深入機關、企業、部隊、社區、鄉鎮送春聯、送書畫作品、送歡樂，為加強民間藝術團體建設、活躍群眾文化、提高輝南知名度、推動輝南文化建設做出了重要貢獻。

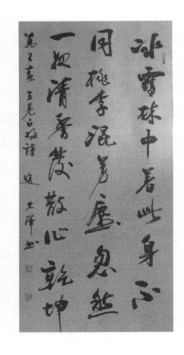

▲ 書法作品

大膽出新——書法家高士惠

　　高士惠（1967- ），輝南縣朝陽鎮人，別署借山居、心廬。中國書法家協會會員，輝南縣書法家協會副主席。一九八五年正式學習書法，受李貴庸先生啟蒙。初學柳體，略識用筆和結體。一九八七年自學行書，臨習蘭亭序，深受楊再春先生筆法上啟發。一九九四年，師從縣書協主席鄒朝明先生，臨習三年行書，五年米芾行書，從此奠定了較好的行書基礎。二〇〇五年，師從東北師範大學書法教授任宗厚先生，進一步深入學習二王書法，近年來對篆隸亦有所研習，不斷豐富自己的筆墨技巧。其作品沉穩老練，章法大膽新穎，表現出良好的藝術素質和自信力。一九九七年作品入展省精品展。一九九九年作品入展吉林省世紀書法大展，獲佳作獎。二〇〇〇年，獲慶祝建國五十一週年吉林省書畫作品展金獎。二〇〇三年作品入展全國第二屆行草大展。二〇〇四年全國首屆「小欖杯」縣鎮書法大賽入展。二〇一一年作品入展全國「鄧石如」杯書法展。二〇一三年作品入展全國「乾元杯」「埇橋杯」書法展。

▲ 高士惠

▲ 書法作品

不負丹青——書法家孫玉福

孫玉福（1967-　），輝南縣人，書名鐵峰、老鐵。齋號龍崗山房、鑄劍廬。一九八九年入東方高等書法學院。先後師從崔學路、周志高、崔勝輝先生。擅長隸書、行書。

作品在《書法》《中國書法》《書法導報》《中國書畫報》《青少年書法報》等專業雜誌、報紙發表。

▲ 孫玉福

一九九三年至今同《青少年文化報》《中華書法網》聯合舉辦了十五屆「長白藝苑——龍崗聯誼杯全國書畫印藝術交流展」。時任中國書法家協會主席沈鵬先生、副主席佟韋先生分別題寫了展標。展覽得到了陳立夫、程思遠、趙樸初、啟功、邵華澤、沈鵬、王學仲、王琦、劉炳森、權希軍、佟韋、肖峰等藝術界名家的鼓勵和支持，分別題詞祝賀。在黑龍江、遼寧、湖南、廣東、江蘇、浙江等地巡展。

上世紀九〇年代中期先後與韓國書畫協會、加拿大世界書畫家協會、菲律賓書法協會等書畫團體進行了書法藝術交流。應邀參加了吉林「天池杯」全國硬筆書法大賽，河北「奧運杯」全國書法大展擂台賽，浙江湖州「牛角杯」全國湖筆書法試筆大獎賽等十餘次全國書畫大展賽的評選工作。

主編出版了《長白藝苑報》《龍崗杯全國書畫印交流展精品大典 A、B 卷》《當代書畫家叢書 A、B 卷》《中國當代書畫家精品集》《東方硬筆書法家精粹》等書。行草書取法二王、米芾、傅山。隸書研習漢隸，以禮器、史晨、乙瑛、張遷、石門為基，遍臨數十種漢碑，並上汲秦簡帛書，將簡牘意趣融入到隸書創作中，所書草隸高妙率真、跌宕縱逸。

現為長白藝苑書畫研究院院長、中國硬筆書法家協會理事、中國書畫篆刻家協會會員、吉林省書法家協會會員，中華書法網名譽站長，中華術數養生研究會顧問。

▲ 書法作品

著名國畫家——張國君

張國君（1957-　），輝南人，中國美術家協會會員，職業畫家，擅長中國畫、人物畫和花鳥畫。現為中國同澤書畫研究院理事，吉林省政協書畫院特聘畫家，吉林市畫院特聘畫家，通化市美協理事，通化市書畫院特聘畫師，輝南縣美術家協會副主席。自幼酷愛繪畫，一生與繪畫藝術結下了不解之緣。一九八八年畢業於中國書畫函授大學國畫專業，自一九九〇年走上中國畫創作的道路至今。先後受教於著名畫家薛貴良、周永家、趙華勝先生。二〇一一年就讀於中國國家畫院人物畫高研班趙華勝工

▲ 張國君

作室，研習中國畫寫意人物畫，探索研究主題性繪畫與創作。作品多讚美美好生活，謳歌時代和民族精神，展現了關東風土人情和長白特色。代表作品有《風雪長白》《晨曦》《牛集》《穀場姐妹》《漁把式》等。作品以歷史題材和現實題材相結合，以現實主義和浪漫主義相結合，寫實和寫意相結合，具象表述和意向表現相結合。傳統繪畫功力及造型能力深厚、紮實，畫風質樸，筆墨清新，典雅而唯美，鄉土氣息濃郁，地域性強。在長期的藝術實踐中，逐漸形成了自己獨特的繪畫風格。曾多次參加中國美協主辦的國家級和省級重要美展並獲獎，作品《雪潤豐秋》於二〇〇四年獲「走進生活——全國書畫院作品聯展第二屆徐悲鴻美術獎」優秀獎。《風雨長白》於二〇〇五年獲「紀念抗日戰爭

勝利 60 週年全國國畫作品展」優秀獎。《晨曦》於二〇〇六年獲「紀念中國工農紅軍長征勝利 70 週年全國中國畫作品展」優秀獎（最高獎）。《灼秋》於二〇〇六年入選「全國第六屆工筆畫大展」。二〇〇七年，《驚秋》獲「風華正茂——中國當代實力派國畫家提名展」優秀獎（最高獎）。《牛集》於二〇〇七年獲「慶祝黨的十七大召開暨慶祝建國 58 週年吉林省美術作品展」一等獎。《老家》於二〇〇八年參加「盛世丹青——全國中國畫名家邀請展」。《穀場姐妹》於二〇〇九年獲第十一屆全國美展吉林省展區優秀作品獎；並於二〇一一年入選全國第八屆工筆畫大展。二〇一一年，《牛集》參加關東畫派第二屆中國畫油畫雕塑創作晉京大展，並獲優秀獎。同年，參加「白山松水——吉林省美術作品晉京展」。作品多次在《美術》《海峽美術》《中國書畫報》等專業刊物上發表，入編多部國家級大型畫冊，並被大展組委會及有關專業藝術機構收藏，在國家尤其是「關東畫派」及吉林省美術界深有影響。

▲ 作品《牛集》

▲ 《風雨長白》獲獎證書

攝影家——鄭立波

　　鄭立波（1963-　），吉林省輝南縣人，中國攝影家協會會員，吉林省攝影家協會理事，通化攝影協會副秘書長。一九九〇年開始從事攝影創作，近年來有數十幅作品先後發表在《中國攝影》《中國攝影報》《大眾攝影》《國家地理》《中國稅務報》《吉林稅務雜誌》，作品先後在全國全省獲獎。作品《江南晨曲》入選第二十二屆國展，二〇〇四年獲騰龍杯《中國攝影》反轉片大賽十傑鼓勵稱號。

　　鄭立波擅長風光、人像攝影，他把愛融入自然，用自然潤澤心靈，激發靈感，一山一石，一草一木都會讓他思緒飛揚，產生無限的遐想，把萬種風情凝聚鏡頭。通過山水景觀、田園風光、冰雪世界，表達對大自然的感悟，給讀者以美的享受，讓人在領略美輪美奐的自然風光同時，切身感受到自然景觀與人

▲ 鄭立波

類生命的情景交融。鄭立波把攝影當作是生命歷程的可視記憶，帶著這樣的信念，他踏遍白山黑水，用手中的相機尋幽探勝，記錄和表現自然的大千世界，讓人心靈為之震動。二〇〇七年他出版了《鄭立波攝影作品集》，每一幅作品都浸透著他的汗水和心血，每一幅精彩佳作背後都有令人怦然心動的故事。鄭立波的攝影作品講求意境、形神兼備、情理交融，構成鮮明的特色。攝影作品《冰河寫意》《溶流畫戟》《晨牧》等都充分體現了意境美和形式美的統一。

▲ 《長白山風雪》

▲ 《牧秋》

攝影家 —— 王炳成

　　王炳成（1955-　　），中國攝影家協會會員，吉林省攝影家協會主席團成員，輝南縣攝影家協會主席。二〇〇六年從影以來，利用業餘時間堅持創作。走遍了家鄉的山山水水和世界各地的名山大川，擅長於風光、人文、紀實等作品的拍攝。在遊走世界各地的名山大川和名勝景區中追逐著光與影的奇妙瞬間，感受著大自然的風雲變幻，體會著自然與生命的寬廣博大，用相機把美景凝聚在畫面，把自己的思想和情感注入到作品中。追求用相機記錄人類歷史的變遷，反映祖國日新月異的面貌和普通百姓的真情實感。二〇一三年八月，參加中國第十五屆國際攝影展大師班學習。十月參加北京攝影函授學院圖片編輯班學習。十一月參加由中國攝影家協會舉辦的黃山黟縣攝影展個展《異域風

▲ 王炳成

情》。二○一四年四月參加外交部、中國攝影家協會在中國攝影展覽館舉辦的《中國攝影師眼中的奈米比亞》展覽，並代表中國向奈米比亞總理捐贈作品《海的樂章》，五月參加平遙國際展個展《和風輕吹》。經過堅持不懈的創作，一百餘幅作品曾先後獲得全國及世界各項影視賽金銀銅獎，部分作品曾獲大眾攝影二○一三十傑、中國藝術攝影金獎、中國人像銅獎、《大眾攝影》一級佳作、海峽影藝一等獎、吉林省攝影展銀獎等多項殊榮。

▲ 作品《異域風情》

▲ 作品《瘋狂奔牛節》

攝影家 —— 李鳳林

　　李鳳林（1951- ），中國攝影家協會會員，遼寧省攝影家協會會員，輝南縣攝影家協會名譽主席，長白山詩詞協會理事、通化市詩詞協會理事、佟江詩社理事，輝南縣詩詞楹聯家學會副主席，輝南縣作家協會會員。曾在中國攝影家協會網舉辦個人作品展。早年曾受著名攝影家朱憲民先生的潛心指導，並以自然和生活為師，攝影作品風光紀實並舉，風光攝影淺含畫意，以天成立本，凸顯意象表現；紀實攝影客觀，視「草根」為主體，再現藝術真實。攝影作品《潮》獲首屆「名佳杯」金獎，《穀場姐妹》獲遼寧省九屆攝影展銅獎，《農民工的午餐》獲遼寧省九屆攝影展優秀獎，並在中國攝影家協會網上舉辦過個展。詩詞作品多依山水田園抒發情致，或以人性常理吟風饗事，或衛方圓禪道自睿明心。詩詞作品《詠龍灣》《登四方頂子》《登扈爾奇山》等。數十首詩詞作品刊登收錄入《長白山詩詞》《當代詩詞》《中華詩詞作品選》《長白山詩詞精選》《關東詩苑》《全國詩人詠輝南》等報刊。

▲ 李鳳林

輝南詩社創始人 —— 單雲開

　　單雲開（1933- ），出生於河北省撫寧縣。現為中華詩詞學會會員、長白山詩社理事、佟江詩社名譽社長、東坡赤壁詩社社員。一九八五年建立輝南詩社並創辦《輝南詩詞》社刊，同時被推選為常務副社長。作品詩詞曲賦文均有涉獵，以詩和曲居多。作品取材較廣，主要側重散曲。曾參加長春「唐宋詩詞函授班」和北京詩刊社辦的「舊體詩詞進修班」的函授學習。與他人合刊出版了《龍灣滴翠》詩集，主編《詩詞曲賦大典》一書，全國發行。開辦書法學習班和物價學習班。講授過會計學、統計學原理和詩詞格律等。還在《輝南文化報》連載《傳統詩詞基本知識》。帶動了許多詩詞愛好者，使詩詞創作隊伍不斷壯大，對弘揚傳統詩詞做出貢獻。其傳略及作品散見於《中國編輯家》《中華世博題贈藝術大典》《中華詩詞》《長白山詩詞》《當代散曲》《中國當代散曲》《吉林日報》《新文化報》等百數家報刊，有《單雲開詩文集》。二〇一一年赴京出席「輝煌的豐碑——慶祝中國共產黨建黨九十週年『創先爭優』表彰座談會」系列活動，受到了國家領導人的親切接見併合影留念。

▲ 單雲開

▎吉林省工藝美術大師——張學東

張學東（1964-　），別署百印堂主。現為吉林省工藝美術協會會員、輝南縣文聯副主席。中國平刀微刻創始人，吉林省工藝美術大師，中國工藝美術協會高級會員。十歲開始接觸書法，一九八三年高中畢業後開始學習篆刻，先後得到西泠印社葉一葦大師（已故）、余正大師的指導，印風直追秦漢，始入篆刻藝術之門。同時，醉心於王福庵大師的邊款藝術，開始大量臨習，在此基礎上又將《張黑女墓誌》《刁遵墓誌》《歐陽詢小楷》等經典碑帖的章法、筆法融入到邊款創作之中。在此基礎上，大膽探索楷書微刻藝術創作。經過十多年的反覆探索，獨創出一套平刀楷書微刻技法，每平方公分可刻二百至四百個繁體漢字，且字字清晰、筆筆不苟。通篇作品章法嚴謹，結體規範，既有魏晉碑刻韻味，又有金石氣息。

獨創的平刀微刻技法拓展了微刻藝術創作外延，改變了錐刀獨霸微刻藝術領域的局面，從而填補了微刻藝術創作的一項空白。其微刻作品有《心經》《千字文》《岳陽樓記》《桃花源記》《三十六計》《道德經》《金剛經》《孫子兵法》《蘭亭序》《大學》等，頗受業內外人士喜愛，許多作品被國內及東南亞國家和地區的藝術愛好者收藏。以其平刀微刻技法，榮獲「吉林省工藝美術大師」稱號，並被中國工藝美術協會聘為高級會員。目前由作

▲ 張學東

者獨創的平刀微刻技法已經被列入輝南
縣及通化市非物質文化遺產名錄,申報
省級非遺項目。隨著作者創作技法的日
臻成熟,其作品逐漸成為當地對外交流
餽贈的藝術品之一。

▲ 微刻作品

核雕藝術家——蔣春升

蔣春升（1976-　），吉林省輝南縣人，藝名平凡。自幼酷愛美術，繪畫寫生，手工製作。從十歲開始，他對雕刻產生了濃厚的興趣，他一邊工作，一邊利用業餘時間，開始在木頭、竹子、核桃等各種原料上雕刻。夜深人靜的時候，他在燈下悉心琢磨，靈感迸發

▲ 蔣春升

的時候，數不清的、形態各異、造型獨特的雕刻佳作迭出。他的作品施刀細膩，技法老到，翔實生動，百看不厭，表現出深厚的文化底蘊和高超的技藝。他運用橄欖核雕刻出的十八羅漢，栩栩如生，尤其是降龍羅漢、伏虎羅漢、瘦骨羅漢、掏耳羅漢的設計完全打破常規設計理念，體現出橄欖核雕樸拙又不失生動，造型誇張又在情理之中的獨特藝術效果。在人物動態設計方面，他依憑橄欖核天然紋理順勢造型，或岸立蕭風，或雙掌合十，或開懷朗笑，神情態勢各不相同。橄欖核，堅硬如木，但在他手中，超越了固有的物質形態，成為藝術創作的載體，方寸之間可現天地。

為了使自己的核雕藝術達到爐火純青的境界，他多次拜訪北京、上海、天津、遼寧等地的核雕名家和高手，切磋藝技，尋找創作靈感。同時，為了豐富自己的頭腦，給自己充電，他還前往全國各地學習交流，不恥下問，登門拜師學藝，提高自己的藝術水平。近年來，他在核雕藝術上取得了可喜的成就，得到核雕界同人和玩家的認可。二〇一三年參加北京天下杯文玩藝術大賽，「整身十八羅漢」榮獲金獎。

琥珀木根雕家 —— 趙安北

　　趙安北（1966-　），輝南縣樓街人，東方藝術家協會理事，白山觀賞石協會理事，吉林省民間藝術家協會會員，通化民間藝術家協會理事，吉林省非物質文化遺產搶救保護突出人才，輝南縣根石藝術家協會常務副主席兼秘書長，輝南縣美術家協會副秘書長，輝南琥珀木根雕領軍人物，市級非物質文化遺產「輝發琥珀木根雕」項目傳承人。一九八一年在北京、雲南學習木雕根雕，一九八八年在牡丹江市科技專修學院專業學習木雕根雕。根雕藝術風格自主原創，雕工流暢，古拙傳神，主題鮮明，根雕作品《金猴獻壽》在二〇〇九年中國江源奇石博覽會上榮獲一等獎；二〇一一年根雕作品《守望家園》在第十九屆國際華人環保大賽中榮獲金獎，還榮獲環保宣言大使；二〇一二年在省民族

▲ 趙安北

民間文藝和文化遺產搶救、展示、傳播過程中榮獲民間文化藝術突出人才獎。近年其琥珀木根雕備受青睞，進入北京、上海、長春、瀋陽、大連等大中城市市場，還遠銷美國、日本、韓國、新加坡等國家。

▲ 作品《守望家園》

雕塑家——李君

　　李君（1957-　），吉林省輝南縣人。吉林省美術家協會會員，輝南縣美術家協會副主席。學生時代學習繪畫，曾跟隨趙希強、楊玉中老師學習素描、色彩，打下了良好的基礎。一九七九年在輝南縣工藝美術廠從事工藝美術工作。學習泥塑、繪畫等許多工藝，在這期間被送到浙江東陽學習木雕工藝。一九八八年，開辦美術裝潢店，製作了很多園林雕塑作品，先後為樺甸醫院製作了雕塑《白求恩》，為磐石醫院製作了雕塑《白衣天使》，為輝南縣中醫院製作了雕塑《李時珍》，為輝南縣第七中學製作了雕塑《學生時代》，為通化大泉源酒廠製作了雕塑《李白》《戲水》，為吉林愛林參場製作了雕塑《參鹿同春》，為撫松縣幼兒園製作了雕塑《兒童運動》等作品。根雕作品曾參加東北亞博覽會和藝博會，美術繪畫作品多次參加省、市美術作品展。代表作有民俗畫《看戲去》，國畫《童年》《芳草地》《老頑童》。一九八六年，根雕作品《冬》首次入選吉林省群眾美術作品展；同年，國畫作品《長白松》《雪花》獲通化市迎春畫展二等獎。一九八七年，國畫作品《童趣》獲吉林省第二屆青年美術作品展佳作獎。一九九九年，國畫作品《採蘑菇的小姑娘》獲吉林省群眾美術作品展二等獎。

滿族剪紙藝術家──徐貴庫

　　徐貴庫（1961-　），輝南縣撫民鎮人。吉林省輝發滿族剪紙傳承人，中國文藝家協會剪紙藝委會會員，吉林省民間文藝家協會會員，吉林省滿族剪紙研究會會員，通化市民間文藝家協會理事。被吉林省文化廳授予「吉林省文化產業傑出代表」、「吉林省民間文化藝術突出人才」。先後被北華大學、通化師範學院、吉林電子職業技術學院聘為客座教授。徐貴庫七歲和外祖母、母親學習剪紙，後師從吉林省民間剪紙藝術家管夢珍學習輝發滿族剪紙。輝發滿族剪紙始於明朝，是流行在海西女真扈倫四部之一輝發部區域內的一種民俗文化藝術。為了使輝發滿族剪紙發揚光大，在滿族剪紙中脫穎而出，自成體系，徐貴

▲ 徐貴庫

庫走南闖北，拜名師訪名家，向知名藝術家學習剪紙技藝。在不斷總結前人經驗的基礎上，銳意進取，大膽創新，發展了染色剪紙、染色貼金剪紙、多層剪紙、多層染色剪紙。他還把中國美術中的國畫、版畫、剪影技法引進剪紙製作。通過剪、刻、鏤等手法，成功地創作了多層彩色剪紙，把古老的民族文化融入現代元素，使之更具觀賞性、裝飾性和收藏性，極大地豐富了輝發滿族剪紙的技術含量和藝術元素，受到了專家們的一致肯定。他創作的作品多次參加國際、國內大賽並獲獎。其中《輝發古韻》獲全國剪紙大賽金獎；《白山魂》獲全國剪紙大賽銀獎（被國家級博物館收藏）；《五福臨門》《關東三寶》《關東參謠》（被中國台灣科技大學收藏）分別榮獲國家級銅獎。《姥家門口唱大戲》於二〇一三年十二月入選首屆

▲ 《錦繡山河》

深圳國際剪紙邀請展的參展作品。二〇一四年一月十六日代表吉林省參加由文化部在北京主辦的全國非物質文化展。輝發滿族剪紙得到文化部非遺司領導的關注和喜愛。二〇一一年，徐貴庫在當地政府的支持下，建立了輝發滿族剪紙有限公司，公司集設計、製作、裝裱、銷售於一體，並在北京、上海、廣州、瀋陽、吉林等地建立了銷售網路，產品很快就開啟了銷路，占領了市場，二〇一三年實現收入近八十萬元，安排一四〇多人就業。

工藝美術設計師——楊春明

　　楊春明（1965-　），工藝美術設計師。中國書畫研究院研究員、吉林省滿族剪紙協會會員、吉林省包裝裝潢設計委員會會員、通化市美協會員、通化市書法家協會會員。一九八六年包裝設計作品《寶寶樂兒童餅乾》獲東北大區包裝設計金獎和吉林省優秀設計一等獎。二〇〇三至二〇〇四年耗時二十二個月，和徐長江合作創作四十五米長卷剪紙《百雞賀春大吉圖》，參加二〇〇五年吉林電視台春節文藝晚會，並被收藏；參加吉林電視台《週日大看台》《找你》春節特輯的專題節目，作品刊登在《吉林日報》專版，同時《通化日報》也進行了專題報導。二〇〇五年三月參加中國書畫研究院主辦的「吉祥中國」金鼎杯中國書畫大展，剪紙作品《五德吉祥圖》獲得剪紙類金獎。二〇〇五年八月參加由文化部、中國硬筆書法家協會、中國書畫研究院主辦的「金鼎獎全國書法美術大展」，獲得書法類金獎，併入選《全國書法美術優秀作品集》。二〇〇五年耗時一年時間，創作四十二米剪紙長卷《百狗吉祥賀春圖》，作為對全國人民的新春祝福，同時創作剪紙橫幅《丙戌祥和》參加紀念建黨八十五週年和諧杯全國詩書畫攝影作品大展賽。

▲ 楊春明

舞蹈家——呂淑娟

　　呂淑娟（1973 年- ），女，輝南縣朝陽鎮人。中國舞蹈家協會會員，輝南縣音樂舞蹈家協會副主席。一九九三年至今從事舞蹈教學創編工作將近二十年。師從通化市舞蹈家協會主席胡樹新老師。並多次到國家級大師講堂進修學習，曾參加奧運會總導演張繼剛、陳維亞，中國舞蹈界泰斗賈作光老師，中國藝術研究院研究員、博士生導師、中國舞協駐會副主席馮雙白，著名舞蹈家陳愛蓮，愛爾蘭大河之舞的第二代領舞柯林・唐恩等大師的講座。

　　其舞蹈風格獨特，富有創意，主題鮮明，視角廣闊，將藝術性和觀賞性及教育性相結合，追求童真童趣，活潑可愛，積極向上。教育孩子熱愛生活，熱愛大自然，塑造完美樂觀的人格。在全國舞蹈賽事上均獲評委及主委會一致好評。在吉林省舞蹈界被舞蹈家協會吉百靈主席稱為「輝南現象」。在輝南縣本土文化領域內：全民藝術節，縣團拜會，以及各個民間組織，企事業單位各項文化活動中做出了傑出貢獻。更為輝南縣的舞蹈教育及舞蹈文化事業發展奠定基礎。二〇〇五年呂淑娟創辦了新東曉藝術學校，填補了輝南縣專業舞蹈教育的空白，所培養的學生紛紛考入北京舞蹈學院、瀋陽音樂學院、東北師範大學、吉林藝術學院等，向上級院校輸送了大批的優秀藝術人才。

　　主要作品有《龍鳳呈祥》《好中國》《奧運中國娃》《扇舞花開》《鼓童》《恭喜發財》《戲春》《戲獅》《阿里郎》《母親》《滿族姑娘》《鬧春》等。曾獲全國藝術之星金獎，優秀編導、優秀組織者。中國魅力校園「上海世博」藝術精品展演，最佳表演獎、最佳創編獎、最佳組織單位、優秀先進工作者。東北三省電視舞蹈大賽銀鶴獎。中國舞蹈家協會藝術展演金獎。吉林電視台青蘋果金獎。中央電視台少兒舞蹈大賽銀獎。

▲ 呂淑娟

作曲家——于德勝

　　于德勝（1956-　），吉林省音樂家協會、中國音樂著作權協會會員。一九七八年八月，畢業於輝南師範（化學班），回母校大椅山中學執教化學、音樂課三十餘年。先後被評為縣、市級骨幹教師、教學能手。為海龍師範、通化幼師培養了大批藝術新生。一九九〇年自學作曲，師從作曲家張振國、楊士菊教授。創作聲樂作品一百五十餘首。有五十餘首歌曲分別刊發在《中國校園歌曲》《兒童音樂》《音樂教育與創作》《歌唱吉林新風貌》《當代歌手喜愛的歌》《文化大院》《獻給知名歌唱家的歌》等書籍中。作曲、導演、自費拍攝的MTV《家鄉美》在全國《我的家鄉多麼美》首屆徵歌中獲創作成就獎，歌曲在輝南電視台、吉視公共頻道播放，並做了人物訪談；吉林電視台紀念建國

▲ 于德勝

五十五週年《祖國，您好》徵歌
中，由他作曲的《為祖國祝福》
（鄔大為詞）入選和演唱，並接
受了現場訪談。在輝南縣第二屆
「放歌新農村」文藝匯演中，寫
詞、譜曲的《輝發歡躍迎金秋》
獲一等獎。與詞友鄧永旺合作的
歌詞《情韻湘江》在二〇一二年
湘江徵歌中獲二等獎；為輝南縣
醫院、縣住建局、輝南縣第四中
學、綠之韻吉林分公司、貴賓酒
業、湖南邵陽明珠幼兒園等單位
成功創作了多首行業歌曲；他指
導的學員宋欣潼，在二〇一四年

▲ 獎盃、獎狀、獎牌

六月參加全國《星耀中國·金色舞台》吉林賽區少兒組聲樂比賽中獲金獎，獲
國家級銀獎。學員孟憲生獲縣歌手大賽第一名；多次參加國家級創作研討會；
二〇〇二年一月，應邀出席了在釣魚台國賓館召開的中華創業人物研討會，受
到國家領導人的接見。與著名詞作家喬羽、李幼容，作曲家張丕基、姚明，歌
唱家郭頌、耿蓮風、喬軍等有過廣泛而深入的交流。並為「大衣哥」朱之文創
作了《咱們莊稼人》，為「豆腐哥」姜波創作了《東部西部手挽手》。在二
〇〇九年通化地區廉政征歌中，作品《菁英頌》獲市「五佳」獎。作曲的《秦
淮河放歌》由中國音像出版社錄製推出；作品《賀新春》入圍二〇一二年央視
春晚備選曲目。《美麗輝南咱的家》《輝發河，我的母親河》《長白山第一門戶
之歌》等深得各界好評與摯愛。曲風質樸而寬泛，擅長創作關東風格作品。二
〇一四年他的事蹟在《通化日報》《吉林日報》《省長熱線回聲》《吉林新聞》
等專欄先後刊登與報導。

第四章 ——

文化景址

　　輝南是一片古老的土地，有諸多的文化景址，這些文化景址是輝南地域文化歷史的「活化石」。它不僅給予這片土地以獨特的風貌，還是這片土地的文化根基，它承載了輝南千年的文明，反映了輝南文化的歷史變遷，傳承著地域文化淵源和文化精神，是一條文脈，也是一本書，更是輝南人追求夢想的途徑，給人以厚重，以激情，以希望。

輝發河

　　蜿蜒流過輝南北境的輝發河，是第二松花江上游第一大支流，發源於遼寧省清源縣龍崗山脈中部，主源為楊樹河子，全長二八九公里，總流域面積一點六三萬平方公里。輝發河沿龍崗山脈東北流向，經梅河口、輝南縣和樺甸市與第二松花江匯合。劉爽所著《吉林新志》曾記載：「輝發大支流也，凡奉天之東豐、柳河、海龍、輝南、金川五縣，吉林之磐石、樺甸二縣，皆此河域。長約七百里，眾流畢匯，水勢幾與松花江相埒。土人稱其下流，總曰吉林烏拉，滿洲語，吉林為沿，烏拉為江。此江上源曰葦塘，亦曰柳河。至海龍縣西，左岸納沙河，繞縣城南而東，納大平河（大沙河）又東流，右岸連納紅草溝、三繞河二水，皆大小流。又東入吉林境，至樺甸縣樺樹林子鎮西南對岸注入松花江。」輝南的歷史是從輝發河流淌出來的，輝發河流域是吉林省遠古文化的搖籃，在它的兩岸，有大量的原始文化遺址，保留著萬年間人類文化遺存，記錄著輝發河流域人類從矇昧走向文明的過程。輝發河沿途匯入支流眾多，主要由左岸的梅河、沙河、大沙河、當石河、窩太河、呼蘭河、金沙河；右岸的一統河、三通河、蛤蟆河等十餘條河流匯聚一起，既灌溉了兩岸的沃野良田，

也灌溉了這裡的文明。唐代稱輝發河為衛樂河、發盧河，遼代稱回怕川，金代稱晦發川，明代稱輝發江。輝發河形成的年代，已無可考證的史料，但九曲的輝發河滋養了輝南大地千萬年，孕育了兩岸四野的生靈，成為這片土地的「母親河」。

▲ 輝發河

輝發古城

輝發古城遺址坐落在距輝南縣城朝陽鎮十七點五公里的輝發山上，山形東西長，南北窄，孤峰突兀，不與任何山嶺連接。登臨山頂，古城、古廟、古宮殿遺址仍依稀可見。根據史料記載，輝發古城為高麗山城，大約建於高句麗建國初期至好太王、長壽王時期，為山頂型山城。輝發古城為粟末故城，唐代是衛樂州都督府，明末為輝發部落都城。輝發古城依山傍水，西南面為懸崖陡壁，輝發河從山下流過，古城築有內中外三道城牆，城牆均為土石混築，內城雄踞山巔，西南憑藉山崖絕壁，東北依仗山勢夯土築牆。內城周長七百〇六米，內牆高一米，外壁直垂山下，陡峭難登，有一條人工鑿成的小道，供人員到山下取水，內城南臨崖壁處，有四處瞭望台遺址，之間相隔二十米左右，中部瞭望台遺址向後二十米處有一座高台，現高二點五米，是全城最高點，為古代烽火台遺址，烽火台東北有一處高四點八米，周長三百三十六點五米的橢圓形台地，應是輝發部落最高權力和軍事指揮機構——輝發貝勒府。輝發貝勒府東部有一處環繞貝勒府址的二級台地，為輝發部兵營。輝發貝勒府往西至現在鐘亭處應為演兵場。現鐘亭處古稱茶尖處，相傳乾隆皇帝巡閱輝發城時，曾在此地打茶尖，故名。現環山道入谷口一百米處，為馬發廟遺址，進內城的通道旁有一棵椅子形樹，為百年老樹，形狀如椅。城下臨蛤蟆河城牆上有兩棵百年老榆，一棵於內城腳下，由此向東一百五十米處為另一棵老榆，此樹粗約十米，上有一樹洞，能藏人。中城居於山腰處，城牆現高一至三米，頂部寬二至四米，周長一三一三米。城內有密集的台地，亦古建築遺址，祭天祠、雲海宮的

▲ 輝發古城全景圖

▲ 輝發古城城門址

▲ 輝發古城灶址

▲ 輝發古城房址

遺址皆在此地。外城牆東西長約一千米，城牆平均高出地面約二米，周長二六四七米，外城東牆距現在朝陽鎮至輝發城公路五十米處有一棵百年老榆，樹粗約十三米，是目前年紀最大的古樹，在距北古榆向東延伸二百米，尚有兩棵古榆，這些古榆均列入文物保護樹木。

輝發古城歷史悠久，文化底蘊深厚，是輝南之根本。古城建築充分利用了輝發山的險峻地勢，藉助輝發河、黃泥河為天然屏障，內、中、外三道城牆層層設防，結構嚴謹，布局合理，得山水之勢，聚自然之氣，渾然一體，充分顯示了古代輝發人合理利用大自然的聰明才智。解放以來，考古工作者對輝發古城進行了多次調查，採集和徵集到一批豐富的文物遺物，有不同時期的生產工具、生活用品、建築構件、武器和裝飾品。這些遺物反映了在各個不同歷史時期這裡都有人居住，輝發的先祖們以此地為基礎開發輝發河流域，利用這裡優越的自然條件，保證人們的生息、繁衍。如今這座古城遺址已經被列入國家重點文物保護單位。

回跋古城

　　回跋古城地處輝發河谷平原的中部，輝發河北岸。回跋古城是目前中國唯一的一處回跋女真遺址，有著極為重要的文物和科研價值，被確定為吉林省重點文物保護單位。回跋城在渤海時期是回跋女真族的聚居中心，因位於回跋之地而得名。遼滅渤海國以後，在這裡設回跋大王府，享有相對自主權。歷次考古出土的泥質灰陶、罐、甕、甑等遺物，均為遼代風格。城內出土的遼白瓷碗和遼三彩是遼代典型器物。城址西南是三通河、大柳河、伊通河三條大河的匯合口，這裡南通柳河，西抵海龍，北往磐石，東可順輝發河進入樺甸，水陸交通十分便利，自古就是軍事要沖和商旅往來的交通要道。從該城的地理位置和古城遺址遺物看，遼代女真回跋部是一個十分興旺繁榮的部落。古城的城垣為正方形，黃土夯築，周長一五四八米。有門址四處，城牆重要地段設角樓，這種築城方法在渤海、遼金時代最為常見。城內以十字形街道通向四門。城四周有水壕護城。城內南部街道西為民居住址，北部街道有官府的建築址。城內遺址中發現了水井、鐵刀、箭鏃、陶片、瓷片、磚瓦等。尤其是距城牆三百米

▲　遼代回跋大王府遺址

處，發現一片較大的居住區遺址，在一千多平方米的範圍內遍布陶片、瓷片、磚瓦等建築材料。回跋女真歷遼金兩代，創造了女真歷史上的輝煌。風沙湮沒了黃塵古道，戰火吞噬了烽火邊城。但歷史記住了回跋女真的名字。坐落在輝發河畔的這座古城像一位耄耋老人，向人們講述回跋女真往日的風采。

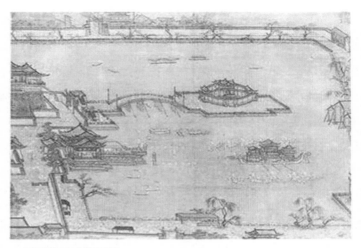

▲ 回跋大王府復原圖

▲ 回跋大王府宮殿遺址發掘現場

慶陽河東遺址

遺址位於縣城東南三十公里的慶陽鎮慶陽村西南約五百米的台地上，遺址呈東西走向，地勢平坦開闊，西北部暴露跡象較為明顯，採集遺物有：黑曜石、燧石、石鏃、石網墜、夾沙陶片等遺物，從採集的遺物看，遺址年代為新石器時代，遺址總面積六點四公頃。古文化源遠流長，可追溯

▲ 慶陽河東遺址示意圖

至六千年以前，為古村落遺址。該遺址已通過省級專家組評審，確定為吉林省文物保護單位，並計劃投資一千三百萬元進行古遺址群保護，復原古風古貌。

▲ 黑曜石刮削器

禿葫蘆山遺址

禿葫蘆山遺址位於團林鎮西二點五公里的禿葫蘆山上，為吉林省文物保護單位。遺址西南距輝南縣城十二公里，梅吉鐵路在遺址的南坡腳下穿過。禿葫蘆山遺址的東端為楊家街屯。南距小城子村二公里，朝陽鎮至蛟河口的公路在小城子村前由西向東經過。沿梅吉鐵路向西一公里是團林火車站，正北與紀家街相望，遺址在起伏連綿的山岡坡地上，呈不規則的長條狀，東南——西北走向，長約一百五十米，寬約四十米，遺址高出水平面約二十米，坡度為 15°-20°。遺址出土遺物比較豐富，主要有紋飾陶片、素百陶片和石器，尤以陶片為多。採集的石器可分為打製和磨製兩類。在禿葫蘆山遺址內還採集到大量瑪瑙坯料、磨製石斧、石鑿，可以斷定這是古代居民用來製作石器的一種石料。從遺址採集的陶片、石器看，當時的人們主要從事農業生產。大量的打製石鎬的使用，反映當時的農業生產已發展到一定的規模，漁獵經濟已有了很大的發展。石鏃、刮削器等都比較規整，製作也較精細。從採集到的平行斜線紋、劃紋陶片看，陶片的質地、陶色薄胎等諸多特徵，都與吉林市西團山文化有密切的連繫。其中圓唇長頸壺器口沿，與吉林市西團山文化長頸壺器形相近。由此判定，禿葫蘆山遺址的年代應與西團山文化的年代接近，屬青銅時代的文化遺

▲ 禿葫蘆山遺址

▌東橫虎遺址

　　東橫虎遺址位於朝陽鎮東北約五公里的東橫虎山上，為吉林省文物保護單位。東橫虎亦叫東鳳舞，在朝陽鎮東、西兩面有一綿延的丘陵，形若鳳舞，位於朝陽鎮之東叫東鳳舞，居朝陽鎮西的叫西鳳舞，由於後人讀白了，唸成東橫虎。東橫虎踞輝發河北岸，為丘陵地帶，平均高出地面約二十米。丘陵走向由西北向東南。丘陵的下面是原輝發河的古河道。遺址分布在靠近古河道的丘陵北坡，面積不大，東西長約三百米，南北寬約二百米。輝發河北岸屬於半山區，西南是一片開闊的平原，發源於龍崗山脈的三通河在遺址前匯入輝發河。這裡四通八達，與外界連繫十分便利。從遺址中採集的遺物看，既有吉林地區西團山文化薄胎的陶片，也有遼東地區的葉肪紋飾陶片，與龍崗山脈西北坡的大椅山、廟前堡遺址同屬一類文化，其年代當在新石器晚期至青銅時代。

▲ 東橫虎遺址

輝南西關遺址

　　西關遺址位於輝南鎮西關村南五百米的南山緩坡之上，朝陽鎮至杉松崗的鐵路在遺址的東側由北向南經過。漫崗上地勢起伏，長約一點五公里，呈長方形，遺址坐落在漫崗東側偏南處。遺址東側山坡下是蛤蟆河，由南向北流去，蜿蜒曲折地注入輝發河。輝（南）、靖（宇）公路在遺址前橫跨過河，然後折返向南與蛤蟆河平行。南端為溝谷，溝谷裡已成為居民區，西與南山延緩的小山脊相連，山脊的另一側為鳳鳴屯，北與輝南鎮西關村遙相呼應。這裡地域平闊、水源充足，為古代輝發先人生活提供了良好的自然條件。遺址呈長條形，為南北走向。南北長約二百米，東西寬約五十米，遺址高出水平面約二十米，坡度為 10°。遺址分為南北兩塊，現在都已成為旱田。西關遺址面積很大，內涵比較豐富。從雨水沖刷的斷溝看，文化層堆積十二公分。採集的遺物主要以石鎬為主，說明當時的農業經濟已有了很大發展。遺址中的石鏃、石網墜說明當時的漁獵經濟也有了一定的規模。西關遺址的年代約在新石器晚期至青銅時代，現為吉林省文物保護單位。

▲ 西關遺址

撫民南關遺址

　　撫民鎮南關遺址位於撫民鎮南關南一百米的山坡台地上，為吉林省文物保護單位。從龍崗山脈中流出的涓涓小溪，由東南向西北經過遺址的東側，匯入蛤蟆河向北流去，輝南至靖宇的公路經過遺址東側，撫民鎮至金川鎮的公路則在遺址的西側經過，遺址正好處在這兩條公路的夾角台地上。遺址所在的台地呈南北走向，東西寬約一公里，南北長約三公里，現均墾為農田。遺址坐落在台地的最南端，其下便是蛤蟆河，台地高出水平面約一百〇一米，在長寬二百餘米的範圍內，散布著較多殘碎的石器、陶片。從撫民南關遺址出土石器的器形看，似乎有著一定的演變規律，石鏃似由束腰形逐漸變化，束腰部位漸漸上移，向鉞形發展，最後才變作梯形。多種樣式的石鏃在同一地點出土，說明該遺址的延續時間比較長。遺址中出土的陶器為夾粗砂，火候低，無紋飾，器形多鼓腹罐，口沿部分有一週泥條，還有橋狀耳，這些都與金川轉山子遺址的陶器特點相同，它們同處於龍崗山脈的西北坡，其年代當屬同一時期，即青銅器時代晚期至漢。在遺址中石鏃占有相當大的比重，這說明當時農業已有了一定的發展規模，人們過著穩定的定居生活。

▲ 撫民南關遺址

廟前堡遺址

　　廟前堡遺址位於樣子哨鎮廟前堡村葦沙河東岸山岡上，北距縣城朝陽鎮三十六公里。這裡地處大椅山遺址的下游，南距大椅山遺址約一公里。此山岡東西走向，葦沙河由山岡的東南端繞至其西側，然後向西北流走。山岡東側與起伏的高山相連，西與廟前堡村隔河相望。遺址東西長八百米、南北寬二百米。在此範圍內，表面散布著極為豐富的石器、陶器等遺物。遺址的東北部有一高岡，旁邊是一塊凹地，散布著大量磨製石器和加工成半成品的石器坯料，據分析應是一處石器加工場所。此外，在山岡南坡靠近山頂處，還發現了先民的居住遺址，長約二十米，呈半圓形階梯狀台地。採集到石器、陶器等遺物。石器中除發現一件打製石器外，餘者皆為磨製石器，有石斧、石刀、石杵、石球、石鏃、研磨等。陶器僅見碎片，不辨器形。石器中又以石斧所占比重最大，其次為石球以及製作較精的石鏃，由此推斷，遺址的年代不會太晚，約在青銅時代前期。廟前堡遺址為吉林省文物保護單位。

▲ 廟前堡遺址所在地

大椅山河東遺址

遺址位於大椅山村的葦沙河東岸山岡之上，山岡由東南伸向西北，長達一千八百餘米。西南側緊臨葦沙河，河流由遺址的東南向西北方向蜿蜒流去，經樣子哨匯入三通河。河對岸的大椅山為龍崗火山群的火山噴發口之一，其造型奇特，拔地而起，如同一把巨大的太師椅矗立在葦沙河西岸遺址所在的山岡上。這裡散布的古代遺物可分為石器和陶器兩類。石器有打製石器、細石器和磨製石器，以磨製石器為主。從遺物的分布情況看，大體分為三個集中點，素面陶多集中在遺址東南部高麗城子附近，石器大都集中在山岡的中部和偏西北側地段，而紋飾陶皆集中在遺址西北角的山岡盡頭。大椅山遺址似乎含有兩種不同類型文化因素。一種是山岡西北端的紋飾陶，多為褐色平砂陶，砂細而均，器表磨光有紋飾。另一種為夾粗砂的黑褐陶，此類多為小底器，而且火候亦較前者低。從以往的考古發現和臨近地區的考古資料證明，這兩種文化在年代上有早晚差別。紋飾陶與遼東地區以及朝鮮半島的同期文化相近，其年代相當於新石器晚期至青銅器時代。粗砂陶年代較晚，有些下限可至漢代。兩種不同類型文化的關係，目前尚不得而知，但反映出大椅山遺址延續時間較長。二〇〇二年，大椅山河東遺址被吉林省人民政府定為省級重點文物保護單位。

▲ 大椅山河東遺址標識

甘飯盆石刻

　　甘飯盆石刻位於原大椅山鄉萬寶（甘飯盆）村新興堡東側的山坡上，有一塊以青色角礫凝灰岩鑿成的類似石臼形的盆狀物。由於上面的凹坑與盆相似，所以當地群眾將其稱為「甘飯盆」。寓有盛甘露之意，是吉祥太平的象徵。萬寶村原來的村名即由此而得。甘飯盆石刻處在山口朝南的東側山腳底坡。從這裡向東一點五公里為萬寶村所在地，西側有一條山崗由北向南延伸，山崗後面為新興堡居民區。南側山口外地勢平坦開闊，遠處與大椅山林場相望。北面與連綿起伏的高山相連，此處層巒疊嶂，川谷縱橫，但石刻所在地山口卻顯得十分開闊。據瞭解，在甘飯盆石刻西北側不遠的地方，曾建有清代廟宇，現已無存。甘飯盆石刻是由一直徑二點二米的角礫凝灰岩就地鑿成。其南側露出地表高度為一點七米，北側頂面與山坡相連，頂面較為平整。中間鑿有一圓形凹坑，直徑 一點〇三米，深〇點五米。坑壁由口至底略向內收、平底。在坑口還有寬十公分，高一公分的凸沿。沿的南端外緣鑿有寬四十三公分，高二十六公分，似椅狀的斜坡上面，刻有十三行豎行陰刻文字，每行約有十餘字，共計一百三十餘字。由於人為破壞和大自然的風剝雨蝕，字跡模糊，無法辨認。現只能將殘留的個別筆畫摹下，以便進行研究。對於甘飯盆石刻作何解釋，其作用如何，目前存在兩種看法：一種認為是屬石函類墓葬。因為頂面琢有凸沿，可能原有石蓋扣合。而斜面上所刻銘文當是墓誌銘。另一種認為可能為歷史上居住在這裡的人們為求「甘露」和天下太平所鑿甘露盆，用於祭祀，上面的銘文，可能是祈求福祉的吉祥語而已。甘飯盆石刻是輝南迄今發現最早的文字，破譯這些文字對考察輝南文化歷史有十分重要的作用。

▲ 甘飯盆石刻遺址

輝南八景

　　輝南八景是指老輝南縣城附近的八個景點。民國時期《輝南縣志》對八景進行了這樣的記述：「輝南八景曰龍山夕照，曰鳳嶺朝霞，曰紫嶺行人，曰青岩積雪，曰輝發山市，曰將台月夜，曰龍潭松韻，曰菰迷雙流。」

　　龍山夕照　龍山指龍首山，位於輝南鎮東南二公里處，呈龍狀，頭西尾東向西延伸，係長白山龍崗山支脈，海拔四百三十五米。與鳳鳴頂子山相呼應。在夕陽照耀下，石影松蔭與夕陽相互掩映，景色十分怡人，因此稱「龍山夕照」。現在因採石，將龍頭部位破壞，實為歷史遺憾。民國《輝南縣志》載：「城東南之龍首山、長白山支脈，城郭屏藩，長空雨霽，蟠在東，石影松蔭於夕照相掩映，蒼翠欲滴，景殊可人，為龍山夕照。」並附詩：「城外東山好，譙樓映夕曛。春殘花似火，雨後草生雲。收下牛雙笠，柴迷鹿一群。莫愁白日落，明月上榆枌。」

　　鳳嶺朝霞　鳳嶺指鳳鳴頂子山，位於輝南鎮西南方向二公里處，呈屋脊狀，海拔五百三十三米。與龍首山相呼應。清晨白紗似的霧氣籠罩在翠綠的松

▲ 鳳鳴頂子山

海中，當太陽剛跳出山巔，絢麗的朝霞瀰漫天空，照在城關上，在鳳鳴頂子山霞光的照耀下，城關金碧輝煌，此時的景色稱為「鳳嶺朝霞」。民國時期《輝南縣志》載：「城西南之鳳鳴頂山，松嵐浮翠，石壁流丹，海日初生之際，雲霞瀰漫，映射城關，金碧陸離，有日光照耀金銀台之致，為鳳嶺朝霞。」並附詩：「三足烏鳴海日跳，西南山色郁縹緲。鳳儀絳闕龍吟水，雲作銀屏霞建標。長白脈與天作柱，戴筐星照斗橫杓。側身北眺輝南市，幾縷炊煙起碧霄。」

紫嶺行人　在輝南鎮的北部有個山嶺，人稱紫嶺，紫嶺山頂地勢平坦，山嶺上有城牆綿延數十里。紫嶺山頂行人很多。清晨和傍晚的炊煙與雲霧籠罩在紫嶺上空，從城上（指輝南鎮）向北望去，好像一幅生動的圖畫，動靜相互襯托。這奇特景觀稱為「紫嶺行人」。民國時期《輝南縣志》載：「城北此紫嶺勢平坦綿亙十里，四連之途行人如織，青煙紫靄之中，朝往夕來。自城上望之，宛然一幀生動圖畫也，為紫嶺行人。」並附詩：「北郭夕陽紫嶺平，城頭來往見人行。圍荒廿載謀生聚，一派繁華在市聲。」

青岩積雪　青岩指撫民境內的青頂山，位於輝南鎮的東南，群峰高聳林立，山峰連著長白山，屬長白山支脈，此山頂冬夏積雪覆蓋，在陽光的照耀下，銀白如玉，就像個大玉山。這一山頂積雪景觀稱「青岩積雪」。民國時期《輝南縣志》載：「城東南青嶺高冠群峰，林壑深邃，積雪經夏朗如玉山，山海經謂不咸山，冬夏有雪。按：不咸即長白爾，青嶺即長白脈荒寒邊地，具此奇觀為青岩積雪。」並附詩：「萬仞碧摩空，東南立玉屏，城頭時一望，草色雪中青。」

輝發山市　輝發山位於輝發城鎮所在地長春堡西南四公里處，距縣城朝陽鎮西南十七點五公里。古代時此山稱「扈爾奇山」，海拔高度三百三十二米，面積二十公頃，是吉林省重點文物保護單位。輝發山上有古城址，現存三道城壕，外城壕在山北面，中城壕在山腳下，內城壕在山頂，是明末海西女真扈倫四部之一的輝發部之都城。輝發城址的人文歷史景觀加上輝發山平地突兀的自

然景觀，每年都有很多遊人來此遊覽。民國時期《輝南縣志》載：「城北扈爾奇山上有古城，下臨江水，壁立百仞，蔚然深秀，春秋氣爽，每現城垣，樓閣縹緲空際，雉堞女牆宛然可數，為輝發山市。」並附詩：「扈爾奇峰臨江水，山中往往現槐市。畫棟雕甍隱約浮，魁樓傑閣崢嶸起。舺棱門角半雲中，瑤礎蟠根全霧裡。花木好如金谷園，酒旗飄浮新豐里。有時王者升視朝，中貴幢幢奉趨使。有時大官疏諍陳，丹墀抱笏跽朱履。有時遠方使者來，賓館匆匆顧行李。有時豪士狹邪遊，驊騮辟易金吾止。有時美女步遊春，玉珮金環曳羅綺。乾端坤倪變化多，須臾惟見朝霞紫。江上有人言昔者，山中有參精水邊。雙影照孩子往往，又聞仙樂鳴非復。管弦商微呀嗟乎！天地之大無不有，君不見叱石便成羊，子美看雲忽變狗。」

　　將台夜月　　將台指位於團林鎮境內的點將台，海拔三二七點一米。此山原名月牙台，後因清高宗乾隆視察輝發時駐蹕此山，相傳月夜點兵，又名「點將台」。民國時期《輝南縣志》載：「城北月牙山上有點將台，山崗平坦，江流虹抱，月明之夜澄練平拖，厥景清幽，為將台夜月。」並附詩：「輝發江水深，江上有高岑。清帝東巡狩，明月此登臨。風雲思猛士，名將憶淮陰。嚴更校部曲，守土帝王心。至今明月夜，猶聽角弓音。」

　　龍潭松韻　　龍潭指現在龍灣群中的東龍灣，位於撫民龍灣屯東南一點五公

▲ 點將台

里處，龍灣旅遊區北端，屬強烈爆發層狀火山，火山口呈筒狀，岸陡水深，最大水深約一百二十二米，僅次於長白山天池。東龍灣在諸多龍灣中是最早開發的，龍潭松韻指的是東龍灣的景色。其四壁陡立，坡度達到 60°—80°，峰頂與湖面高差數百米以上，山勢險峻，怪石林立，造型別緻，千姿百態，古木參天，莽草天崖，樹根盤在懸崖壁上；湖面經常雲霧縹緲；整個山水構成半封閉空間，視界較窄小，光亮少，空氣清潔，可謂集險、奇、幽、奧於一體。民國時期《輝南縣志》載：「城東南黑龍潭，石壁環列，攢青聳翠，四周蒼松蔽日，風發濤湧，謖謖澎湃如海潮忽至，行人過此不必蜀僧綠綺，輒有成連移情之感。」附詩：「寒木淵泉長白靈，泠泠逸韻出空青。五更不辨松風水，萬古常迷日月星。丹鶴梳翎枝上舞，蒼成掉尾夜來聽。行人欲倩雲和擬，似有宮商已窈冥。」

　　菰迷雙流　菰迷指現在朝陽鎮的菰迷山，位於縣城朝陽鎮東南約二公里。菰迷山是一座山丘，大柳河水在境內由西北向東流去，三通河水由南向北流來，與大柳河水環繞菰迷山於清河屯匯入輝發河。登上菰迷山頂舉目望去，兩條河流像兩條玉帶相互交織在一起，秀美可觀，故稱之為「菰迷雙流」。民國時期《輝南縣志》載：「城西北菰米山一峰拔地，獨立平原。柳河西來三通河北下交環山麓，湯湯浩浩。春秋佳日著屐試登江雙練，頗為可觀。」附詩：「菰米峰獨立，二水綠沄沄。河伯間招伴，山靈迴不群。夕陽雙渡喚，人影兩邊分。出岫還歸岫，君知何處雲。」

▲ 東龍灣

▲ 菰迷雙流之大柳河

輝南縣烈士陵園

　　輝南烈士陵園始建於一九七三年，一九七八年九月竣工。總占地面積十三點八八萬平方米，陵園內占地面積一點六三萬平方米，正門朝南，門額上有「烈士陵園」四個鮮紅大字。院中高聳著烈士紀念塔，仿鄭州二七烈士紀念塔修建，塔高十一點五米，正面有「革命烈士紀念碑」七個行書朱紅大字，塔尖安裝鐵製立體紅星一顆。紀念碑後方建有烈士紀念館，建築面積三百八十平方米。是一座大屋頂式建築，坐北朝南，十分壯觀。紀念館正門懸掛著刻有「烈士紀念館」五個大字的匾額，室內面積二百平方米，分為兩個陳列室。東側為抗日戰爭時期的陳列館，西側為解放戰爭和社會主義建設時期的陳列館。兩個陳列室陳列著革命文物和烈士遺物，真實記錄了烈士的英雄業績。在烈士事蹟圖片中間，穿插宣傳畫，生動地再現了烈士的英雄形象。紀念館的後方是烈士墓地，在青松翠柏圍繞中安葬著三十七位革命烈士。每逢清明，輝南黨政軍和各界人士都到烈士陵園參加祭掃活動，緬懷烈士的功業，弘揚烈士精神，繼承光榮傳統，堅定革命信念。如今這座革命烈士陵園已經成為輝南縣愛國主義教育基地。

▲ 輝南縣烈士陵園

▲ 烈士紀念塔

金伯陽殉國地

　　一九三三年十一月十五日，東北人民革命軍第一軍獨立師的主力部隊，在師長兼政委楊靖宇的率領下，經大椅山鹼水頂子開往甘飯盆密營。當部隊行至旱龍灣一帶時，天已經黑了下來。楊靖宇率大部隊先行過嶺，中共「滿洲」省委巡視員金伯陽隨政治保安連斷後，不料遭到偽混成六旅第三營邵本良部一個連的偷襲。金伯陽為了掩護部隊撤退，在阻擊敵人的戰鬥中，不幸中彈，身負重傷，英勇犧牲。金伯陽烈士殉國地已經成為輝南縣愛國主義教育基地。

▲ 金伯陽殉國地

▍曹亞范殉國地

　　一九三九年秋至一九四〇年春，日本侵略者採取「梳篦戰術」和「狗蠅子戰術」，調集大批兵力對抗聯第一路軍進行全面圍剿。此時，曹亞范身患嚴重肺病，經常咯血，抱病率部在日偽軍的包圍圈中穿梭苦戰，頑強鬥爭。一九四〇年二月楊靖宇犧牲後，曹亞范化悲痛為力量，率部在濛江、輝南、金川、柳河、撫松等地活動。打擊敵人，奪取牲畜、被服、糧食等物資。一九四〇年四月八日，曹亞范和兩名戰士行至金川縣小金川屯南天福崗時，路遇小金川屯農民宮運森、張鳳山二人。曹亞范請求宮、張幫忙買點糧食，張答應後回村，宮被留在山上做人質。傍晚，張鳳山一直未回來，宮運森欺騙曹亞范共同下山迎接，走到譚家房場，宮乘曹亞范不備用斧子將其砍死。曹亞范殉國時年僅二十九歲。十日，另兩名戰士被偽警察、自衛團包圍在小金川屯東八大夥山坳，英勇犧牲，當地群眾稱該地為「紅軍溝」。

▲ 曹亞范烈士墓地

大場院戰跡地

　　大場院村位於石道河鎮西五公里，一九三六年建屯，因地勢平坦，故名大場院。抗日戰爭時期，曾是日偽在輝南的較大的「集團部落」。一九三七年以後，輝南、金川民眾和抗聯根據游擊鬥爭的需要，多次開展了反「集團部落」的鬥爭，一九三九年四月和八月「二打大場院」，是最典型的戰例。一九三九年四月十二日，楊靖宇率領警衛連和機槍連一百五十餘人，攻占了有五百多戶的輝南縣石道河大場院「集團部落」，這次戰鬥中打死了二十多名警察，俘虜三十多名。「四合長商店」為抗聯補充大批物資，並動員了一百多人、一百多匹牲畜，當夜把物資運送到濛江縣二道楊岔抗聯宿營地，解決了一路軍所屬部隊的換季衣物和急需的糧食。同年八月上旬，楊靖宇率五百多人，在濛江擺脫了偽軍程斌和申麟書部的跟蹤，突然挺進輝南縣境內。當得知大場院部落有一百多名民工維修城牆和砲臺，只有偽軍一個連監工和守備，「四合長商店」又弄進不少物資的消息時，楊靖宇決定二打大場院。這次戰鬥消滅了偽軍一個連，繳獲了部分軍需物資。

▲　大場院村

輝南鎮戰跡地

　　一九三九年十月二十七日夜，魏拯民率獨立旅、教導團、六師警衛連、六師八團一部共二百五十人，突襲輝南縣城。在抗聯部隊的凌厲攻勢下，二十多名日偽軍被擊斃，剩餘的繳械投降，開啟城門後，部隊順利衝進偽縣公署，偽軍死守營房，不敢妄動，抗聯部隊在城內散發了大量傳單，並將敵「配給組合」儲存的棉布、棉鞋、棉花、糧食等物資全部繳獲，拂曉前向石道河方向轉移。在撤離縣城後，日偽從海龍、磐石、濛江等地調集一千多名日偽軍尾隨而來。魏拯民指揮部隊伏擊了尾隨的敵人，殲敵二十多人，但六師八團團長錢永林在戰鬥中英勇犧牲。此役消滅了大量敵人，解決了部隊冬裝和幾個月的給養，極大地鼓舞了抗日群眾的鬥志。

▲ 輝南鎮全景

中共遼寧省第四地委舊址

一九四六年七月，中共遼寧省委根據東北局指示決定：將所屬範圍在軍事上劃分為四個軍分區，行政劃為四個專區，二個直屬縣。其中臨江、撫松、長白、靖宇為一軍分區；東豐、西豐、西安、開原、梨東為二軍分區；新賓、清原、撫順、瀋陽、鐵嶺為三軍分區；海龍、輝南、柳河劃為四軍分區，王敘坤為司令員、焦若愚為政委，夏得勝為副司令員，崔岳南為副政委兼政治部主任；通化、集安為直屬縣。第四地委以焦若愚為書記，鄒群峰為組織部長，李青為四專署專員。七月二十一日，中共遼寧省第四地委在輝南縣樣子哨成立，領導海龍、柳河、輝南、靖宇四個縣的敵後游擊鬥爭，並配合我主力部隊與國民黨軍作戰。第四地委所屬四縣地理位置重要，其中輝南縣為長白山東南門戶，是「四保臨江」的重要後方，夏季攻勢的主要戰場。一九四六年十月，由於國民黨軍隊占領了朝陽鎮，第四地委轉移到靖宇縣。地委書記焦若愚、專員李青調出，夏忠武（左覺農）任地委書記，劉培植任專員。此時，我主力部隊正在通化、臨江一帶與敵人周旋，第四地委在夏忠武帶領下，在很短的時間內便研究制定出了對敵鬥爭的策略，制定了群眾工作的方針和政策。根據前線部隊作戰的需要，發動群眾開展擴軍支前工作，為軍分區組建二個團和一個獨立營，於一九四七年八月八日發出了《關於八月擴軍的指示》。半年後，全區擴軍二點四萬人，其中大部分輸送給了主力部隊，並完成了八十多人的徵兵任務。一九四八年三月，中共第四地委撤銷。

▌樣子哨戰跡地

　　一九四七年二月，遼寧軍區獨立師五團、遼寧四分區獨立團、李紅光支隊一部協同攻克了金川縣城樣子哨。樣子哨是連接柳河、輝南、金川、朝陽鎮的交通樞紐和戰略要地。國民黨六十軍暫編二十一師的一個加強營四百餘人在此地駐守，敵人在山頂上修築五個碉堡，時逢寒冬臘月，敵人在縣城外圍用石頭構築了城牆，在修築時邊砌石頭邊澆水，築起了一道堅固的冰牆，企圖以此阻擋我軍的進攻。為了搞清敵人的設防情況，李紅光支隊派出有豐富偵察經驗的偵察班長金炳珠到樣子哨偵察敵人的兵力部署、武器裝備和火力配備情況。我軍根據金炳珠偵察的情報，制定了嚴密的攻城計劃，於一九四七年二月二十六日隱蔽包圍了金川縣城樣子哨，二十七日凌晨發起猛烈攻擊。在強大的攻勢面前，守城國民黨軍倉皇向輝南和朝陽鎮逃竄，我軍窮追猛打，殲滅敵軍二百餘人，解放了金川縣城。

▲ 樣子哨鎮

▌龍灣旅遊區

中國第二大火山群——龍崗火山群的主體部分坐落在輝南境內,又稱龍灣火山群。龍灣火山群是東北地區火山數目最多,火山結構最完整,火山地貌景觀最優美的火山群。星羅棋布的火山,形態各異的錐體,碧波蕩漾的火山口湖,物種多樣的生態環境,構成了優美的輝南龍灣火山風光。經過多年的建設,龍灣火山群已經成為國家 AAAA 級旅遊區,旅遊區兼具山林風光和火山地貌風光的資源特性。旅遊區內森林茂密、流泉縱橫、湖泊眾多、濕地類型獨特、火山遺存豐富、生物物種多樣、生態系統優良完整。龍灣旅遊區規劃為「七灣、一瀑、兩頂」十大景觀區,均為古地質年代火山運動形成的火山口湖、火山熔岩河谷、火山錐體。其中「七灣」即大龍灣、二龍灣、小龍灣、三

▲ 大龍灣

角龍灣、東龍灣、南龍灣、旱龍灣,「一瀑」即吊水壺瀑布,「兩頂」即金龍頂子山和四方頂子山。

　　大龍灣位於金川鎮南一公里處,是龍灣群中面積最大的火山口湖,水面為十八公頃,水深八十八點五米,呈半圓形。據專家推測大約形成於一百五十萬年前,屬低平火山口湖,即瑪珥湖,水質清純,群山環抱,生態優良,呈闊秀之美。主要景點有蘆花島、釣魚台、觀音洞、龍潭宮等,尤以五月的龍灣杜鵑花盛開時,景色最為迷人。同三角龍灣相比,大龍灣的特點是湖面開闊,湖景多變,別有天地。它與金龍頂子唇齒相依,金龍頂子最後一次噴發的熔岩流,衝破大龍灣東南側的山垣,流入大龍灣,破壞了大龍灣渾圓的湖形,使湖面曲折,形成東西兩個袖灣。站在大龍灣的龍門入口前,踏上四十三級花崗岩石階,就能看到雄偉大氣的龍門柱上篆刻著一副對聯:「龍崗龍脈龍生潭,水光水色水連天。」對聯中三個「龍」字和三個「水」字,分別用了三種不同的書法筆體,寓意了龍灣美景複雜多變的神祕感。

　　大龍灣水域面積八十一公頃,水面海拔六百二十九米,灣水最深處達到八十八點五米,灣四周的火山錐體林立,高度從二十五米到一百二十米漸高。大龍灣正東方,裸露於地表的是火山噴發時堆積的碎屑物——火山渣。火山渣是火山噴發形成的礦渣狀多孔的岩石,火山渣富含鎂鐵,而含有較少的矽,通常為黑色、深灰色、紅色和棕色。火山渣非常堅硬,由於堅硬且多孔,因此是鋪設路面的極好材料。

　　金川鎮一帶,水質優良,土壤肥沃,很早以前就有人類生產生活的足跡,所以歷年來人們都稱之為「金川寶地」。大龍灣的火山口垣壁有很多天然石洞,每個石洞都有動人的神話傳說,給大龍灣蒙上了一層神祕的色彩。

　　大龍灣共有景點二十二個,其中自然景點十四個,分別為水上森林、雙峽峰、觀龍磯、觀音洞、石壁峰、浴先潭、登天梯、雙廟岩、龍潭宮、東袖灣、西袖灣、秀湖、鎮龍石、彩霞壁等。

　　大龍灣是輝南縣境內最大的一個火山口湖。大龍灣的石景雖不如三角龍灣

的三劍峰那樣高聳險峻，稜角分明，但也別具一格。湖周圍峰嶺雖不甚高，但形態各異，或趨起爭雄，或孤峰獨秀，或色彩斑斕。在偏東南處有座巨峰叫金龍頂子，它猶如一個高大的巨人，傲然挺拔，日夜守護著大龍灣這面金光閃爍的寶鏡。龍灣北岸，更有奇妙的危崖斷壁。

龍潭宮東側有一巨石矗立於水面，原稱「鎮龍石」。傳說當年慈善道人降伏了盤踞大龍灣的惡龍，將惡龍鎮壓在潭底，慈善道人使用法力，將天師印璽擲於龍灣岸邊，以不讓惡龍翻身。天長日久，就成了今天所見的鎮龍石。據說天師印璽至今仙氣猶在，只要你親手摸摸鎮龍石，官運、財運、桃花運樣樣皆來。

大龍灣有處特殊景觀叫作「水上森林」。這水上森林長約一百五十米，寬可達七十米。森林以樺樹和雜木為主，人在其上一起一落，樹木也隨之晃動，有一種飄飄欲仙的感覺。森林的下面，水深可達二三十米，是名副其實的「水上森林」。水上森林是龍灣獨有的濕地現象，龍灣是火山噴發後形成的高山湖泊，湖岸水面長期漂浮、聚集一些腐殖植物，積得多了，上面長出蘆葦等植物，密密麻麻、盤根錯節。經年累月，慢慢形成了一個漂浮在水面上的碩大草甸，厚達一米以上，從而為樺樹等喬木在此生長創造了條件，久而久之就形成了龍灣一大自然奇觀——水上森林。

大龍灣北岸的龍潭宮，洞深十五米，寬二十米，距今已有一百三十年的歷史，龍潭宮依山而建，是一個天然山洞，洞內平頂疊石如玉板，四壁陡峭似石簾，傳說慈善道人當年就在這裡布道修行。洞中建有道觀「龍潭宮」。中國道教協會理事震陽真人曹信義曾在此修練多年，現在廟額「龍潭宮」三字就是震陽道人手書。龍潭宮內正中供奉的是三國時期人物關公神像，身披綠袍金甲，赤面長髯，威嚴而坐。兩旁侍立周倉和關平塑像。關公在道教中被尊為護法神將，具有司命祿、佑科舉、招財進寶、庇佑商賈的法力。關公也是中國古代人物中唯一受到釋、道、儒三家共同尊崇的由人演化成的神。

龍潭宮正門兩邊，供奉兩位古代神話中的神，一位是九幽天尊。道經說：

拔度亡殤，道士神行之，九幽天尊主之。說他掌管著人間超度、修行；另一位叫十不全，是中國民間神祇，他原為健壯英俊的青年，因看到民間多疾病，立志學醫。在自己身上試針試藥，成了「十不全」的殘疾人。「十不全」才兼文武，精通醫理。道家說，病人求之增強體質，無病者繫一紅布繩，可消災免難，吉祥如意。

在龍潭宮左上方建有「三清閣」，裡面供奉的是道教的最高神——三清。三清為道教最高神，先天教祖元始天尊（玉清）為道教第一神，居中。通天教祖靈寶天尊（上清）為道教第二神，位在左側。混元教祖道德天尊（太清，太上老君）為道教第三神，居於右側。一百多年前，龍潭宮道觀始建之初，傳說大龍灣上空彩雲瀰漫，金光普照，有神仙降臨，金川一帶年年豐收，於是有人曾捐資塑了「三清」金身，高約半米。後曹真人為保護道家金身神像，將其投入大龍灣深處，至今沒打撈出來。一九九九年，水利部門派潛水人員協助拯救文物，在水下二十米處只打撈到清朝時期陶瓷觀音像一件。

湖西岸山腰裡的天洞，是觀賞湖景的最佳地點，清晨臨洞眺望，湖面薄霧繚繞、霞雲瀰漫、水天一色，大龍灣隱現在彩霞霧靄之中，使人飄飄欲仙。天洞內供奉著觀音菩薩，每年都有善男信女到此祈福。

在大龍灣西北岸邊，有一天然石洞，當地人稱之為「黑老太太洞」，傳說是龍灣內黑魚修練成仙，專門庇佑婦女和兒童，當地人很是崇拜，現在黑老太太的仙位在龍潭宮三清閣下，香火不斷。

三角龍灣位於金川鎮金川屯以東，距縣城朝陽鎮六十七公里，距大龍灣六公里，海拔六百八十七米，水域面積四十二點六公頃，最大水深約九十七米，形成於約六十萬至一百萬年前，是由兩次以上火山噴發形成的連體火山口湖，亦屬瑪珥湖。三角龍灣沿岸曲折有致，壁險峰奇，水色碧綠深幽，神奇曼妙，具雄秀之美。因水面呈三角形而得名，湖心有一小島如天外飛石孤立水中，白雲碧水間，映霞壁、三劍峰、白龍泉等生態奇觀將三角龍灣裝點得如詩如畫，景緻居諸龍灣之首。傳說很久以前，有條黑龍在此修練，經常行雲布雨，除惡

降魔，普濟四方百姓。後來黑龍飛往長白山天池，龍去淵留，留下一灣聖水。三角龍灣是古代火山口噴發後，地下水上湧積聚而成。從火山地質學角度講，火山噴發後的火山口大都呈圓形，而三角形的火山口為數不多，原因是，龍崗山脈是中國最大的火山群之一，又是火山的密集之處，有的火山口多次噴發，三角龍灣就是火山口兩次噴發後的結果。據地質部門考證，這座火山第一次噴發是在北側，形成了較小的火山口，第二次噴發比較強烈，形成了三角龍灣南側大的區域，尤其形成了湖心島獨特的景觀，這就是三角龍灣與眾不同的原因。

三角龍灣具有山秀、石奇、湖美的特點。湖的兩岸壁險峰奇，由東南坡山路登至崗頂，便可望見湖的西南面刀砍斧劈般的懸崖峭壁直指雲天，岩石錯落處長有仙草佛手，老林蒼苔，葛藤附壁，古木橫生，四周的火山口垣高起伏，群山環抱著一泓碧水，既有北國邊塞的風情，又有江南水鄉的秀色。南湖水面

▲ 三角龍灣

開闊，北湖水面略小，幽靜。湖心中岩石嵯峨的虎頭島，尤為錦上添花。藍天下，碧水中，小島像一隻斑斕猛虎沐浴深潭，隨著清清漣漪，似欲登臨島上，水波繚繞，清涼可人，放眼四望，心曠神怡，美不勝收，無愧為龍灣之魁首。

▲ 三角龍灣石碑

三角龍灣共有景點十八個，其中自然景點十二個，分別為雙龍洞、畫壁、烏沙灘、葫蘆台、奇形樹、黑龍石、白龍泉、湖心島、三劍峰、一線天、映霞壁、通天亭。

雙龍洞在湖東南角，花崗岩石受節理作用，形成兩個天然洞穴，在此觀覽湖景，大小兩湖重合，岸陡但景色壯觀。

▲ 三劍峰

畫壁是在三角龍灣東岸碼頭邊的陡峭石壁，高九十餘米，表面被氧化，顏色濃淡不均，線條曲折多變，樹影橫斜斑駁，如一幅潑墨山水畫。每天朝陽初升的時候，萬丈霞光與水汽形成光學

▲ 湖心島

折射，遠遠望去，佛光普照，宛如迷離仙境。

烏沙灘在與小島對應的東岸，為黑色火山沙礫組成的淺灘。

葫蘆台是龍灣西側的一處陡崖峭壁，高四十八米，上面為平頂，可容納七至八人，站在此處有臨水之感。平台的形狀像一個葫蘆的剖面，探出山體，故此得名。

　　奇形古樹位於北岸，樹奇景幽。

　　黑龍石位於西岸，為花崗岩石蛋，孤立岸邊。

　　白龍泉位於黑龍石附近，泉水從地下湧出，汩汩有聲，甘甜清澈，奇怪的是白龍泉距龍灣湖僅幾步之遙，但泉水明顯高出龍灣水面許多。俗話說，水往低處流，可龍灣湖裡的水，卻奔高處從白龍泉眼冒了出來，此種奇景讓人百思不得其解，至今還是一個謎。

　　三劍峰位於兩湖中間收縮部位，海拔七百八十米，相對高七十米，三條石壁並列似三把倚天長劍直刺雲天。「一線天」在二三石壁間有一裂縫，從下仰頭觀看，只能看到青天一線，白雲數朵。如果從遠處仔細觀看，三劍峰就像一隻法力無邊的佛掌。傳說早在女媧時代，龍崗山脈上有一條為非作歹的黑龍，經常吐出黑水，弄得山洪暴發，毀壞了很多田地和莊稼，這條黑龍後來被女媧降伏，用一塊補天石將黑龍壓在了龍灣底下，這就是今天我們看到的湖心島，黑龍的魔法很高，女媧就用補天石做成她的手掌，鎮在這裡，使惡龍至今也不得翻身。

▲ 東龍灣

　　映霞壁位於三劍峰南，由九十米高的花崗岩組成，因兩側地勢高，當太陽升起時，首先受霞光映照，故稱映霞壁。

　　通天亭建於映霞壁上，高聳突出，有通天之感。從地面登上通天亭，一共有四八八級石頭台階，都是就地取材，石頭上有很多細孔，是經過火山爆發時的高溫形成的，

石頭上孔隙多少與該岩石的材質和受火山溫度的高低相關。

　　湖心島立於湖中，面積六十八平方米，在一湖碧波襯托下，與岸邊峭壁構成一幅呼之慾動的景觀，島上修建的「靈心閣」，把三角龍灣點綴得越發錦繡多嬌。據說龍崗山脈有七十二個龍灣，但是，火山口湖中心有島的僅此一個，名曰湖心島。別看小島面積不大，島四周則有七十至九十米的水深。經過水下探測，湖心島的形狀就像一根堅實的花崗岩石硅，從幽深的潭底凜然破水而出，大自然的創造力真是神奇，經過火山噴發的巨大爆發力，湖心島依舊巍然聳立，堅韌不折，不愧是女媧的補天石！島上建有一亭，叫靈心閣，如果山霧瀰漫的時候，我們就能感受到勝似蓬萊仙境的意境。

　　三角龍灣一年四季風光各異。陽春三月，和風拂面，空氣清新，百樹吐綠，映山紅遍，萬枝樹條包含新綠，山、石、草、木都讓你感覺到春的到來；盛夏時節，漫山鬱鬱蔥蔥，林深葉茂，泛舟潭上，悠閒自得；仲秋之時，天高

▲ 南龍灣

雲淡，野果滿山，潭中碧雲綠水，楓葉紅遍龍崗山，美麗的五花山簡直就是一幅重彩丹青；數九隆冬，雪飄千里，玉樹瓊枝，林海莽莽，白雪皚皚，結了冰的湖面宛如一面天然的大鏡子。三角龍灣景色不僅四季各異，就是一日三景也各不同：清晨，薄霧如紗，雲煙繚繞，林間百鳥爭鳴，水中鴛鴦戲水；中午，層巒疊嶂，巨石突兀，嶙峋山峰水中立，天然巨屏映湖中；傍晚，輕風徐徐愜人意，蛙聲片片伴入眠。

東龍灣位於金川鎮東龍灣屯南約一點五公里處，海拔八三二米，水域面積四十七點五公頃，最大水深約一百二十六米，僅次於長白山天池。東龍灣是龍灣旅遊區內七個龍灣中垣口最圓、深度最大、水質最清、保存最完整的火山口湖，也是最典型、最完美的瑪珥湖。環湖崖壁相對高度在七十米以上，樹高林密，生態系統完整優良。以險秀稱最。據史料記載，抗聯英雄楊靖宇將軍曾在這裡與日軍周旋。東龍灣的主要景點有七星泉、映壁潭、孤椴、天賜榆、將軍洞、伏虎穴、老龍潭、琴瑟台等。

東龍灣是在諸多龍灣中最早被人類開發的，民國時期《輝南縣志》中記載的「輝南八景」之一的龍潭松韻指的就是東龍灣的景色。詩人關慶元當年曾寫詩描述東龍灣：

　　崗阜東南勝，松陰接碧嵐。
　　傍臨伏虎穴，上有老龍潭。
　　萬壑琴音聽，眾淵月色含。
　　山深林密裡，隱隱住僧庵。

東龍灣經年累月靜臥在古木參天、莽草天崖的群山中，人跡罕至，沒有樓台殿閣，只有空山野水，鳥語泉鳴，一切都是那樣的原始、古樸和自然。也正因為如此，才使這一景色沒有受到破壞，成為少有人為干擾的自然景觀。東龍灣的四周岸邊，均勻分布著七處山泉，守護一灣聖水，圓圓的龍灣水面宛如明

▲ 二龍灣

▲ 小龍灣

▲ 旱龍灣

月，在七處山泉的襯托下，構成了「七星捧月」的奇異景象。東龍灣給人的第一感受似乎是平靜，當人們真去跋山涉水時，才會強烈地感到它是集險、奇、幽、奧於一體，充滿險峻和奇妙。它險在四壁陡立，坡度幾乎達到六十度至八十度，峰頂與湖面高差數百米以上，山勢險峻，怪石嵯峨。在峭壁上，只有一條捕蛙人踩出來的「蛤蟆道」，僅能一人穿行，很像古時候的棧道。當走上崎嶇不平的「蛤蟆道」時，頭頂上的懸崖彷彿搖擺欲墜，腳下湖水令人頭暈目眩，自然想起「地崩山摧壯士死，然後天梯石棧相鉤連」的蜀道。東龍灣的山、石、林都非同一般，石奇造型別緻，千姿百態；樹奇盤根虯幹懸於危岩，或於峭壁間破石而出。這裡整個山水構成半封閉空間，視界較窄小，光亮少，空氣潔淨，造成很多隱蔽空間，湖中經常雲霧縹緲。在絕壁和半山中，不時看到山泉形成的小瀑布噴珠吐玉，泉水涓涓迴響，如細樂輕奏。沿溪順谷，曲水繞峰林，一步一景，步步是景。

南龍灣位於金川鎮南龍灣屯以東約〇點五公里處，呈瓶狀，東西延伸，海拔六百二十米，湖面約二十公頃，最大水深七十一點八米。據專家考證，南龍灣是兩次以上火山噴發所形成的連體火山口湖，因此湖面　口呈「葫蘆」狀，岸緩沙平，周圍山嶺緩緩起伏，視野開闊。南龍灣景色秀麗宜人，景緻典雅，風光秀麗，山水交融，比例勻稱，如美人秀目，小巧晶瑩，在青山映襯下，一池湖水碧波蕩漾，景色十分嫵媚，尤其在夕陽下更楚楚動人。當落日餘暉映在水中時，山湖融為一體，湖中山影婆娑，好一幅水墨丹青，享錦繡之美譽。

南龍灣不僅景色宜人，而且有豐富的水產資源，成為天然的淡水魚庫，當夜幕拉開之後，湖岸漁火點點，漁歌唱晚，別有一番風趣，是盛夏時節避暑垂釣的樂園。

二龍灣位於金川鎮吳家趟子屯西南二公里處，呈橢圓型，距大龍灣三點五公里，海拔五百三十米，水域面積二十七點五公頃，最大水深約三十五米，垣口與東龍灣相近，為典型的瑪珥湖，四周山勢起伏有致，生態優良，享幽秀之譽。

小龍灣位於大龍灣西南側二點五公里處，距二龍灣一點五公里，水域面積十二點五公頃，最大水深約二十七米，岸邊湖水較淺，叢生蘆葦，環境幽謐，是水鳥理想的棲息之地。二龍灣和小龍灣一同構成一個小型盆地，盆地中間有一條小河流過，森林茂密，空氣新鮮。在附近金龍頂子向下俯視，猶如一個大自然盆景。由於兩湖處於盆地間，濕氣蒸郁不散，水霧經常飄蕩於山腰，給人一種撲朔迷離的神奇色彩。

旱龍灣位於三角龍灣西南側，僅隔一道山梁，有棧道可直達，棧道長三百二十米。旱龍灣面積四點五公頃，最大水深一點五米。是火山口湖演替為森林濕地的生態景觀，初春時節，這裡水鳥雲集，生機盎然。夏季來臨，紫色鳶尾花花開似錦，清風徐來，蝶飛蜂舞，是森林遊憩的絕佳勝地。

吊水壺瀑布位於大龍灣東南側約三點五公里處。原發於長白山系龍崗山脈的響水河，流經於此，因火山運動導致河床段跌陷，形成高約四米、寬約十三

米的落差，瀑布水瀉如練，滾珠落玉，恰似一把碩大的水壺懸於林間，故當地人稱其為「吊水壺」。響水河源於地下二千六百餘米，終年流淌，常溫 7℃，是具備長白山礦泉水優良品質的低礦化度偏矽酸優質礦泉水，夏季清涼刺骨，這裡有兩條瀑布，瀑布發源於靖宇縣的暖水河，暖水河穿過山谷，奔向金龍頂子，突出的水流猶如一幅銀白色的畫卷鋪展在懸崖上，在陡坎處形成兩疊瀑布，一疊寬十二米，落差三米，另一疊寬八米，落差分別為五米和六米。湍急的流水衝撞著巨石奔騰而下，向遠方流去，然後變成涓涓的溪水，兩邊是原始森林，那百年的大青楊，高大的冷杉群，亭亭的白樺林。此水從懸崖上飛流直下猶如白龍入水，遠觀銀瀑如飛簾掛碧，白練當空，近看垂珠濺玉，如煙如霧，使人自然想起「十丈懸流千堆雪」和「疑似銀河落九天」等詩句。吊水壺瀑布四季不斷，隔林百米即可聽見淙淙的流水聲。盛夏時節，山上和瀑布處的溫度相差 8℃左右，四處飛濺的浪花忽而白如積雪，柔情飄逸；忽而五色繽紛，如飛虹流瑩。冬天水霧的晶體在樹上形成霧淞，林中處處玉樹銀花，給火山景觀帶來勃勃生機。吊水壺景區沿線全長二千三百八十米，分上下兩段布局

▲ 吊水壺瀑布

▲ 吊水壺瀑布冬景

規劃，建有棧道和十二座結構各異的木橋。四處青山環繞，谷中溪水潺潺，極為個性化的地貌構造和種類豐富的植物群落，使其景色別具一格。由瀑布下游溯流而上，首先是一座木拱橋——娛橋。橋下的溪水中有幾百條虹鱒魚盡情遊戲。沿著棧道約走三百米有一片山坳，集中分布著二十一口「火山井」。渾圓的井口突出地表，直徑最大的不過一點五米，深度均在二至三米之間。井壁是堅硬的熔岩，若仔細觀察，井壁上有著完整的紋理。每個火山井底部都存有大量木炭，井壁上的紋理，就像樹皮一樣。它是怎樣形成的？有關專家指出：金龍頂子山在噴發時期，呈液態的岩漿在地表流動，極短的時間裡溢滿山腳的這片谷地，原本茂密的原始森林，很多參天大樹被岩漿流包裹，迅速燃燒炭化，形成「火山井」的奇觀。

瀑布周圍樹木密布，樹種繁多，唯有數十棵柳樹聚集一處，每株鋼彈三十多米，且筆直挺拔，猶如穿天楊一般，毫無柳樹之婀娜。這種柳樹叫旱柳，在龍崗山脈很少見，尤其是鋼彈三十多米的旱柳，更加罕有了。

吊水壺主瀑布平整方正，好像經過人工雕琢一般，主瀑布西側的石崖中又衝出了一個瀑布，形成了奇妙的母子瀑。上游三百米內，水平如鏡，展示給遊

▲ 薩滿圖騰林

▲ 女真族樹鼓

▲ 金龍頂子山遠景

人的是一幅山水林間的靜止畫卷，流經到此，突然間溪水騰空折轉，飛流直下，擊水覆石，轟鳴之聲不絕於耳，具有聲、色、形的綜合美。兩疊瀑布猶如一把大水壺吊在森林峽谷中間，所以當地人稱它為「吊水壺瀑布」，雖然它不是那麼宏偉，沒有那氣勢磅　的壯觀，但站在瀑布前，還是為之震撼不已。吊水壺瀑布就像一位林間美女隱藏在密林深處，當人們掀開她的面紗時，就會被她的美麗所傾倒。因此它格外為遊人所愛戀，被稱之為「北方九寨溝」。

薩滿圖騰林一共有十五根圖騰柱，上面雕刻的神像形態各不相同，因為薩滿教是原始的多神教，是在「萬物有靈」的觀念支配下所形成的一種多神崇拜。滿族人信仰的神靈很多，但是薩滿教沒有廟宇和神祠，也沒有專職的掌教和祭主等神職人員。人們在族人中自發形成一位「察瑪」，主管每次祭祀天地、山神、土地和祭祖、許願等重大活動。薩滿圖騰神靈多用木雕或繪畫的形式體現。圖騰代表的神主要有長白山主、方位女神，父親神、母親神、蘑菇神、多乳媽媽、雪神、繡花女神，以

及堂子神、蛇神、鷹神、豹神等。

原始森林龍灣原始森林區北起大龍灣，東至金龍頂，西到馬龍泡，南接金龍瀑布。面積三千餘公頃。是火山爆發休眠復甦後，保存完好的原生態。林區內古木高聳，遮天蔽日，二百年以上的古木隨處可見。據考查，林區內生長著五十多種珍貴樹種和百餘種稀有藥材，原始森林到處分布著奇石怪崖，經過火山熔岩錘煉出的岩石，形態各異：有的像黑熊，憨態可掬；有的像巨蟾，翹首觀天；有的像駱駝，跋山涉水；還有一處叫「母子龜」，在叢林間嬉戲。漫步在生態探險園的棧道上，身邊到處是野花和綠樹，彷彿置身於格林童話境界，遠離了世俗的喧囂與繁雜。

女真樹鼓古代滿族人進山需要祭祀用的。比如進山挖參時，先由把頭領著大夥祭拜山神爺（俗稱老把頭），燒香擺供，磕頭許願，禱詞大概為：「山神爺老把頭在上，弟子進山取貨，請給指路，讓我等開眼，拿了大貨，發了大財，回來一定殺雞宰豬給你還願。」然後每人用木槌敲擊樹鼓三下。

金龍頂子金龍頂子山位於大龍灣與吊水壺景區之間，海拔九九九點三米，火山渣與玄武質火山錐體。它與大龍灣、吊水壺瀑布共同構成具有典型特徵的火山遺跡地貌。從山腳到山頂，灌木、喬木分布明顯，樹種繁多，這裡的特殊地理和土壤條件，生長著東北紅豆杉、人參等國家重點保護植物。登上山頂，站在平坦的山頂台地，極目遠眺，遠處的鄉鎮村莊好像棋盤上的星子，平靜的大龍灣水面，折射了太陽的光芒，像一顆藍寶石鑲嵌在大地上。傍晚時分，山林間的霧氣蒸騰，會出現奇異的火山雲海，風景獨具特色。山勢高聳巍峨，林深樹密、生態完整。登上山頂，可遠眺群山、雲海、村落，俯視大龍灣、三角龍灣等火山口湖。

四方頂子位於石道河中心林場轄區，距三角龍灣景區二十公里，海拔一二三三點三米，是輝南縣境內最高山峰，也是龍崗山脈較高的玄武岩質火山錐之一，開闊平坦的峰頂約三十餘公頃，在高山氣候的作用下，形成了奇特的林相和植物群落，綠草如茵、野花似錦，古樹虯枝，千姿百態，物競天擇，生生不

息，昭示大自然神奇的力量與風雨滄桑，呈現出一幅遠古時期的生態景觀，有「龍崗花苑」之美譽，幾十公頃面積的山頂平地，到處是悠悠綠草和參天古樹。尤其令人稱奇的是，山頂上很多古樹有著奇特造型，有的似耄耋老者，有的似仙鹿臥憩，有的似金雕雄踞。大自然的手筆在這裡刻畫了千百年的風雨滄桑，成就了一幅幅奇麗的畫卷。「火山石林」為輝南龍灣火山風光塗抹上濃濃的錦繡一筆，深得登山與攝影愛好者的青睞。

▲ 四方頂子

朝陽湖公園

　　朝陽湖公園位於輝南縣城朝陽鎮中心，始建於一九八九年，占地面積一點七五萬平方米，水域面積一萬平方米。公園前身是一個大水泡，一九八九年被改造成為簡單的休閒場所。一九九二 年政府投資六十萬元對其進行全面改造，徹底清理了水面，用石頭水泥修築了護牆，周圍架設了護欄，建成朝陽湖公園。園內設有水上拱橋、長廊、涼亭、荷花苑、水上遊樂設施、雕塑小品，種植了花草，使之成為輝南縣城一個地標景觀。為更好地發揮朝陽湖公園的環境效益和社會效益，二〇一三年縣政府再次對公園進行了綜合整治，完善了配套綠化工程及園內設施，重點對景觀進行了亮化建設，安裝各種景觀燈，夜間園內流光溢彩，燈火輝煌，一串串流螢倒映在水中，把一湖碧水映襯得色彩斑斕。二〇一四年根據群眾休閒娛樂的需要，投資三十多萬元鋪設了供群眾演唱、觀看二人轉的「百姓小舞台」。如今的朝陽湖公園林木蔥鬱，花紅柳綠。曲藝亭、情侶亭廊曲徑幽、滿袍荷香，許多老人在此唱響夕陽無限；偶爾有人垂釣，步移景異，令人心曠神怡，成為一處集娛樂、休閒、健身、遊憩於一體的綜合性公園。

▲ 朝陽湖公園

▌北山公園

　　北山公園始建於一九九一年，原占地面積十八萬平方米，現擴建至六十三點四萬平方米。根據公園功能定位，劃分為三個區域：A區——有氧健身區，占地面積十四點三萬平方米；B區——綜合服務區，占地面積十五點二萬平方米；C區——植物觀賞區，占地面積三十三點九萬平方米。二〇一二年，對公園原有涼亭、長廊、假山、公廁、水池、護欄等設施修復的基礎上，進行整體規劃設計，擴建改造，修建公園林間甬道總長五四〇五米，健身路徑一條。A區新建一百七十延長米西入口階梯式上山步道、安裝二十件健身器材、雕刻三根盤龍玉柱、四百五十平方米桌球場、鋪卵石廣場六百平方米；B區在萬壽寺庭院前建八百平方米五人制足球場、五百平方米羽毛球場、鋪設棧道三百延長米、新建蘑菇亭、門樓、巨型根雕、假山和兩處遊樂場，完善紅色教育基地建設；C區鋪設棧道三百延長米、新建蝴蝶亭、製作丹頂鶴、幸福群鹿等景觀區，種植各種花卉二萬株、鋪種草坪五千平方米。園區內設置監控室二處，安裝了監控、音響及照明燈具等設施。

▲ 北山公園

吉林省水利風景區──小椅山水庫

　　小椅山水庫位於輝南縣樣子哨鎮小椅山村境內，壩址坐落在三通河支流蛤蜊河上，壩址距三通河口〇點七五公里，距輝南縣城朝陽鎮四十五公里。水庫集水面積二百平方公里，河道長度二十一點二公里，平均徑流三百七十五毫米。水庫按百年一遇洪水設計，五百年一遇洪水校核，總庫容四千二百萬立方米。主體工程於一九七七年五月動工，歷時十年，完成堤壩、鋪裝、溢洪道、輸水洞、電站、引水、交通、通訊、漁業等十多項工程，一九八七年六月交付使用，控制流域面積八十點七平方公里，是一座以灌溉為主、結合防洪、養魚、旅遊觀光等綜合利用的中型水庫。

　　景區以湖光山色為主，集避暑、遊覽、觀光、度假和文化交流活動於一體的綜合性景區，也是繼龍灣旅遊區之後，輝南境內較大的旅遊景區。多年來，小椅山水庫依託山水資源優勢，不斷加強水庫旅遊基礎設施的建設，致力景點開發和配套服務設施建設。先後開發了「庫堤觀水」「泛舟遊湖」「登亭望月」「臨湖垂釣」「魚館品鮮」「遊湖賞荷」等景點和項目。庫堤觀水景區景觀之一，從建庫伊始，在水庫西岸築起一條長六百〇八米、高二十八米，頂寬六米的庫堤，並植以楊柳，鋪種花草、美化堤景，使其有染碧之工，設色之妙，花態柳情，山容水意，別具一番景色。這條庫堤不僅是貫穿景區的通道，還是映波、鎖瀾、望山、壓堤的一大景觀，成為觀湖賞景的絕佳勝地。

　　登亭望月為景區又一景觀。望月亭位於水庫西端，原是發電機房，憑臨湖水，臨亭眺望秋月，感湖水之浩淼，滌煩躁之心境，是臨湖亭的神韻所在。泛舟遊湖是來此旅遊必須體驗的活動。遊船駛入湖中，遊人融入溫存的湖波中，融化在浩淼的煙波裡，體驗「落霞與孤鶩齊飛，秋水共長天一色」的意境，感受到在繁華之地外有一片遠離塵囂的淨土與清新。

　　工餘暇日，垂釣者背簍操竿，走到湖邊，新鮮空氣沁人肺腑，湖光豔陽賞

心悅目。伸出釣竿，既能調節腦神經，又能消除疲勞。「就藪澤，處閒曠，釣魚閒處，無為而已矣」道出了垂釣者的心境，釣的是清心寡慾，釣的是恬靜的生活情趣。

▲ 小椅山水庫景色──山水晨曦

小椅山水庫水闊幽深，富含多種礦物質，水色碧綠，普通的魚苗養上三五個月，魚肥肉白，鮮美滑嫩，是品嚐河鮮的理想地方。隨著旅遊業的發展，庫區大興家庭魚館，有「龍崗第一漁村」之稱。

水庫選定水面種植荷花，亭亭玉立，含苞欲放、千姿百態的荷花，賞心悅目，給遊人帶來淡雅和清爽的感受。

▲ 小椅山水庫景色──夕陽餘暉

二〇〇六年九月，經省水利風景區評審委員會評審，小椅山水庫被批准為「吉林省首批省級水利風景區」，每年平均接待上萬名遊客。

▲ 荷花盛開暉

吉林省水利風景區——青頂水庫

　　青頂水庫坐落在蛤蟆河支流四平街河下游，距輝南縣復興村○點五公里處，水庫控制流域面積一百○八點九平方公里，水庫總庫容一千六百四十萬立方米。水庫始建於一九六九年，一九七二年基本竣工，是一座以防洪、灌溉為主，兼顧發電、養殖、旅遊等綜合利用的中型水庫。多年來，在抗禦水旱災害，促進下游工農業生產發展，保護和改善生態環境等方面都發揮了重要作用。水庫年供水量九百萬立方米，補償灌溉面積二點七萬畝，大庫水面二千七百畝，精養魚池二百畝，盛產多種魚類。庫區低山丘陵，左岸山體較緩，海拔四百米以上，右岸山體較陡，海拔四百五十米以上，分布水庫兩岸形成分水嶺，周邊山巒起伏、林木蒼鬱、綠草如茵、環境幽雅。庫內碧波蕩漾，每當溢洪洩水時，浪花飛濺，山容水貌，獨具風韻。二○○六年九月開發旅遊以來，對旅遊保護區徵地進行綠化，植樹造林，種植草坪，進行綠化美化，加強了旅遊景觀和基礎設施建設。開發利用有效資源發展旅遊業，有力地推動了水庫經濟的迅速發展，帶動了鄉村旅遊向規範化、特色化方向發展。經多年不懈努力，水庫旅遊基礎設施不斷完善，旅遊收入明顯增加，年均接待遊客五千人次以上，旅遊業已經成為水利經濟的主要支柱之一。二○○六年九月，經省水利風景區評審委員會評審，青頂水庫被批准為「吉林省首批省級水利風景區」。

▲ 青頂水庫

第五章

——

文化產品

　　大力發展文化產業，依託資源優勢，從文化產品入手，把繼承傳統和創新融入文化產品的開發中，堅持傳統文化基因與現代生活相結合，休閒娛樂同正能量相結合，加大文化產品的開拓創新，開發出輝發滿族剪紙、龍灣浪木雕刻、杜鵑花根藝、核桃拼貼、琥珀木根雕、板刻書法、微刻等一批新常態下社會文化生活、與文化產業關聯度高、成長性好、發展空間大的文化產品，實現文化的有形價值和隱形價值，這些產品地域特色鮮明、鄉土氣息濃郁、適銷對路，深受消費者的歡迎，被盤活的文化資源實實在在地成為了百姓致富的金鑰匙。

▍輝發滿族剪紙

　　輝發滿族剪紙始於明代中葉，是流行在海西女真扈倫四部之輝發部區域內的一種民俗文化藝術。輝發滿族剪紙是在薩滿神圖的基礎上發展起來的，起初用於祭祀活動，輝發地域的「嬤嬤人兒」剪紙，就是這個時期信仰習俗剪紙的代表，它是矇昧落後歷史時期人類企圖以自己主觀意念力量抗拒自然災害、營造理想世界護堤的產物，帶有濃厚的原始藝術的神祕色彩。隨著社會的進步，輝發滿族剪紙由信仰習俗逐步向民俗文化轉變，開始注重它的實用性，用來美化和豐富生活。於是窗花、鏡花、炕圍花、棚花等相繼出現，賦予了滿族剪紙實用功能。這個時期剪紙藝術也隨著功能的增加，在技法上有了很大的進步，更加注重紋樣和形式美感。

　　在相當長的時期內，輝發剪紙無論是表現題材上，還是藝術風格上，都一直沿襲滿族剪紙的傳統，沒有形成自己的風格和特質。輝發剪紙獨樹一幟，自成體系要追溯到清朝末年。隨著長白山區的開禁，闖關東的人們把山東、河北等地區的民俗文化帶到輝發地域進行交融，促進輝發剪紙實現了藝術創新。以吉林省著名剪紙藝術家管夢珍為代表的輝發滿族剪紙藝人們，在二十世紀八十年代大膽吸收了山東、河北地區剪紙的技法，構圖上求出新，變化中求統一，勻稱中求節奏，對比中求調和，對稱中求呼應。在造型上抓住主要特徵，採用誇張和變形手法，對形狀和線條進行加工和歸納，以達到簡潔傳神，色彩鮮豔，對比強烈，不受物體固有顏色限制，注重作品的感情色彩。創作題材更加寬泛和多樣，由過去的花鳥魚獸轉向林海雪原、伐木淘金、挖參採藥、捕魚狩獵等更大的主題。

　　經過幾代人不斷研究探討，大膽實踐，進入二十世紀以後，輝發滿族剪紙進入了成熟階段，在中國著名剪紙藝術家、輝發滿族剪紙第四代傳承人徐貴庫等人的努力下，輝發滿族剪紙脫穎而出，成為長白山區滿族文化藝術的一朵奇

葩，為中國民族民間文化藝術寶庫增添瑰寶。徐貴庫在實踐中銳意進取，大膽創新，在不斷總結前人經驗的基礎上，把中國美術中的國畫、版畫、剪影技法引進剪紙製作。通過剪、刻、鏤等手法，成功創作了多層彩色剪紙，把古老的民族文化融入現代元素，使之更具觀賞性、裝飾性和收藏性，極大地豐富了輝發滿族剪紙的技術含量和藝術元素，受到了專家們的一致肯定。運用這些技法製作的《乾隆八駿圖》《輝發古韻》《龍灣風情》，以色彩明快、對比強烈、剪法穩健、準確、巧妙、審美理念淳樸等特點在國家剪紙大賽中屢獲大獎。為了將輝發滿族剪紙藝術發揚光大，輝南縣不斷加大對此項民間藝術的扶持與引導，對其資源進行優化整合，對產品進行系列開發、深度開發，成立了輝發滿族剪紙協會、輝發滿族剪紙有限公司，將輝發滿族剪紙打造成為輝南地域文化品牌。從二〇一一年開始，產品不斷投向市場，取得了很好的效益，不僅受到國內市場的歡迎，還遠銷到香港及澳大利亞、美國、日本、新加坡等國家和地區。二〇一二年輝發滿族剪紙被吉林省人民政府命名為省級非物質文化遺產。

▲ 輝發滿族剪紙作品《白山童趣》

▲ 輝發滿族剪紙作品《輝發古韻》

橄欖核雕

核雕是輝南近些年新開發的一種工藝品，經過核雕藝人的反覆研製，其技術有了很大的發展，正在成為人們閒暇把玩和收藏保值的新寵。

核雕始於明代萬曆年間，但人們對它的瞭解更多是通過明末散文作家魏學洢的《核舟記》，那膾炙人口的精彩記述至今被人所稱道。核雕技藝從廣義上屬微雕，不過因它受本身材質的侷限，一般都是立雕、浮雕，充分利用果核的形狀、紋絡、質地，因材施藝，精心製作。

近年來核雕價格不斷攀升，尤其是二〇一一年後，價格成倍增長。一條手鏈價格已經攀升至數千元，如果是名家的核雕作品，價格更是驚人，一枚雕工精美、富有創意的橄欖核雕甚至標價數萬元。有些名家的創意作品，已經有價無市。近幾年核雕開始銷往香港、澳門及東南亞各國。市場需求的增加，也讓一批新人開始加入其中，為核雕興盛注入新鮮血液。

核雕雖然在輝南民間工藝品的發展歷史中有過存在的痕跡，但只是作為少數愛好者的個人興趣，像天上的流星一樣稍縱即逝，毫無商品作為。在發展文化產業的歷史大潮中，一批眼光獨到的輝南民間藝人開始把視覺轉向核雕這一曾被忽略的工藝品，十幾年前一些學習和研究核雕的人，開始對自己的核雕進行市場化運作。在大浪淘沙中不僅延續了傳統，還不斷賦予核雕製作新的內容，使輝南的核雕在吉林乃至全國核雕行業內有了一席之地。如今輝南的核雕製作已經成為一項文化產業，年產值達幾十萬元。此外，還形成了採購、包裝、文化投資等相關產業鏈。

輝南核雕藝術的代表人物為輝南縣吉利亞商貿城「德玉軒」店主蔣春升。蔣春升從十歲開始自學核雕，後來又師從中國北方核雕第一人程德柱，經過二十多年潛心鑽研，核雕技藝日趨成熟。他的作品題材新穎，立意高遠，不斷被賦予新的內涵。刻工上線條清晰流暢，刀法自然，深淺恰當，精細入微。布局

上注重主題，把神態和韻味當成作品的「靈魂」。二〇一一年，蔣春升被載入中國核雕名人錄；二〇一三年，蔣春升出席在北京舉辦的第二屆文玩工藝品展覽會，他的核雕作品「整身十八羅漢」榮獲金獎，並以七萬元的價格被上海客戶收藏。目前，他的作品已有三十多件被西安、青島等地客商選購，甚至遠銷韓國、日本。

　　「清風徐來，水波不興」。輝南核雕工藝在能工巧匠的傳承下歷久彌新，踏上一條非物質文化遺產的現代復興之路。在蔣春升等領軍人物的影響和帶動下，輝南核雕工藝新人輩出，精品屢現，核雕製作正在形成產業規模，銷售量逐年遞增，市場前景一片光明。

▲ 核雕產品

龍灣浪木雕刻

　　龍灣浪木是指龍灣火山口湖群周圍生長的樹木被風雨襲倒浸入湖中，經過上百年的自然腐爛和磨蝕，其堅實部位經受住了自然條件的考驗，練就了金剛不壞之軀，潛在湖底，或漂浮在水面形成了浪木。當地人借鑑松花湖浪木名稱，稱其為龍灣浪木。

　　龍灣浪木與普通的樹根相比，主要是浪木經過湖水長時間浸泡和大自然的雕琢，水中的木頭藉助於自然超能的力量，承一脈山水之靈性，歷經千百年的世態變遷，在水與浪的沖刷中演繹著將腐朽化為神奇的歷程。經過湖水長時間浸泡和水浪的雕琢，樹木韌皮部位都已腐爛，剩下的都是含油脂或節疤堅密部分，在自然界的多種物理作用下，木質堅硬如鐵，形狀千姿百態，妙趣橫生，經過藝人的稍加整理，就變成了生動逼真的木雕作品。浪木較之普通樹根還具有紋理清晰、色調沉穩的特徵。龍灣浪木的材質大多是硬雜木，諸如紅松、水曲柳、柞木、核桃楸等，這些樹種本身就有很好的肌理，經過多年的水土侵蝕後所剩的精華部分紋理更加沉穩清晰，顏色古樸凝重。

　　龍灣浪木根雕形成於二十世紀九十年代初，是由輝南鎮農民根藝家孫長啟開始加工製作的。孫長啟是輝南鎮西關村的村民，一九九三年一個偶然的機會，他從一堆樹根中發現了浪木，當即被浪木千奇百怪的形狀所吸引，從此和浪木結下了不解之緣，並為之付出了大量心血，他的作品多次在大賽中獲獎，本人被吸收加入中國根雕協會。二〇〇五年孫長啟將其浪木根雕投向市場，一時好評如潮，產品供不應求，有的客戶每每為一件作品多次登門。如今龍灣浪木根雕在北京、西安、武漢、上海民間工藝品市場都有一席之地，還銷往東南亞各國，孫長啟的龍灣浪木根雕也到北京落戶發展。

　　浪木根雕的特點是「天然成趣」，業內有「七分天成，三分雕琢」，甚至是「九份天成，一分人工」之說。挑選浪木時藝人們要對浪木進行反覆揣摩，

選擇確定造型，經過陰乾、吹烤、油浸、上蠟、刨光等幾道工序，並且要精心雕琢。做成一件浪木根雕，少則要半個月，多則要數年。由於浪木本身特有流線美、肌理美、龜裂美，先天就具有深沉凝重、古樸典雅的特色，加之藝人對其表面處理，使浪木作品古色古

▲ 核雕產品

香，亮度、質感、顏色均似古董，有一種歷史滄桑感，更突出了古樸典雅的藝術特色。欣賞一件成功的浪木作品，會給人以深刻的啟迪。如今，已有越來越多的人瞭解浪木、喜歡浪木，浪木藝術品已成為人們裝點生活、餽贈親友的佳品、收藏的珍品。龍灣浪木根雕製作雖然起步晚，製作工藝尚需不斷完善，知名度也有待提高，但龍灣浪木一邁入市場，就以其古拙、自然的形態，淡雅、清香的味道，古老、光亮的色澤，特有的觀賞及收藏價值，受到市場的關注和接納，顯示出旺盛的生命力和廣闊的發展前景。

▲ 浪木根雕產品展

▍根雕

　　根雕是輝南傳統民間工藝品，已有百年歷史，現已成為主要文化產業項目，全縣從事根雕產業的企業達到十多家，從業人員上百人，年銷售收入達五百多萬元，基本形成產業規模。在諸多藝術門類中，根雕是最接地氣的。朽木與詩意的碰撞，產生的是一種神奇。空山幽谷，寂月柳蔭。即使樹木已經死去，但它的身上還彌留著一種禪意，它的根還纏繞著大自然的本真。根雕是以自生形態及畸變形態為藝術創作對象，通過構思立意、藝術加工及工藝處理，創作出人物、動物、器物等藝術形象作品。根雕藝術是發現自然美而又顯示創造性加工的造型藝術，工藝講究「三分人工，七分天成」，因為在根雕創作中，主要是利用根材的天然形態來表現藝術形象，進行人工輔助性處理修飾，因此，根雕又被稱為「根的藝術」或「根藝」。

　　輝南地處半山區，森林資源極其豐富，為發展根雕藝術提供了得天獨厚的原料資源。東南部山區生長的黃楊、核桃楸、榆木等木質堅韌，紋理細密，色

▲ 根雕作品

澤光亮，木性穩定，不易龜裂變形，不蛀不朽，能長久保存，具有雕刻的全部優點，是雕刻的上等材料。根藝工作者經過選材、構思、脫脂處理、去皮清洗、脫水乾燥、定型、精加工、配淬、著色上漆、命名等步驟，歷時一年半載，才能製成一件具有觀賞價值的根雕工藝品。

　　根雕的價值在於觀賞性和收藏性，是裝飾家居，點綴生活，營造生活樂趣最理想的工藝品。隨著物質生活的提升，藝術品位的提高，精品的根雕飾品以其獨到的魅力越來越受到消費者的青睞，逐漸走進人們的生活中，同時也帶動了根雕市場的興起。輝南根雕產品主要有掛件、擺件、禮品、工藝品、茶台、茶几、花架、盆景架、凳椅、茶海等。目前，輝南縣年銷售收入超過二十萬元的企業有五家以上。

▲ 根雕作品

杜鵑花根藝盆景

　　根藝盆景是選用各種樹根和朽木的自然形態，經過精心設計，按山水盆景的形式組合製成的盆景。常見的盆景有花木盆景（樁景）、山水盆景和工藝盆景等等。近年來，隨著傳統盆景的發展，新型根藝盆景也在逐漸興起，並取得了良好的藝術效果。

　　根藝盆景的製作與花木盆景的製作有很大差異。花木盆景需要人工培植，是「活的藝術」；而根藝盆景則是採用盆景的形式來表現作者的思想感情，它不需要掌握園林栽培技術，只要求作者在選材和造型上下功夫。它的選材、立意、構圖、製作和工藝處理等，完全是按照根藝作品的創作規律進行的。這種根藝盆景，不僅可以起到同花木盆景一樣的美化和裝飾作用，還能使人們從中感受到中國根藝美術的獨特風格。

▲ 杜鵑花根藝作品

▲ 杜鵑花根藝

　　輝南傳統根藝盆景主要是杜鵑花根藝盆景。杜鵑花是一種生長在長白山區的野生灌木，又名「映山紅」，朝鮮族稱其「金達萊」。輝南龍灣的杜鵑花不僅花開得早，笑傲冰雪，驅寒報春，而且花根生長得蜿蜒虬動，盤曲肆橫，疤節突出，斑駁陸離，古拙蒼勁，有著千姿百態的自然美。在大自然的風蝕雨琢

下，杜鵑花花根堅實細膩，不朽不裂，是製作根藝盆景的佳材。二十世紀八十年代初，杜鵑花根藝盆景技藝從外地傳到輝南，深受輝南雕刻藝人們的喜愛，很多人開始研究用杜鵑花根製作盆景，取得了很好的藝術效果。由於物美價廉、小巧玲瓏、便於攜帶，成為當時最受歡迎的家庭裝飾品、小禮品和旅遊紀念品。近年來，輝南根雕藝人李君本著「成型在人，雛形在天，少事雕拼，多留自然」的原則，對杜鵑花盆景製作進行了創新，根藝盆景的品相有了很大的改變，表現形式和種類更加多種多樣，使根藝盆景越來越多地進入人們的家庭，成為裝飾品、收藏品，美化人們的生活。

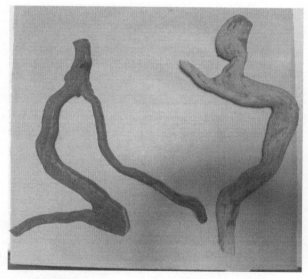

▲ 杜鵑花根藝

▌核桃拼貼藝術品

　　長白山有豐富的野生植物資源，其中楸木所結的果實——山核桃，質地堅硬、色彩古雅、紋理多變。近百年來，輝南東南部山區的居民，依靠多產核桃的資源條件，按照先輩手口相傳的山核桃拼貼工藝，生產出豐富多彩的核桃拼貼工藝品並代代傳承，延續至今。

　　山核桃質地堅硬，表皮呈黑褐色，裡皮呈乳白色，而且裡外皮均有凹凸狀不規則紋理，質、色、形俱佳，富有裝飾性與抽象美，是製作工藝品的好材料。核桃拼貼工藝品具有很強的表現能力，塑造人物、動物、器物，樣樣精巧。其尺碼自如，大可盈丈、小不足尺。核桃拼貼工藝比較複雜，從選料到人工「開洗」、陰乾、切割、黏貼、拋光、刷漆等，大約經過十多道工序，不僅

▲ 核桃拼貼藝術品

花費時間長，消耗體力大，而且要求操作精度高，技法熟練，尺度準確，稍有過錯，就會導致前功盡棄。所以，製作人必須是技法嫻熟、經驗老到的能工巧匠。除此之外，還必須眼光獨到，構思巧妙，有豐富的想像力和創造力，具備了這些條件和能力，才能製作出形神兼備、姿態各異、巧奪天工的精品。

　　朝陽鎮「建森工藝坊」是輝南生產和銷售核桃拼貼藝術品時間最早、經營規模最大的企業。企業產品種類多樣，大至箱包、屏風、櫥櫃、茶海、茶几、古鼎、大花瓶，小到煙灰缸、筆筒、壁掛、吉祥葫蘆、雙魚，件件精美。產品除在縣城和龍灣旅遊區銷售外，還遠銷廣州、上海、深圳、福建等地。由於具有文化品位和地域特色，同時環保時尚，市場銷售良好，二〇一三年實現銷售收入三十萬元。除在朝陽鎮開設店鋪外，還在長春紅旗街地下工藝品專賣區設立了櫃檯。

琥珀木根雕

　　琥珀木根雕是輝南近幾年新開發的民間文化工藝產品。琥珀木又稱「明子」，是生長於長白山的珍貴木種紅松，受自然界地理氣象變化影響，被埋於地表層中達千年之久，經大自然的侵蝕造化形成不朽的精華部分。它繼承了紅松材質所有的優點：具有不腐爛、不怕潮濕、不怕浸泡、有松脂香味而且材質堅硬的特性。由於不是所有的紅松死亡腐爛後都能夠形成明子，因此就決定了其形成的苛刻條件：其一樹齡越大形成的機率就越高；其二松樹油脂達到一定程度。所以松樹的樹杈、根結部才是形成明子的部位，這就造就了明子形狀的不一。琥珀木的產量稀缺，唯長白山所獨有，具有極高的藝術觀賞價值和收藏價值，是不可多得的珍貴藝術品。琥珀木不腐不裂，且散發清新的松香味，具有安神、醒腦、治療抑鬱症、抑制疲勞的功效。在房間裡放置琥珀木擺件，散發出的香味可消除甲醛，預防癌症。它還具有木的古雅和石的神韻，其質地厚重，色澤華貴，神奇的紋理，奧妙的韻律，結構渾然天成，是現代化家居的鎮宅、淨化環境的傳家之物。

　　琥珀木作為工藝品開發源於清末民初。長白山區的山民因為

▲ 琥珀木根雕產品展示

喜愛它散發出來的琥珀香味，把它製作成飾品掛在身上，獨享其味；或做成各種擺件放置家中，作為家庭裝飾品。可能由於對琥珀的油脂封閉處理不好等原因，致使琥珀木工藝品沒有得到廣泛的開發。十幾年前，輝南根雕藝人趙安北發現了琥珀木傳統工藝，並從中看到了商機，他同徐井春、柳賀成等根雕藝人共同進行研究和開發，使這一被塵封已久的工藝重見天日，走上大雅之堂。輝南縣對開發琥珀木根雕這項文化產業非常重視，組織根雕藝人成立了協會，對資源進行整合，對傳統工藝進行改造，對市場進行深度開發，為產品申報非物質文化遺產保護，鼓勵根雕藝人積極參展參賽，打造文化品牌，轉變了以往「單兵作戰」「守門待客」「傻大黑粗」「千面一律」等問題。根協已有會員七十多人，生產企業十一家，從業人員一百二十多人。產品由過去掛件、佩件幾個品種發展到家具、裝飾品、工藝品、禮品等二十個品種，年生產根雕、奇石三千多件，銷售產值達二百多萬元。產品不僅進入北京、上海、長春、瀋陽、大連等大中城市市場，而且還遠銷美國、日本、韓國、新加坡等國家。並與周邊白山、靖宇、磐石、梅河口、柳河等縣（市）結成合作夥伴，形成產業鏈條。趙安北的琥珀木根雕作品《守望家園》《金猴獻壽》《抱財》還分別榮獲國家和省級金獎。

▲ 琥珀木根雕展銷

▍平刀微刻

　　平刀微刻是輝南百印堂張學東首創的一種用平刀製作的微刻工藝品。張學東出身書香門第，從曾祖父開始，祖孫四代結緣於書法篆刻。父親張文雅是位教師，自幼酷愛書法篆刻藝術，刀行成方印，筆走玉龍飛。張學東受其父影響，尤其對微刻更是痴迷，題書作畫，寄託情趣，自娛自樂。他從古今優秀碑帖和金石篆刻中汲取藝術營養，在父親耳提面命、心口相傳下，書法根基打得很牢固，一手楷書得心應手。十多歲開始學習篆刻，二十歲以後篆刻已經小有名氣，求章索印者大有人在。一個偶然的機會，張學東看到了國內一位名家在一塊壽山石上的微刻，那纖如毫髮、鐵線銀鉤、牽絲呼應、典雅秀麗的微刻，讓他如痴如醉。他迷戀上微刻，愛得那樣深沉，夜深人靜之時，一盞檯燈，一塊石料，一把刻刀，伴他度過歲月十載。

　　微刻是中國傳統工藝美術中最為精細微小的工藝品。其藝術歷史可以追溯到殷商時期，在出土的甲骨文中即可見到微刻文字，到了秦漢唐宋時期，微刻藝術伴隨印章藝術發展而發展，在元明清時期，篆刻藝術迅猛發展，並形成獨特的藝術門類。微刻是一種用微小精細的刀具，以書法繪畫的技法在金、銅、石、骨、核、木、玉等材料上刻出極為細小的文字及圖案的藝術創作過程，因為文字小到極致，只有藉助高倍放大工具方能欣賞，讓米粒之珠綻放光華。

　　傳統微刻使用的都是錐刀，錐刀雖然不礙刀，用力少，便於掌握，但用錐刀刻出的微刻，碑書雄勁不足，金石神韻欠佳，不能充分表達碑書的意境。張學東對傳統微刻技法進行創新，首先對傳統工具進行改革，把雕刻使用的平刀按照微刻的要求進行改造，首創了平刀微刻，極大擴展了微刻藝術創作的空間，強化了微刻文字書法效果，使書法和刀法筆意達到完美的統一，為微刻藝術增添了新的技法。經過反覆嘗試，歷經艱辛，終於取得了成功，用平刀刻出的微刻書法，金石韻味十足，在不同材質上刻出纖如毫髮，變化微妙的歷代名

家墨跡，淋漓盡致地表現出微刻書法的思想意境，傳遞了中華文化博大精深的內涵。平刀微刻藝在「微」，更在於「精」。微刻工具的改變，不僅強化了藝術效果和藝術個性，提升了微刻的藝術價值和產業空間，同時也增加了微刻的難度，要求作者基本功紮實，書法功底過硬，用刀要穩、准、狠。功力不足，因微失控，刀不達意，就會出現敗筆，甚至前功盡棄。平刀微刻十分講究章法藝術，不僅要字字精準、筆筆不苟，還要通篇血脈相通、法度嚴謹，參差錯落、起伏跌宕，不能見大顯醜，字之歪斜，行之不齊，位之失準，配之失調。只有精益求精，才能達到「一字一世界，一行一天堂」的精品境地。平刀微刻不僅強調技法，而且十分強調意念和境界。一些材質較脆，刀過即被粉塵湮沒刀痕，不可能看一字刻一字，有時只能憑「意念」運筆走勢，做到手到、心到、意到，追求細心、靜心、耐心，三心合一。平刀微刻要求作者不斷加強文學藝術修養，在創作時要進入天人合一、刀人合一的藝術境界，意在刀先，神

▲ 微刻作品《前後出師表》

在刀尖，藝在驚天，把生命的潛能發揮到極致，將諸家智慧結晶滲入到藝術創作之中，故能以刀代筆發揮得淋漓盡致，得心應手，遊刃有餘。

　　經過三十多年的以刀代筆的執著追求，張學東成功地將微刻藝術發揮得淋漓盡致。他創作的《三十六計》《大學》《前後出師表》《楞嚴經咒》《大悲經咒》《心經》《千字文》《長恨歌》《滕王閣序》《岳陽樓記》《桃花源記》《夢遊天姥吟留別》《春江花月夜》等微刻作品詩書印三位一體，行、草、隸、篆風格各異，洋溢著鮮明的時代氣息和濃郁的當代文化情懷，展示出深厚的藝術功底與文化修養，體現了與時俱進的精神和「筆墨當隨時代」意識，深受海內外專家、學者的高度評價和讚譽。二〇一三年張學東被吉林省人民政府授予「吉林省工藝美術大師」的稱號，二〇一四年被中國工藝美術協會授予「中國工藝美術協會高級會員」資格。微刻作品被國內及東南亞等國家和地區的藝術愛好者收藏。上海藝術大師姚傑先生看到他的微刻作品後讚不絕口，稱之為「中國一絕」，並欣然題字：「中國一絕百印堂平刀微刻」。

板刻書法

　　板刻書法始創於輝南縣根石藝人田忠森之手。田忠森為中國書畫研究會會員，長期從事根石雕塑等藝術創作，書法、雕刻功力深厚。二〇〇六年秋天，他參與了瀋陽世博園重慶園和南寧園的園林景觀石刻和楹聯、牌匾雕刻。

　　二〇〇八年田忠森突發奇想，通過精雕細刻的再創作、深加工，把名人書畫永遠地凝固於木板或石材之上，立體地呈現出書法的美感，具有極強的藝術感染力。板刻書法首先把要刻的書法放大在紙上，然後臨摹在板上，用專用的雕刻機一個一個刻出字的大體輪廓，再用手工刻刀細細加工，使板刻的字與原來的書法形體一致起來。通過凹凸的刻磨，賦予文字立體感，最後打磨上色，這樣一個佳句、一首詩詞便躍然板上了，成了板刻書法。

　　這些筆墨丹青經過藝術處理，在板上出現了立體視覺，整個文字的骨架和筋脈都挺立和舒展起來，雖然還是那詩那詞那些字，但從紙上搬到板上，已經不是簡單的臨摹，而是在保持原有風格基礎上的二度創作。由筆書到刀刻的過

▲ 板刻作品

程，賦予了板刻書法許多新的內容。它打破了傳統書法的平面侷限，通過刀刻砂磨，每個字都有了凹凸的變化，使書法有了鮮活的立體感；它突破了民俗刻匾拘泥於臨摹的僵化，最大限度地發揮了書法的優勢，保持了書法水墨飛揚的活潑性，使板刻書法產生了飄逸感；它把傳統篆刻的工藝手法融匯到板刻中，把書法的瀟灑飄逸和篆刻的金石剛勁結合起來，使板刻書法有了遒勁有力的質感。而這一切都是靠雕刻人的藝術修養、工藝經驗、創作思維來實現的。板刻書法藝術內涵在於其作品中的精、氣、神。一張張大大小小的板刻書法，蘊藏著中華文明和民俗文化的博大精深。只要你感覺到它，它就釋放出強大的磁力，牢牢地吸引著你。

板刻書法從研製到走向市場僅僅幾年時間，已經成為辦公室、家居、賓館酒店裝潢的上選，產品遠銷青島、煙台、常州、亳州、瀋陽、大連、撫順、長春、吉林市、通化、延邊、北海等地，還掛進了吉林省賓館。隨著市場的培育和開發，產品的種類也不斷增加，有店鋪的楹聯，有生日的壽匾，也有結婚、開業的禮匾，並作為旅遊紀念品走進旅遊市場。

玄武岩雕刻

玄武岩是由火山噴發的岩漿冷卻後凝固而成的一種緻密狀或泡沫狀結構的岩石，具有耐磨、吃水量少、導電性能差、抗壓性強、壓碎值低、抗腐蝕性強等特點，是建築和雕塑的良好石材。輝南地處龍崗火山群，是新生代以來龍崗火山群第三次活動，噴出大量玄武岩漿，形成輝南今天的玄武岩地貌，成為東北玄武岩的主要產區。豐富的玄武岩儲量為開發玄武岩提供了良好的產地環境。

玄武岩雕刻是中國傳統民間工藝，在長白山區有很悠久的歷史。輝南玄武岩雕刻興起於清代道光年間，當時朝廷腐敗，邊禁鬆弛。山東、河北、遼寧等地闖關東的流民，冒著生命危險，越長城，渡渤海，潛入圍場，墾荒種植。一些石雕手藝人發現輝南儲藏的豐富玄武岩，於是重操舊業，輝南玄武岩雕刻就是在這樣的歷史背景下產生和發展起來的。玄武岩雕刻古樸粗放，深沉厚重，在表現建築藝術和特定環境藝術效果上有其他藝術形式無法替代的優點，市場前景十分看好。目前輝南已經開發出具有發展潛力的文化產業，有影響的地域文化品牌產品。吉林省玄武緣文化產業有限公司是輝南最大的玄武岩雕刻企業，主要生產建築構件和生活用品。企業實力雄厚，工藝先進，產品獨具魅力。其雕刻風格融關內外石雕技法於一體，極富藝術創造力和感染力，集形象美、材質美、藝術美於一身。企業先後為柳河縣姜家店製作了「萬年稻米香」圓柱石雕，為柳河縣書法公園製作了景觀石雕塑，為長白山科學研究院主樓、長白山聚龍泉養生會館、大連大唐風溫泉度假村製作了建築構件，在當地引起很好的反響，受到使用單位和群眾的好評。玄武岩石刻現已被輝南縣政府列入非遺文化加以保護，並申報市級非物質文化遺產。

▲ 玄武岩雕刻

殷氏蛋雕

蛋雕作為一種民間傳統工藝，起源於清朝末年。殷氏蛋雕是輝南蛋雕藝術的傳統品牌，已經有百年歷史。殷氏蛋雕創始人殷志丹早年在輝南開雜貨鋪，閒暇時研習蛋雕技藝，在禽蛋殼上刻畫花鳥魚蟲、京劇臉譜等，擺在鋪子裡出售，久而久之，不僅提高了技藝，而且形成了獨特風格，並作為家學傳承有序。殷氏蛋雕已傳承四代，工藝日臻完善，藝術價值不斷提升。第四代傳人殷樹奇，立志把小蛋殼做成大產業，在不斷研發創新的同時，創立了「奇藝蛋雕工作室」，開闢了宣傳銷售網路，開始市場化運作、產業化經營。

殷氏蛋雕的主要藝術流程是通過對禽蛋的認真挑選、打孔、排液、晾乾處理，最後在空蛋殼上刻畫精美圖案的藝術形式。蛋雕的主要技法有浮雕、鏤空、彩繪以及富於層次感和立體感的陰陽混刻技法。殷氏蛋雕作品種類繁多，按禽蛋種類分為鵪鶉蛋雕、雞蛋蛋雕、鵝蛋蛋雕、鴯鶓蛋雕、鴕鳥蛋雕等，按題材又分為人物肖像、花鳥魚蟲、京劇臉譜、詩文字畫等。

殷氏蛋雕的主要藝術特徵是色、險、透、韻。即「色」，要求禽蛋除了形狀要與主題呼應之外，還要色澤鮮豔，光澤度極佳，稍有瑕疵即廢。「險」，充滿風險，在不足兩根髮絲厚的蛋殼上，運用繪畫、浮雕、鏤雕等技法刻出各種精巧的圖案。雕刻者必須凝神聚氣，心無旁鶩，一刀下去，刀刀皆險，精品險中求。「透」，蛋殼中空後具有天然物理光透性，稍加整理即通體晶瑩，完成一面形成光的傳射效果，在蛋殼內形成鏡像，其光影的疏密間別有洞天。「韻」是指神韻，通過藝術手段和禽蛋特質實現的，體現作品的藝術境界和作者的藝術情懷。

殷氏蛋雕憑藉百年形成的技法和風格，在業內小有名氣，殷樹奇也成為全國蛋雕行會會員，殷氏蛋雕被輝南縣政府列入非物質文化遺產保護。殷氏蛋雕近年來成為藝術收藏界的熱點，山水圖、偉人肖像、四季花鳥圖、龍鳳呈祥

圖、八駿圖、四美圖、梅蘭竹菊、十二生肖、十二金釵、桃園結義等作品已被國內外買家收藏，其藝術價值、文化價值、經濟價值日益體現，市場前景非常可觀。

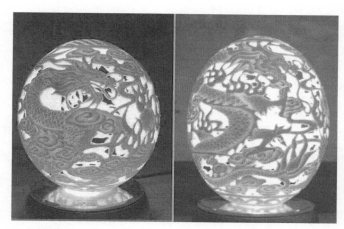

▲ 蛋雕作品

▲ 蛋雕作品

松花石雕刻

　　松花石雕刻為長白山區民間傳統工藝，最早主要為硯台製作，後來擴展為製作景觀石、建築裝飾品和各種工藝品。松花石製硯始於明朝末年，盛行於清代中期。清末松花石雕刻同松花石一起銷聲匿跡。上世紀七十年代末，為使這一塊寶和雕刻技藝重放異彩，在有關部門的大力扶持下，通化、白山等地在恢復傳統品種的同時，不斷推出新品種，目前已成為通化、白山等地區的重要文化產業。

▲ 松花石雕刻

▲ 松花石雕刻

　　在松花石雕刻產業的影響帶動下，二〇一一年，輝南縣旅遊服務中心的解會鵬將已沉寂的松花石雕刻在輝南發展起來。

　　解會鵬，畢業於吉林省戲曲學校美術專業，二〇一一年開始嘗試松花石雕刻，先後到通化、白山等地學習雕刻技藝，作品以仿製清宮廷御硯為主。近年來，解會鵬致力於松花石雕刻技藝的傳承與創新，重視對松花石雕刻技藝的保護、發展和利用，作品突出輝南地域文化特色，將輝南美景通過浮雕、圓雕等藝術形式表現出來，作品主題突出龍灣、輝發古城等風景名勝，設計創作了《三角龍灣松花硯》《輝南八景硯》等諸多代表作品，二〇一二年、二〇一三年連續兩

屆在吉林省旅遊商品大賽上獲銅獎。

　　松花石極具可加工性，除雕刻硯台外，還可以加工筆洗、硯滴、筆筒、印盒、鎮紙、筆架等配套產品。近幾年觀賞石走俏市場，對松花石加工起到了積極的推動作用。此外還可以開發茶桌、茶台、茶壺、茶盅等茶文化用品，以中國悠久的茶文化為載體，產業前景一片光明。

▲ 三角龍灣松花硯

木雕

　　木雕作為一種民間工藝，在輝南已有久遠的歷史。輝南木雕藝人多採用鏤空雕、浮雕、淺浮雕、圓雕、陰鏤空雕等手法，尤以鏤空、浮雕見多，作品經打坯、修光、磨光、染色、上漆、擦蠟等十多道工序才能完成。

　　木雕一般採用柔性造型的方式，即運用感性、動態的線和面，具有一種節奏和韻律的美。多數木雕都採取塗色施彩來保護木質和美化。在選材上主要以椴木、小葉楊等軟木為原料，雕出的作品紋理細膩，手感柔和，古樸美觀，華麗而內斂，具有像牙般的效果，在具有欣賞價值的同時兼有收藏投資的價值。木雕可分為觀賞性和實用性兩種。觀賞性是指陳列、擺設在桌、台、幾、案、架之上的供人觀賞的藝術品。這類木雕一般內涵豐富，工藝精緻，深受收藏愛好者青睞，收藏價值較高。實用性是指利用木雕工藝裝飾的、實用與藝術相結合的藝術品，如宮燈、鏡框、筆架、筆筒、首飾盒、儲蓄罐以及家具雕刻等。

▲　木雕

十字繡

十字繡作為傳統民間藝術在輝南有著上百年的歷史，是最普及、參與人數最多的民間織繡藝術，但其生產、傳播只限於家庭和鄰里之間口口相傳。

在發展文化產業的大潮中，十字繡從家庭中走出來，成為農村和城鎮家庭婦女就業和致富的項目。據不完全統計，現在輝南縣從事十字繡生產的有一千五百多人，開店和網上經營十字繡的有二十多家。一些鄉鎮開始對十字繡進行產業化經營，成立公司，推出品牌，開設網站，建立銷售網路，擁有了更多的經銷客戶，不僅為人們提供豐富的高品質的文化產品，而且取得了很好的經濟效益。撫民鎮下集場村「巾幗繡紡」協會，是輝南縣鄉鎮中從事十字繡最大的聯合體，有會員一百多人，成為集研發、生產、銷售和服務於一體的企業。歷經幾年的努力和拚搏，在全國擁有眾多的經銷客戶，經營網點擴大至全國各地，並在網上推出品牌。每年生產十字繡近百件，二〇一二年參加展銷的四十件十字繡作品在展銷期間就銷售一空，其中一件《清明上河圖》被人出價二萬元買走。

▲ 十字繡

草編工藝品

　　草編工藝品是輝南民間廣泛流行的一種手工藝品。是指利用當地所產的各種草編成各種生活用品。輝南草編的主要原材料為稻草、靰鞡草、玉米皮。草編生產過程大體分為選料、上色、浸泡、編織、燻蒸、晾曬、刷漆等七個環節，全部採用手工製作。輝南縣草編工藝品，具有品種多、款式新、工藝精等特點，主要分三大類，一是觀賞類的草編工藝品掛件，如《天女散花》《雙魚拜蓮》《五穀豐登》等；二是擺飾類的十二生肖草編工藝品；三是生活實用類的草編工藝製品，如拖鞋、拎包、杯套、果盒、紙簍、果盤、雞蛋籃、花盆套等，既有較高的實用價值，又有較強的欣賞價值。發展草編工藝品在輝南有一定的優勢：原料充足，全縣農業種植主要以水稻、玉米為主，草編所需要的原

▲ 製作草編工藝品

材料基本上可以就地解決；有豐富的勞動力資源，為發展草編工藝品提供了充足的勞動力；草編工藝品歷史較長，編織技術比較普及，具備了一定的生產能力；草編工藝品具有「投資少、見效快、收益大」的特點，適合農村發展。輝南草編工藝品在繼承傳統工藝的基礎上，近些年不斷發展創新，產品種類日漸增多，經營方式也由過去的婦女個人農閒時編織發展成個體家庭小作坊，從業人員發展到上百人。草編產業不斷發展壯大，有些草編作品多次參加國家和各省舉辦的農民藝術節、博覽會、農博會，產品銷往全國各地。

▲ 草編產品

▍煤粉畫

　　煤粉畫是輝南書畫藝術家李國棟創立的一個新畫派，被稱為「關東一絕」。煤粉畫是把精煤粉撒在畫布上渲染出山水畫意境的一種特色畫作，用煤粉作畫主要是體現煤的作用與特殊的風格，在全國尚屬首創。煤粉畫的主要作畫程序是在用煤粉作畫之前，先往油畫布上噴膠，然後再將煤粉按照作者的藝術構思撒到畫布上，一幅漂亮、充滿立體感的山水畫就映入人們的眼簾。一九九〇年，李國棟舉辦了個人畫展，反響很好，吉林電視台做了專題報導，並報送中央電視台經濟頻道播出。一九九二年，李國棟的煤粉畫《弄潮兒》獲中國煤礦第四屆藝術獎。一九九三年，他在杉松崗鎮舉辦了「迎元旦煤粉畫根雕作品展」。他的煤粉畫在中國煤礦藝術節美術展覽中曾獲優秀創作獎，煤粉畫《礦山的早晨》被山西太原美術館收藏。

▲ 煤粉畫作品

朝鮮族歌舞「乞丐謠」

　　「乞丐謠」這種說唱形式產生年代久遠無從考證，但形成現今表演方式約有二百年左右歷史，一度流行於朝鮮半島。「乞丐謠」是朝鮮族表演形式中少有的集說、唱、歌舞於一體的綜合性娛樂節目。參加人數以四至六人為主，伴舞不受人數限制，易參與。唱詞精彩凝練，羅列許多民間美好傳說，表現內容積極樂觀向上，具有愛國主義思想，表演形式滑稽、幽默，有鮮明對比，表演風格隨劇情發展或輕盈舒緩，或慷慨激昂，唱詞中還大量使用了現今不常用的一些民族語氣詞彙，整體表演融匯朝鮮族民間文藝特色，具有較強藝術感染力。

　　隨著改革開放，人們生活水平不斷提高，青壯年利用自身優勢紛紛外出勞務創收，在家留守老人為豐富生活，自發組織了許多文體協會，現輝南縣樓街鄉就有朝鮮族老年文體協會四個，為挖掘、繼承、弘揚傳統民族文化提供了堅實陣地。龍光村老年文體事業在各級政府及相關部門引導扶持下，活動內容逐步豐富，村民黃在姬出於對新社會巨變的讚美，以其獨特的方式抒發對美好生活的謳歌，不顧自身年老體邁，以八十三歲高齡對傳統表演節目「乞丐謠」進行精心整理、回顧，將這一瀕臨絕跡的表演形式展現在世人面前，首次演出便在吉林省輝南縣第一屆老年藝術節上獲得一等獎。

　　「乞丐謠」是在挖掘整理保護民族傳統文化工作中發現的一個優秀表演節目，表演形式活潑滑稽，表現的人物生動豐滿，說詞、唱詞富含古代民間民族特色，其中一些俚語、俗語已在現今生活中逐步流失。表演中所祈求上蒼保佑人類生活美滿、大地風調雨順、五穀豐登的章節感情真摯，藉助了民族祈福的方式，結尾部分掀起全劇高潮，以活潑浪漫的情調抒發了人們對美好生活的嚮往。整套節目條理清晰，內容豐富，形式獨特，充分展示了民族傳統文化的瑰麗。

「乞丐謠」是朝鮮族傳統文化在特定時期的產物。寓含朝鮮族追求幸福美好生活的祈盼，表達了生活在社會底層的勞動人民積極健康向上，崇尚真理，憤世嫉俗的情懷，涉及其精神信仰，價值取向，具有民族學、民俗學等研究素材的特殊價值。

　　為了挖掘繼承朝鮮族優秀傳統文化，樓街鄉政府採取了有力的保護措施。近三十年來，樓街鄉政府及各級民族事務委員會以各種形式投入了大量的人力、物力、財力，同時加強後備傳承人才的培養，並在原有基礎上，不斷豐富該劇目的新時代內容，讓「乞丐謠」這一傳統民間藝術煥發出勃勃生機。

▲ 「乞丐謠」表演

東北民間舞蹈「高蹺雙面人」

東北民間舞蹈「高蹺雙面人」是輝南縣石道河鎮內流傳一百多年的民間舞蹈。舞蹈起源於清朝末年，由石道河鎮原住民創作，由師徒口傳相授的辦法一代又一代地流傳至今。是一種載歌載舞、亦說亦唱的民間綜合性表演藝術形式。表演者的表演動作都是在高蹺上完成，因而不同於一般雙面人的表演形式，顯示出表演者深厚的功底。「高蹺雙面人」是以東北大秧歌、二人轉曲調為主的高蹺秧歌民間傳統舞蹈，因一人表演兩個角色深受群眾喜愛。

「高蹺雙面人」形式詼諧，風格獨特，廣袤的黑土地賦予它淳樸而豪放的靈性和風情，融潑辣、幽默、文靜、穩重於一體，將東北人民熱情質樸、剛柔並濟的性格特徵揮灑得淋漓盡致。穩中浪、浪中梗、梗中翹，踩在蹺上，扭在腰上，是東北高蹺最大的特點。同時，不受時間、不受秧歌隊形限制，邊逗邊扭，配合節奏明快富有彈性的鼓點，哏、俏、幽、穩、美的韻律，是「高蹺雙面人」的特色。

東北民間舞蹈「高蹺雙面人」表演者踩著高蹺，以獨舞的形式表演。表演者為一人兩面，一身二角，其前臉畫成戲曲小生似的俊臉，頭部剃光，腦後畫一個丑角的假臉，上身穿一件不分前後的綵衣。「高蹺雙面人」的獨特之處在背面，表演者利用頸部的前後活動構成背臉的垂頭和仰面，而左右活動則構成背臉的咧嘴噘腮，兩肩上下、前後的聳動，成為兩面人物反差性的體態方位，便出現與之相應的各種形象。「高蹺雙面人」塑造出的雙面人物特徵，深受當地群眾喜愛，既刻畫了正義、善良、樸實的人物性格，又刻畫了反面人物的醜陋、貪婪、自私、無知的本性。兩種人物性格由一個演員表現出來，形成了鮮明的對比。當中還摻雜表演者在高蹺上完成的一些高難度動作，如：就地十八滾、蘇秦背劍、雙飛燕等，極具觀賞性。

「高蹺雙面人」既可以清唱，也可以用樂器伴奏演唱，用於伴奏的樂器

有：三弦、二胡、嗩吶、板胡、鈸、鑼、電子琴等。這些樂器可以單獨伴奏，也可以合奏。

　　「高蹺雙面人」作為一項傳統的民間藝術，有很高的文學價值、歷史價值。作為傳承了一百多年的民間藝術，其中很多曲目凝結了幾代藝人的智慧，豐富的歷史內容，民風、民俗在整個表演過程中得到充分體現，對一百年的歷史發展過程是一個很好的還原。

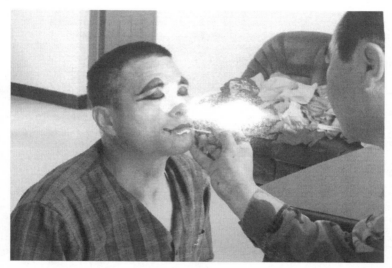

▲　「高蹺雙面人」演員正在化裝

▲　「高蹺雙面人」表演

民間舞蹈「霸王鞭」

樣子哨鎮位於輝南縣東南部，地處三通河畔，河水沿馬鞍山麓長驅直下，在轉彎處形成激流響哨，河道形若牛樣子，因此得名「樣子哨」。「霸王鞭」舞便是流傳於樣子哨鎮的一種民間舞蹈，其形式集舞蹈、武術、體育於一身，鞭法複雜，風格獨特，帶有鮮明的群眾體育性質。「霸王鞭」舞又名打花棍舞，是古代和近代民間廣大城鄉常見的歌舞表演形式。據傳秦末楚漢相爭時期，義帝與各路義軍相約「先入咸陽者王之」，項羽一路所向披靡，每攻下一座城池，便站在馬上，揮舞馬鞭，高歌競舞，舞至酣時，命令士卒折木為鞭再舞，共同歡慶勝利。其恢宏之狀，激昂之慶，吸引和感染了當地百姓，百姓因此紛紛效仿，於是這種即興舞蹈形式由軍營傳播到民間，演變成為一種傳統舞蹈節目。因項羽自稱西楚霸王，「霸王鞭」由此得名。毛奇齡的《西河詞話》中記載：「金作清樂，仿遼時大樂之制，有名連廂詞者，帶唱帶演，以司唱一人，琵琶、笙、笛各一人，列坐唱詞……此人至今謂之連廂，亦日打連廂。」康熙年間，李振聲的《百戲竹枝詞》中記載：「徐沛伎婦，以竹鞭綴金錢，擊之節歌。」這種舞蹈使用的就是霸王鞭。

樣子哨鎮「霸王鞭」舞是田友、台發英流傳下來，後田友傳於石玉明。在五六十年代，樣子哨鎮「霸王鞭」極其盛行，逢年過節、重大喜慶節日，石玉明率眾載歌載舞慶祝節日。在八十年代，「霸王鞭」這一民間舞蹈多次參加縣鄉組織的各類大型活動。

樣子哨鎮「霸王鞭」舞磕打的位置不只限於四肢，還可磕打手腕、腰、腿外側、後肩等部位，還有雙鞭互磕、觸打地面等動作。樣子哨鎮「霸王鞭」舞通過磕打手、肩、腿、腳等，由此引發上身的擰擺及腿部動作的變化和跳躍，形成各種舞姿和動作。其動作既有體操柔軟、乾淨、利落、整齊等特點，又有田徑彈跳、旋轉、奔跑、跳躍等特點。表演者邊舞邊歌，曲調多為民歌小調，

節奏鮮明，風格歡快，藝術表現力極強，適合各類場合的演出，在自娛自樂、溝通情感、美化生活、架構精神橋梁、推進文明建設、構建和諧社會方面，無疑會起到潛移默化的作用。

「霸王鞭」舞作為地方傳統民俗活動，在時間、空間以及開展活動中所表現出來的歷史性、地域性、傳承性、變遷性、依附性等特徵，展現了其豐富而深厚的文化內蘊和藝術特質，有著不可估量的藝術價值。

▲ 「霸王鞭」動作示範

天鹿天食

天鹿天食鹿肉食品製作技藝，距今已有二百餘年的歷史。天鹿天食食品是由古代皇宮的鹿肉御宴以及《本草綱目》《黃帝內經》記載的鹿全身部位的藥用及保健功能的基礎上，經過關氏家族從中醫調理角度的不斷研究和完善，達到藥食同源的效果，如今傳承技藝製作的鹿肉食品，已轉化為餐桌上的佳品菜餚。

民國時期，天鹿天食傳承人的曾祖父關文海，潛心研製藥膳並形成配方，其中最為推崇的是，用其秘製配方做成的鹿肉食品，不僅去腥解柴，而且鮮香可口，最大限度地催發了鹿肉的營養成分和藥用價值。當時經營鹿肉的飯館酒店都買用此方做的料包來調製菜餚，深受當地人的青睞。關文海的摯友、輝南愛國富商宮振東當時經營一家鹿場，一次去看關文海時說：我養的鹿是「天鹿」，用你藥包做的鹿肉是「天食」，咱們倆合在一起就是「天鹿天食」。話中透出要與關文海合作開發鹿肉食品的想法，後因宮振東資助抗聯事發入獄，此事被擱淺。關文海從此將此配方和技藝命名為「天鹿天食」。並將其獨家配方傳給兒子關洪太，以求世代相傳。

傳承人關曉華為關氏家族的長孫女，自幼聰慧好學，深受祖父喜愛，祖父便將秘方工藝等口傳心授，讓她從小立志將傳統工藝及美食傳承下去。首先從養殖梅花鹿做起，從源頭上保證了梅花鹿肉特有的功效與營養。注重鹿的習性，從飼料、生長環境等入手，讓鹿的品種保持原始狀態的繁衍生長，才使食品保持原味和發揮其既營養又保健的作用，使天鹿天食食品傳承至今。

天鹿天食食品是二〇〇七年創辦吉林天鹿生物科技有限公司後，正式開始籌備生產逐漸發展起來的。產品具有如下特徵：一、配方及輔料注重傳統性。利用傳統配方和工藝，將原料切割醃製，輔料調配，汁料秘製。二、製作工藝的嚴謹性。選料講究，操作嚴謹，製作精細。工藝環節複雜。三、保持鹿肉營

養的自然性，使原料營養不被破壞。四、食品口感口味的穩定性。保持鹿肉特有的芳香特徵。目前，天鹿天食主要以輝南縣朝陽鎮為生產、研發核心基地。專營店分布於廣州市，輻射珠三角地區；浙江義烏市，以此向長三角地區發展；瀋陽市，以此向東北三省地區發展。以北京、上海、重慶、深圳等一線消費城市，作為高端產品發展戰略基地。以長白山旅遊風景區、輝南龍灣旅遊風景區為示範，逐步向全國著名旅遊風景區拓展更大的旅遊產品空間。

天鹿天食食品的不同種類，無論從外觀還是口感，均能適應各類人群的食用。並保持了原料本身的營養價值不流失，達到了食物的口感、口味及食用價值的完美統一。

至今，天鹿天食食品傳承已有二百多年的歷史，在不同歷史時期，通過改良與創新，確立了本區域內飲食文化多樣性和獨具特色的重要地位，並在本區域內對飲食文化的傳承與發展起到了舉足輕重的推動作用。

▲ 天鹿天食食品

百年老字型大小——恆興源燒鍋酒

恆興源燒鍋酒，吉林省輝南縣特產，吉林天鹿集團麾下酒業公司產品。恆興源燒鍋酒釀造歷史始於清光緒八年（1882 年），因其酒體純正、酒液清純、窖香濃郁、落喉爽淨、回味綿長、飲後口不乾、不上頭而暢銷東邊道各府廳州縣，遠銷俄羅斯，成為東邊道歷史名酒。一九四七年六月，輝南民主政府接收恆興源燒鍋，並將其與其他酒坊合併，恆興源酒廠的燒鍋頭攜製酒配方離開輝南，恆興源燒鍋酒從此退出市場，銷聲匿跡。後經天鹿集團派人苦苦查詢，幾經周折，才與其後人協商有償將配方轉讓給天鹿集團，並將「恆興源燒鍋酒」註冊天鹿集團，使這個百年老字型大小，東邊道歷史名酒梅開二度，與這片天空、這方土地，這裡的人們重續前緣，正是這樣一段歷史，天鹿集團把恆興源燒鍋酒的文化品牌定位在「天地人緣」上，並把「釀出感情，燒出真情，聚出友情，品出柔情，喝出心情，恆興源燒鍋酒送您一片情」作為最具有親和力、傳播力和影響力的廣告宣傳語，讓中華民族的情緣文化融入恆興源燒鍋酒，讓文化帶著酒香，讓美酒帶著文氣，走進市場，走進歷史。現在以恆興源燒鍋酒調製的鹿血酒已經成為天鹿集團的拳頭產品，暢銷國內市場。

產品特色：（一）優質水源。水是立酒之本，釀造恆興源燒鍋酒所用的水取自被譽為「中國礦泉水之鄉——輝南」的山泉深井水，水色清冽晶瑩，經鑑定含有氡、鍶、鋅、偏矽酸等多種有益微量元素，是天然優質礦泉水，恆興源燒鍋酒就是依靠優質的礦泉水釀造佳釀，馳名東邊道。（二）精選原料。恆興源燒鍋酒以優質的紅高粱為主要原料，以純小麥大曲為糖化發酵劑，使產品質量有保障。（三）傳統工藝。燒鍋堅持採用傳統純糧釀造工藝，堅持長期發酵，長期儲存。以優質的紅高粱為主要原料，以純小麥大曲為糖化發酵劑，採用續糟續渣混蒸、混燒的老五甑工藝製作。傳統配方、傳統工藝、優質原料成就了恆興源燒鍋酒的優秀品質。

歷史溯源：清光緒初年，恆興源燒鍋大掌櫃陳俊卿（又名陳鴻章）從吉林德惠到朝陽鎮與劉惠元合夥開辦燒鍋酒坊，燒酒的作坊位於現在的縣政府大院，前後兩趟房，臨街是門市，後院是作坊。陳俊卿投資一點八萬元大洋成為大股東。酒坊開起來之後，起名朝陽鎮燒鍋酒，陳俊卿唸過幾天私塾，對這個名字不甚滿意，就多方找人給酒取個名字。經人介紹找到龍潭道觀一位學問高深、法號玄妙散人的道長，便備份厚禮，求道長賜名。道長聽了他的來意，沉吟半晌，說了四句話：「天地日月心，崗上有龍吟；水起水落處，向善酒方醇。」說罷雙手合十，閉目不語。陳俊卿回到朝陽鎮後找了幾個有學問的人，都無法破解，只好到奉天重金請一個叫包秀峰的「瞎子」破解。「包瞎子」通易經曉八卦，尤其對拆文解字更為精通。兩天後，「包瞎子」把陳俊卿請到家中，講明這四句話是個隱語，字義混搭，所以甚是難解。自己冥思苦想，煞費心機，才有所領悟。第一句「天地日月心」，是「恆」字。天地是指「亙」字上下兩橫，中間「日」是今寫，古體是個彎月，「亙」旁加上豎心，組成「恆」字。第二句「崗上有龍吟」，是個「興」字，朝陽鎮地處龍崗山下，「崗上」是指龍崗，這地方是大清朝肇興之地，也稱龍興之地，所以取意「興」字。第三句「水起水落處」，字意隱藏在「水起」二字，水起之處乃「源」也，所以這句是個「源」字，這三個字加起來就是「恆興源」。並說這是個非常好的名字嘛，能給陳俊卿帶來大富大貴。最後一句是個警語，告誡做買賣要善行善舉，厚德載物。說得陳俊卿連連點頭稱是，回去後就把燒鍋命名「恆興源」燒鍋酒。說也奇怪，自從起了「恆興源」這個名字之後，燒鍋日漸興隆，幾年工夫，陳俊卿就由一個燒鍋財東成為東邊道的巨富。據《朝陽鎮志》和《輝南縣志》記載，陳俊卿「開設燒鍋，繼而巨富，占有土地千餘垧，土地、商號和產業遍布輝南、海龍、磐石、東豐四縣」，「良田多垧，商店半街市，燒鍋遍三縣，其他工商業罔計其數」。其他商號看他自從起了「恆興源」名字，財源滾滾，便紛紛效仿，把自己的商號名字也帶上「恆興源」三個字的其中一個，諸如「慶盛恆」「興順源」「福增源」「福源興」「恆興長」，甚至為了取用「恆

興源」其中一個字，寧可給陳俊卿一分紅利，自此「恆興源燒鍋酒」威名大震，暢銷東邊道六十餘年。

吉林名菜——抽刀白肉

抽刀白肉是輝南百年傳統菜餚，此菜為朝陽鎮春和園廚師田福於一九二七年創製。田福從小司廚，擅烹豬肉菜餚。可是在烹製白肉漬菜火鍋時，常因肉切得短而厚，有肥而油膩之缺點。田福便反覆摸索改製，開始將刀切改為鉋子推，果然推出的肉片薄如紙，但長度不夠。後來，田福特製了一把五十公分長的片刀，日夜操練，終於創出推、拉、抽的嫻熟刀法，並能抽出長約四十公分、薄得可隔

▲ 抽刀白肉

肉看清紙上字跡的白肉片。從此，抽刀白肉便以它奇特的長且薄而譽滿輝南、梅河口、柳河、吉林市等地。後來田福將烹製技藝傳給徒弟張祿，張祿憑藉著一手絕活，獨步輝南、海龍、柳河等地廚界。一九五四年，張祿烹製的抽刀白肉參加吉林省首屆烹飪比賽，同蘭花熊掌、清蒸白魚、扒松茸蘑等佳餚一起被評為吉林名菜。一九九〇年抽刀白肉入選《中國土特名產辭典》，一九九七年抽刀白肉入選夏德潤主編《關東風味》一書，成為吉林烹飪的一朵絢麗的奇葩。

抽刀白肉以豬腰排五花肉蒸製而成。因用片刀將半熟豬五花肉加工成長且薄的白肉片而得名。製法：取長、寬均是六十公分的豬腰排五花肉，去除肋骨，入清水中浸泡三小時撈出，用刀刮淨毛，再入清水鍋中煮至五成熟時撈出放到案板上壓平後，入冰箱稍微冷凍取出，然後用片刀抽拉出長薄片。要求長短、厚薄一致（每十六片不足三百克），可隔肉見物，將肉片從兩頭向中間摺疊後，每八片碼一層，十六片碼一盤，上屜蒸熟，瀝去油分即成。形狀美觀，紅白相間，熟後如波浪起伏，脆嫩鮮香，肥而不膩。蒸熟蘸蒜泥、韭花、辣醬而食，鮮香可口。此肉片可單獨食用，也是製作火鍋、氽白肉的上乘原料。

林下人參仿生栽培

　　林下人參仿生栽培項目涉及傳統中醫藥。這種栽培方法是通過回歸人參生長的野生環境，提升人參遺傳基因，恢復到野山參的原始狀態。仿原生態栽培除技術含量外，蘊含大量傳統文化理念。

　　人工栽培人參，從明萬曆年間寬甸六堡漢民「種參」計起，在東北地區已有四百四十多年的歷史。由於人工種植，使人參生長逐漸脫離了野生的環境，其遺傳基因不斷退化，微量元素和人參皂苷、人參酸、揮髮油、植物甾醇含量指標嚴重不足，藥理作用大為減退。林下參仿生栽培使人參生長回歸野山參成長的條件和環境，改變了幾百年人工引種馴化形成的養尊處優的栽培方法，在足夠的野化環境中恢復林下參的原始狀態，通過反覆提純復優，優化種子，純化品質，與有同生關係的植物體系共同生存、相互維繫、互相滲透影響，自然演化，自我平衡，在多種因子的綜合作用下，補充和完善遺傳基因，為恢復和發展野山參奠定基礎。

　　經過四代人近百年的努力，林下參仿原生態栽培取得了成功的經驗。仿生栽培十年以上的林下人參經光譜分析，各項指標接近或達到了野生山參的標準，不僅暢銷國內市場，還遠銷日本、韓國、新加坡、泰國等國家和地區。此項技術於二〇一一年五月被國家智慧財產權局授予專利，中央電視台、吉林電視台多次宣傳報導林下參仿生栽培的成果，輝南縣被國家特產局授予「中國野山參之鄉」，第四代傳承人曹發被推選為吉林省人參商會副秘書長。

　　林下參仿生栽培，是當今中草藥培植領域的一場革命，其重要價值主要體現在：為恢復和提升野山參遺產基因提供了可行措施，為發展野山參奠定了基礎。野山參是植物自然進化演變的產物，具有藥用價值高、功效顯著、生產週期長而且罕見的特點，被視為珍品。由於過度採集，現已面臨枯竭。利用野山參生長特性對林下參栽培進行改造和研究，採用恢復和提升遺傳基因的仿生栽

培來發展野山參，對傳承和發展中國傳統的高端中醫藥栽培，具有重大的科研價值和開發性意義。

第六章 ——

文化風俗

　　輝南的文化風俗，是輝南文化的源頭，也是輝南地域文化的重要組成部分。它既有長白山區原土著風俗，又有闖關東移民帶來的異地民俗，經過百年的融合、消化，形成了具有長白山特色的民俗文化，如伐木、採參、狩獵、漁獵、婚嫁、年俗、節慶、飲食、遊戲等。隨著歲月的流轉更迭，有些被歷史塵封，有些成為文化記憶，更多的被開發成旅遊資源和文化產業資源。輝南的習俗文化，是輝南的母親文化，她的發展和演化充分體現了輝南人相容並蓄、海納百川的人文精神和終極情懷。

民居習俗

　　輝南縣近代民居建築始於道光年間（1821-1850），到了光緒十六年（1890年），外地流民遷入後興建了地窨子、馬架子、窩棚、霸王圈（指木架結構，屋頂以稻草覆蓋，房屋正面開三扇門，門具有窗子的作用的仿朝鮮族式房屋）住宅。光緒末年，出現了土木草編泥土房。宣統元年（1909 年），輝南直隸廳設置後，朝廷劃撥白銀修建了磚瓦結構的廳衙、警務室和監獄。之後，相繼興建了十一座廟祠。這些磚瓦結構建築物的出現，標誌著輝南城鎮建築開始由泥土結構向磚瓦結構發展。輝南村屯建設始於宣統年間，輝南設治後，人口不斷增加，但居住皆因田為廬，希圖自便，久之成為風俗，此行彼效無地不然。當時的村屯大都三五戶人家，秋深木落猶可稍安，一旦青紗帳起，富者畏匪徒綁掠逃居城鎮，棄田廬而不顧。無力遷移的窮苦人，只得坐受其蹂躪。民國八年（1919 年），輝南知縣王瑞之「憫人民之顛覆，憤寇盜之縱橫，乃毅然稟商各大憲，首倡清鄉治本之計」。仿照內地均聚旋而居，化散為整，以四周田地之遠近為衡。全境前後設立屯基三百四十五個，歸併民戶四三九九戶，共放領屯基七五四點八公頃（民國時期的單位計算）。現今輝南百年以上的老村屯，基本都是那個時期建設或歸併的。

　　窩棚和地窨子　窩棚和地窨子曾是闖關東的那一代人居住的簡易房屋。抗日戰爭時期，輝南二龍灣附近有很多當年抗聯地窨子的遺跡，這裡曾是抗聯的一個密營。窩棚是用很多木桿搭起的圓錐形棚戶。在直立的木桿上加固橫樹條子，再用草和樺樹皮苫蓋，此外還有用樹條撖彎成拱形埋在地裡，再綁上橫杖，層層苫草而成的，可見構造的簡單實用和形式的多樣。地窨子，是在地下挖出長方形土坑，再立起柱腳，架上高出地面的尖頂支架，覆蓋土或草而成的穴式房屋。地窨子比之窩棚更堅固、耐久。為挖參伐木人所喜愛。窩棚或地窨子一般都是南向開門，裡面搭上木板，鋪上厚草和獸皮褥子即可住人。冬季寒

冷或雨季潮濕的時候，在舍內正中攏起火堆取暖，支起吊鍋做飯。另外，在窩棚和地窖子中居處，有一定的禮儀規矩。一般北向是「上位」，是老年、長輩人居處的地方，年輕和晚輩人只能在東、西兩側居處。窩棚和地窖子在過去是一種艱難困苦的象徵，現在已經成為體驗民俗風情的旅遊項目，如果能住上一回，也別有情趣，會真切地體會別樣生產活動和生活方式帶來的心跳。

宅院　輝南的傳統民居建築大多是土房、草房，而且修建得很低，一色干打壘，房高僅有丈餘，這和東北的寒冷氣候有關。院落圍以土築矮牆或籬笆牆，俗稱「圍牆」或「杖子」。富貴人家的民宅一般都是「大院套」，一戶一宅院，均為一正兩廂。正房為主，圍以院牆或「杖子」劃分宅界，前有光棍大門，這種格局分「海青房」和「泥草房」兩類。農家喜獨門獨戶，庭院內一般設有牲畜圈和禽舍、井、磨、碾等。牲畜棚圈一般設在廂房的兩個南頭部位，豬圈一般不與牲畜棚相連接。俗稱豬為「黑煞神」，習慣將豬圈設於東西方向，圈門禁忌在南側，或東或西設立。雞鴨鵝圈一般設於房子左右兩個垛子牆煙囪處，為了採光暖和管理方便。井是「青龍」，磨是「白虎」，一般將井設在左側，將石磨、石碾放在右側，取「左青龍」「右白虎」之說。每逢過年時，要在井上貼「井泉大吉」或「青龍大吉」，在磨盤和碾盤上貼「白虎大吉」等條幅。無論漢族還是滿族，窗戶紙都是貼在外面，這是由於北方氣候造成的必然結果。舊時長白山區地廣人稀，風沙極大，尤其是在冬季，凜冽的寒風夾雜著冰雪沙粒，呼嘯而至，敲打著門扇窗櫺。此時，窗戶紙必須糊在外面。颳風時，它緊貼在窗櫺上，不至於被風鼓開，也免得沙粒堆積在窗櫺上。到二十世紀六十年代初期，輝南農村才開始安裝玻璃窗。

▲ 老民居

▲ 滿族宅院

薩滿遺風

　　輝南地域文化以長白山區封禁為分水嶺，大致可以劃分為兩個階段。封禁前以薩滿文化為主導地位，開禁後以長白山區民俗文化為主要內容。薩滿文化對輝南的地域文化來講具有源頭性，歷史上生長和生活在這片土地上的東北少數民族無一不信奉薩滿教，在輝發古城建都的明代海西女真輝發部，就是個傳承薩滿文化的部落。在長達二百多年的大遷徙中，輝發部「戴木主舉家南遷」，這個「木主」就是本家族世代供奉的「朱祿嫫尼」神偶。在定居輝發後，便在輝發古城內修建了供祭祀用的「祭天祠」，滿族人稱「薩滿堂子」，每逢重大節日和事件都要闔族進堂擊鼓甩鈴，焚香祈禱，吟唱神歌，模擬各種神獸靈禽翩翩起舞，祈求神靈護佑。輝發部滅亡到現在已經四百多年了，但四百多年的塵煙並沒有完全湮沒他們的文化，薩滿文化沒有消失，文化生命並沒有寂靜，文化之魂仍在這片土地上飄蕩。在這裡的人們的心靈中，還有一塊屬於他們的田野。在輝發大地的高山上、峽谷中、森林裡，薩滿的鼓聲、歌聲、舞姿綿延千古。

　　家祭　家祭是指滿族各姓氏以血緣族姓為單位而舉行的

▲ 女真人索羅桿子

祭祀祖先的活動，有朝祭和夕祭之分，還配有專門的歌詞和頌辭。滿族每年舉行春秋兩次家祭，一般連祭三日。滿族對家祭非常重視。祭祀開始的前一天，把黍米煮熟搗爛做成祭祀期間專吃的餅。然後在上屋西炕上排列木人代表祖先。祭祀開始後，由本家族中選出的大薩滿口誦吉詞、頭戴神帽、腰繫圍裙、搖鈴持鼓、款款起舞，旁邊眾人也擊鼓相和，俗稱跳家神。祭品有像肉，滿語稱之為阿瑪，祭香就是遠近聞名的達紫香。此外，每家院內南邊都立有祭桿，即索羅桿子，桿高二點六三米或三點一米，上置一斗，形如淺碗。家祭開始的第二天獻牲於桿前，稱之為祭天，又放豬腸及肝肺於斗內，用來喂喜鵲等飛禽。每次祭祀，索羅桿上都要掛上祭豬的喉骨，第二年再祭時以新換舊。滿族家祭規矩非常嚴格，孕婦、瘋癲者和戴狗皮帽子者皆不許入祭。祭祀期間，不允許借債、討債、還債和打架鬥毆，更不許嬉笑打鬧。除了上述兩種主要祭祀活動外，滿族對山川樹木也進行祭祀。他們認為森林山川都有不同的神祇管轄，所以在經常通過的路口樹上掛一些彩色布條和紙條，以奉山神，每次進出山時都要虔誠地祭祀，以示崇敬。滿族的祭祀活動同中國其他兄弟民族的祭祀活動一樣，同他們自己的宗教信仰和生活習慣密切相關，帶有濃厚的原始迷信色彩。隨著經濟的發展和社會的進步，大部分滿族人對傳統的祭祀活動開始有了科學的認識，祭祀活動漸漸淡出了他們的生活，正在成為文化習俗和旅遊觀賞項目。

歌舞　輝南是明末女真輝發部的居住地，歷史上女真人能歌善舞，每逢佳節、喜慶、婚嫁、出征、凱旋、祝壽、祭祀等都要歌舞助興。其舞蹈藝術再現了滿族

▲ 祭祀儀式場景

人民的勞動生活、風俗習慣和精神風貌，具有鮮明的民族風格。其中具有代表性的民族舞蹈有：

莽式舞：滿族人為筵席助興的舞蹈，男女主人依次翩翩起舞。周圍的人拍掌唱歌，場面十分熱烈。莽式舞的主要特點是舉一袖於前，反一袖於背，舞蹈表現的是織網、打漁、圍獵等動作，充分反映了滿族先民們的主要社會經濟活動和生產勞動特點。莽式舞套路為九折十八式。九折即九組舞蹈動作，依次是：起式、擺水打漁姿勢、織網姿勢、吉祥歡慶姿勢、打獵姿勢、出征姿勢、怪蟒出洞、大小盤龍和大圓場。十八式即十八個舞蹈姿勢：手、腳、腰、肩各三式，轉、飛、走各兩式。

跳皮子：是滿族人新年喜慶舞。起源於東海窩集人的狩獵舞。往昔獵人在樹林裡收圍時，升起篝火，四個人抻開一張熊皮，一人在熊皮上起舞，越跳越高。有時，四人用力一抻熊皮，舞者就借力躍到半空中，翻個觔斗又落到皮子上為最佳。發展成喜慶舞後，形式略有改變。是時，用柳木做成直徑〇點五米左右的大圈，上蒙帶毛的牛皮。最多者可做到九個這樣的牛皮圈。舞者有男有女，三至五人不等，主要是根據皮圈定數，每人跳一個皮圈，然後互相串花，高手可連跳九個皮圈，每個皮圈上舞姿各自成套，一套比一套難度大，每當舞到高潮時，觀眾也可上去表演一番。伴奏用鼓，觀眾邊看邊拍掌、唱歌，以助舞興。

▲ 莽式舞

笊籬姑姑舞：滿族民眾在元宵節所跳的一種歡樂的集體舞。雖然各地舞姿不盡相同，但都有柳枝貼彩像的「笊籬姑姑」。一個頭簪彩花、身披紅襖、矯健敏捷的女孩舉著「笊籬姑姑」在院中起舞，男女老少圍著她邊歌邊舞邊拍手，直到深夜。舞時，以問答方式互相唱和，歌詞長達十幾

段，內容都是歌頌「笊籬姑姑」的俏麗和舞姿。這種輕鬆活潑的舞蹈流傳至今。

▲ 笊籬姑姑舞

薩滿舞：滿族祭神舞蹈的統稱。滿族大（野）神祭中保留了相當多的原始舞蹈。主要有如下幾種：典雅優美的「瑪蘇密舞」（瑪蘇密或稱瑪克依瞞尼，即舞蹈神之意）；剛勁古樸的「蠻特舞」（蠻特是洪荒之初的創業始祖神）；旌旗招展兵器熠熠的「巴圖魯瞞尼舞」（即勇士舞）；馬叉翻飛的「多鄂洛瞞尼舞」（多鄂洛是滿族祖先神中的孤膽英雄）；輕盈柔美的甩袖舞；以及模擬各種神獸靈禽的「動物舞」等等。這些舞蹈內容大多都是歌頌祖先、英雄、神的功業神威，節奏強烈，舞姿別緻，既充滿了撲朔迷離的傳奇色彩，又充分表現了滿民族的尚武精神。上述薩滿舞蹈中，最有特點的是「動物舞」，它因各姓氏供奉的圖騰及動物神祇的不同而異，常見的有鷹神舞、雕神舞、鳩神舞、蟒神舞、虎神舞、野豬神舞、熊神舞等。這些舞蹈把各種動物的特性及神態表現得惟妙惟肖，具有很高的藝術和美學價值。

▲ 薩滿舞

生活習俗

滾冰節　民間節日習俗。滾冰節在元宵節的夜晚舉行。一般在晚上八點多鐘，人們看完了煙花，便陸續湧向附近的河畔。這時銀盤當空，月光如水，郊外的河畔非常寂靜。人們一來，冰封雪蓋的河面頓時成了歡樂的海洋。人們將小蠟燭點燃，在河面上擺成各種圖形，或將油拌的穀糠、鋸末灑成龍形，或擺成每隔數米一堆的小堆狀，將它們同時點燃。遠遠看去，河面燈火彙集，十分壯觀。人們就在燈火圍成的冰面上打滾，很是有趣。當地人認為，滾冰能滾掉身上的病氣、晦氣和災氣，一年能平安健康，萬事順利。一切不吉之氣，通過在河面上一滾，把災難讓冰雪沾去了，然後就凍死了，春天冰雪一化，就被河水沖走了。這當然是人們崇拜自然防災免禍的一種美好願望。滾冰節大多是群眾自發的，沒有人組織。

烤火盆　製作火盆取暖，在輝南有其厚重的地理和歷史背景。火盆是適應寒冷的東北氣候而產生，是東北先民智慧的結晶。火盆大多是一種泥盆，造型與一般生活用盆類似，厚墩墩，一副老實巴交東北莊稼漢的拙樸形象。火盆的形狀猶如「大碗」，底座略收，表面光滑。多用當地的黏土燒製而成，盆壁很厚，以致裝入草炭火後，手貼上去也不會燙傷，反而一摸到它，綿綿不絕的暖流會立刻傳遍你的全身。做火盆也叫「打」火盆。每年秋天，人們就用土籃子把黃黏土運回家，摻上麻刀和勻，連摔帶摜，使混合泥既均勻又有勁兒，然後拿只瓦盆或鋁盆當模子，把混合泥拍成大片往上糊，用鏟刀拍得薄厚均勻。第二天取下模子放在陰涼地陰乾後，再行加工，便可使用了。到了冬季，農家女人把灶坑裡火花四濺的草炭，用火鏟扒拉到火盆裡按實，放到老人住的炕頭上，頓時滿屋暖意洋洋。裝火盆的草炭最好是「豆稭」「苞米瓢子」「茬子」，這些植物質地堅硬，燃燒後炭火旺盛，熱量持續時間也長。但不能燃燼，最好是燒到六七成，成炭不成灰。火盆也有用鐵、銅製成，大小不一，有的還在盆

邊刻上吉祥花圖。這些火盆大多是富人家的擺設，不保溫，好看不實用。烤火盆是東北人的一種樂趣。嚴冬，當戶外風雪呼嘯，全家人坐在熱炕頭上，講故事、剪窗花、納鞋底、玩嘎拉哈。大家一邊遊戲，一邊在火盆裡燒些小吃，如馬鈴薯、地瓜、黃豆粒、玉米粒等，邊烤邊吃。有時還把小倉子裡的黏豆包拿出來，放在火盆上烤。那時候，家家都有用鐵絲編成的網狀乾糧簾。把凍黏豆包、年糕片往簾上一擺，放在火盆上，不一會兒就烤得焦黃起泡，一股股的香味在屋子裡飄蕩，黃橙橙的豆包年糕，被烤得又酥又甜又香，大人小孩爭著搶著吃，一時歡聲笑語遍及農家小屋的每一個角落。火盆不僅是單純的取暖工具，而且具有很大的情感凝聚力。特別是誰家來了客人，不管道遠道近，一進屋，主人就把火盆推到客人的面前，一邊噓寒問暖，一邊讓客人暖和手，通過這小小的火盆，表達著濃濃的鄉情。火盆不僅是老人天天守候的東西，小貓小狗也天天圍著火盆轉。老頭老太太點煙對火，從火盆裡取火種。愛喝酒的老漢，往往在吃飯前就把酒壺放火盆上，轉眼間酒就熱乎了。最有意思的還是守著火盆聽老奶奶講故事。每天晚上孩子們總纏著奶奶出謎語、講笑話、唱歌謠。孩子們從奶奶的嘴中記住了紅鼻子、藍鼻子等辨別是非美醜的故事和家鄉地名傳說，從「奸子和傻子」等民間故事中懂得了好人有好報的道理。每年入冬忙完一年的農活後，人們就開始「貓冬」了。雖然進入「貓冬」季節，但也進入了打理家政事物的時期，趁著年閒時間，人們要張羅兒子娶媳婦，女兒「出門子」，安排過年的文化活動和祭祀活動，如串門送年禮、走人情，諸般說道規矩，都要到火盆前向長輩人一一示教。人情練達的長輩在這時節往往片言隻語便點透事理脈絡，使晚輩人不致在禮數規矩上出現紕漏。久而久之，便把優良家風的薪火代代相傳下去。由火盆演繹出來的家族親情的諸多情景，永遠縈繞在後代子孫的記憶裡。火盆既是簡樸的取暖工具，同時又是家族心靈傳承的有形依託和「聖物」，它默默維持著

▲ 烤火盆老照片

家族成員間的感情融合，對東北農耕文明進步起著不同凡響的歷史作用。火盆早已消失在人們的視野裡，但它一直溫暖著老一代人的心房，雖經歲月風寒，但永不冷卻。

　　耍「嘎拉哈」　「嘎拉哈」滿語指動物的後腿臏骨，就是連接腿骨和脛骨的那塊骨頭。「嘎拉哈」遊戲在滿族中十分普及，不分男女老幼都可參加。滿族玩「嘎拉哈」遊戲歷史源遠流長，中間還有一個傳奇的故事。傳說大金國開國皇帝完顏阿骨打的兒子金兀朮從小任性淘氣，習文練武，一事無成。眼看金兀朮一天天長大，阿骨打心中十分著急。最後他決定讓金兀朮到松花江畔的深山老林中學藝。臨行前，阿骨打給了兒子一張弓、一把腰刀、一桿扎槍。金兀朮向父親保證學不到本領絕不回家。金兀朮先是跟著一群獵人在松花江上叉魚，沒幹幾天累得腰痠腿疼，於是放棄了學習叉魚。接著他又和一夥獵人一塊兒圍獵，時間不長又洩氣不幹了。正當金兀朮在森林中徘徊時，一位白髮蒼蒼的老太婆用一根小木棍打死了一隻「山跳子」送給他吃。金兀朮就把自己的苦衷傾訴給了這位老太婆。老太婆聽後對他說，如果他能夠追上一隻狍子，取來它的嘎拉哈，她就讓他成為最靈巧的人；如果他射死一隻野豬，並取來它的嘎拉哈，她就讓他成為最勇敢的人；如果金兀朮扎死一隻熊，並拿來它的嘎拉哈，她就可以讓他成為天底下最有力氣的人。金兀朮聽了十分歡喜，一口答應了老太婆的條件。然而，說話容易做事難，金兀朮歷盡千辛萬苦，遭遇無數的磨難危險，最後才拿到這三種動物的嘎拉哈。當他興致勃勃地找到白髮老太婆時，老太婆告訴他，他已經成為最靈活、最勇敢、最有力氣的人了。說話之間老太婆就消失了，金兀朮知道這是神人點化，於是磕了三個頭後返回了家鄉。後來，他在騎馬、射箭、比武、投槍的比賽中場場得勝，名聲大振。他的幾個哥哥請教成功的原因，金兀朮就把自己的經歷敘述了一遍。從此，這件事不脛而走，女

▲ 耍「嘎拉哈」

真人各家為了使自己的孩子將來有出息，就把各種嘎拉哈收集起來，讓他們朝上扔著玩，後來成人也參加了這一遊戲。於是「嘎拉哈」遊戲成為滿族傳統的體育和娛樂活動。早先，除了鹿、獐、狍等動物的「嘎拉哈」外，還有一種用銅、錫等仿鑄的「嘎拉哈」，滿語稱之為「色爾圖」。隨著狩獵經濟的衰退，後又改用豬、羊的「嘎拉哈」，並塗上不同的顏色。其玩法可臥可仰、可側可立，多枚以上還可形成不同的組合，產生花樣翻新的玩法。

雪爬犁　在北方寒冷的雪野上，人們常會看見一種用木桿做成的架子形東西，由牲口拉著在冰雪上行走如飛，這就是東北民間的主要交通工具——爬犁。爬犁是生活在北方冰雪世界中人們的主要運輸工具。北方一年中有三分之二的時間處於冰雪期，而戶外山川溝野之間雪特大，往往填沒了「道眼」。只有爬犁可以不分道路，只要有冰、有雪，便可在其上行走，靠的是動物的牽引。北方的爬犁輕便精巧，有時用同等粗細的小桿，經火和熱氣熏烤發軟，然後窩成彎形，穿上橫帶製成爬犁。這種架子爬犁主要是人拖，用於趕集、運糧或砍柴。還有一種跑長途的重載爬犁，用粗木鑿鉚鑲死，鉚不用釘子，榫對準鉚後用水浸泡，木頭一脹比釘子釘的還結實。這種爬犁往往用來拉重載、跑長途，爬犁架子也大，最大的有兩頂小轎那麼大。當年爬犁除自家製作外，還有專門生產爬犁的木鋪，打製大車和爬犁，人稱「二木匠」。除了出售大爬犁外，還製作精小輕巧的爬犁，供孩子們玩耍。冬季的北方，並不寂寞，嚴寒的冰雪世界，充滿了樂趣。孩子們拿著這種小爬犁，爬上高坡，滑出一條雪道。那雪道晶瑩閃亮，小爬犁一放下，往往滑出上百米遠。還有的在冬天的冰河上，用布張開一支小「帆」，靠風力推動，小爬犁便會在冬天的冰河上行走如飛。孩子們那歡樂的笑聲，在晶瑩的雪原上，久久地迴蕩。

▲ 雪爬犁

飲食習俗

撈小米飯　輝南百年以前，不產水稻，只種旱田。主食以玉米、高粱米和小米為主，兼種糜子、粳米和小麥。農村平常習慣吃兩頓飯，只有農忙時才吃三頓飯。民間習慣每日早晚兩餐不喝粥，多是吃乾飯。一般人家除年節外基本都是一飯一菜。小米以輝發河河谷平原出產的最好，粒大、色白、味香。過去不論城鄉，做飯都使用大鍋，先把小米淘好下到鍋裡，煮七八成熟，用笊籬把飯撈出來放在瓦盆裡上鍋蒸。經過這樣一煮一蒸兩道工序做好的飯鬆散綿軟，但如果煮得不到火候，小米飯會像魚子一樣發硬，不容易消化。苞米的吃法是做餅子、蒸窩頭、煮大子粥、攤煎餅和啃青。苞米麵如果摻豆麵，稱為雜合麵，這種雜合麵貼的餅子，色、味俱佳。做苞米子粥還要配上芸豆，需多煮些時候，因為比較費時、費火，人們不常吃，只是偶爾吃一次新鮮。苞米剛剛成熟的時候可以啃青，主要是烤苞米和烀苞米，因為比較浪費，一般人家都捨不得，只是吃一兩次新鮮。經濟條件好的人家還用礤菜板把剛定漿的苞米搓出漿來，加些白糖蒸成苞米粥，給老人和兒童增加營養。

玻璃葉餅　玻璃葉其實就是柞樹葉，把麵糊抹在柞樹葉上，放上梅花肉或後丘肉、五花肉剁成泥或切成小丁的餡兒，然後合在一起蒸熟。之所以叫玻璃葉餅，顧名思義，其形狀、色澤類似玻璃般晶瑩剔透。在東北某些地區，民間有六月六吃玻璃葉餅的說法。以前做玻璃葉餅的麵是用水磨拉（四聲）出來的苞米（玉米）麵或高粱米麵，需要蒙上篩布用草灰來乾燥，然後用開水燙麵。做的時候在麵粉裡加一些澱粉，做出來的玻璃葉餅晶瑩剔透，更加漂亮美味。

▲ 玻璃葉餅

麵粉也可以選擇白麵。東北各個地區的習俗不盡相同，也有的地方用玻璃葉做黏耗子，用糯米麵做皮，豆沙做餡。

椴葉餑餑　椴樹是一種喬木，大葉、卵形，味道清香。其做法是將黏米麵和成團，撕成類似包餃子用的麵皮，包上小豆餡後，外麵再裹上椴葉，上籠屜蒸熟即可。另有蘇葉餑餑，其做法和椴葉餑餑相同，只是用蘇子葉代替了椴葉。

酸湯子　「酸湯子」是滿族的主食，輝南民間也稱「餄餎子」。原料用玉米、高粱米、小米，先將原料稍微發酵，經過濾擠成麵糰子曬乾。食用時將它和成水麵，用筷子或用「格子板」（板上有透眼）擠成麵條狀煮熟，此時，鍋內的水必須是燒開的。若喜食渾湯的，可將各種湯料事先入鍋；若喜用清湯的，要另備好湯料，將煮熟的麵條撈出鍋後，再放入涼水中，待麵條涼後澆上湯料，既可熱食，也可涼食；既可食清湯，也可食渾湯，是粗糧細作的一種食物。因主食發酵後有一股酸味，故稱「酸湯子」。

空心疙瘩湯　所謂疙瘩湯，就是把白麵或玉米麵用溫水輕輕攪拌，再把盆一晃，麵就變成了一個一個的均勻的小疙瘩。把白菜或酸菜切好，用油、蔥花爆鍋後，放入白菜或酸菜。等水翻開，再把疙瘩倒入湯中。這種東北民間的疙瘩湯，過去一般人家吃不起，因為大小夥子一頓就能喝上半鍋。

只有家裡有人病了，老年人或小孩饞了，當家人才狠狠心，做一頓疙瘩湯。疙瘩湯又滑溜又香，乾稀相雜、湯湯水水，吃起來又解饞又解渴。但是，空心疙瘩湯，一般很少聽說了，更很少有人會做。據說做空心疙瘩湯首先要把冰用菜刀背拍成玉米粒大小的碎塊兒，然後抓來白麵往盆裡一撒、一晃，盆裡的冰塊就變成了一個一個的小冰麵疙瘩

▲ 空心疙瘩湯

了，用大蔥爆鍋、添上水，放進切好了的酸菜絲，等湯一滾開，把冰麵疙瘩倒進湯裡，然後灶下加火，湯鍋再開時，立刻用勺子打進去一點涼水就成了。

黏糕　黏糕除日常食用外，也是祭祀用的食品之一。其做法是把黏高粱、大黃米、小黃米、江米等上屜蒸熟成黏飯，取出後淋以清水，然後放在打糕石上用木鎯頭鎚打成麵糰，再撒上大芸豆，攤在鍋裡，蒸熟後撒上熟黃豆粉用刀切成塊即可食用。食用時，如蘸蜂蜜與糖，味道更佳。

鹹菜　輝南人有吃鹹菜的傳統，多數農家的鹹菜都是自家製作的，如韭白花椰菜、韭白花椰菜黃瓜、蒜茄子、漬蒜、醬疙瘩、鹹辣椒、鹹蘿蔔、鹹馬鈴薯、酸辣白菜等。鹹菜味分甜酸鹹辣幾種，平時家人吃飯，家庭主婦要根據家人的不同口味，擺上家人喜愛的各味鹹菜。當家裡來了客人，更要根據客人的不同身分，拿出不同品味的鹹菜招待，這也算是對客人的一種尊重。

酸菜　酸菜是用白菜醃漬而成的一種家常菜，以黑龍江為最多。它的醃製方法是，在秋後收穫白菜後，將白菜陰晾三五天，減少白菜水分，待白菜半軟後，去其老幫、老葉、菜根，洗淨後整齊地擺放到缸內，分層撒入少許食鹽，然後用石頭將白菜壓實，將缸加滿水即可。過兩週後，再往菜缸中放入防腐添加劑「酸菜鮮」，一個月後，一般就醃製好了，可以食用。隨食隨撈，菜在缸中可以貯放一冬一春。如發現缸水腐臭或怕酸菜過酸，可以將醃菜缸經常換一換水。醃好的酸菜呈淺黃色，脆嫩耐嚼，開人口胃。食用時，將菜從缸中撈出，洗淨酸水，切成細絲，再洗，攥乾。可以做「炒肉酸菜粉」、「汆白肉」，可以用作羊肉火鍋的重要料菜，可以剁碎與豬肉混合做水餃餡或餡餅餡。這種菜調味作用很強，與肉做成的食品，不油不膩、清香爽口、開胃健脾，有增進食慾的作用。酸菜不但是北方家庭的常備菜，而且是飯店賓館的地方風味菜。

小雞燉蘑菇　這是丈母娘招待姑爺子的一道菜，有「姑爺子進門，小母雞嚇掉魂」一說。蘑菇，是指野生榛蘑，小雞得是雛雞，生長三四個月一斤多重，最長的不過一年。這樣的雞肉嫩、味鮮，尤其和榛蘑相燉，可謂高級滋補營養品。小雞燉蘑菇在長白山區很有名氣，在輝南是每一個家庭主婦的拿手

菜。

白肉血腸　白肉血腸是輝南過去的傳統年節
菜餚，只有殺年豬時才能吃上。現在已經很普遍
了。所謂「白肉」，即豬身上的五花三層的白片
肉，「血腸」即用豬血灌入洗淨的大腸內。製作
方法是將已煮熟的五花肉切成薄片，將煮熟的血

▲ 白肉血腸

腸切成段，吃時蘸醬油蒜末等。也有將白肉和血腸一起下到酸菜肉湯中，味道
更鮮美。這一傳統的飲食菜餚與滿族早年的祭祀習俗有著密切關係，滿族在重
大的祭祀活動中要殺一頭毛色純黑的豬，然後將其供奉在神案前。舉行莊嚴的
領牲禮後，用鮮血灌製成血腸，將豬肉切塊後清水燉煮。在向神靈祭供後，舉
行吃肉大典，大家圍坐在一起，用刀一片片切食白肉，肥瘦兼有，清淡嫩美。
血腸則用刀切段後蘸醬油食用，一起領受「福肉」。現在，輝南大多數村屯還
有這一習俗，臨近年底家家戶戶都得殺豬，準備年肉。殺豬時都要把親戚朋
友、左鄰右舍請到家中，大家一起品嚐大塊豬肉和用豬血做成的血腸。主人端
上剛剛出鍋的大碗白肉和切好的血腸，斟上滿杯的小燒酒，和大家共飲共食，
用這種形式感謝屯鄰的關照，密切和左鄰右舍的關係，其樂融融，再現了當年
輝發先人熱情、淳樸的待客風俗。

江水燉江魚　輝南是魚米之鄉，盛產淡水魚，鰲花、鯿花、鯽花、鯰魚、
江鯉魚、嘎牙子魚為人們所喜愛。江
水燉江魚是輝發河兩岸漁民傳統烹調
方法。魚必須是活的，去鱗開膛後，
不煎不炸，下鍋用江水清燉，僅放大
醬、蔥、姜、辣椒等作料。燉的時間
稍長一些時候，叫「千滾豆腐萬滾
魚」，主要是為了入味。

泥鰍魚氽豆腐　這是當地滿族一

▲ 泥鰍魚氽豆腐

種傳統做泥鰍的方法，把活的泥鰍和整塊豆腐一起冷水下鍋，待水一熱，泥鰍便往豆腐裡鑽。鍋開後，泥鰍魚和豆腐都熟了，取出豆腐晾涼，然後切成片，泥鰍在豆腐片上留下不規則的圖案。吃時可根據個人愛好，蘸椒鹽或蒜泥、醬油等，是佐酒的佳品。

翡翠白玉清凍　先用豬肉皮切成絲條熬成皮凍，待凝成清凍時，放入菠菜葉，再淋上一個雞蛋清，這時凝成的清凍裡有綠色的菠菜和銀白色的蛋清，色彩鮮明，別有風味。

鯰魚燉茄子　將鯰魚收拾乾淨後，和茄子一起紅燒。俗語說：「鯰魚燉茄子，撐死老爺子」，說明這道菜既營養豐富，又是佐餐的美味。

蘿蔔片蘸辣椒醬　這是輝南本地秋末冬初時一道傳統家常菜，將蘿蔔切成大片，然後用水焯一下，去掉生蘿蔔氣味即可。然後炸上一碗乾紅辣椒醬，蘸著辣椒醬吃蘿蔔片，既可口又開胃，俗稱素白片肉。此菜營養豐富，做法簡單易學。

飯包　把白菜葉洗淨，配以炸醬、蔥絲，如有炒菜更好，加上一小碗乾飯，一齊攤在白菜葉上，把飯菜包好就成了飯包。吃時用兩手捧著攥著，唯恐散花。吃時要全神貫注地大口大口吃，食慾之佳勝於平時。

家常黃瓜菜　這是一道夏季冷盤，黃瓜拌上食醋、辣椒油、芥末、蒜末等，是夏季佐酒佳品。有條件的要用「肉串子」來拌，所謂「肉串子」，是民間用肉絲炸的清醬。沒有「肉串子」的人家常用雞蛋攤成餅切成絲來拌黃瓜，就成了素黃瓜菜，亦別具一格。

生產習俗

捕魚　輝發河是松花江上游的一級支流，漁業資源豐富，盛產淡水魚，這裡的人們自古就有捕魚的傳統，自然形成很多習俗。捕魚的時間一般都選擇在秋季和冬季，夏季雖然也能捕魚，但漁民一般不在這個季節撒網捕魚。因為夏天空氣潮濕，容易爛網，另外這個季節也是魚的繁殖期，所以漁民自然不捕。秋天的魚兒鮮肥，是捕魚的好季節，但要選好魚種和方位。民間有「秋打插江魚，冬打穩水魚」之說。到了冰天雪地的冬季，捕魚的黃金季節到來了。捕撈方式多為穿冰窟窿下網，也叫打「冬網」。捕撈魚的工具有叉、鉤、網、船等幾種。鉤多是在夏天使用。春秋季氣溫偏低，東北江河中的魚兒不愛咬鉤。只有在夏天，溫度較高魚兒才上鉤。由於水域、魚種的不同，使用的鉤也有多種。白天有白天的鉤，晚上有「夜鉤」；大魚有大鉤，小魚有小鉤。常用的鉤有厥達鉤、曲蟮鉤、浪當鉤、甩鉤、臥鉤、鯰魚鉤等。掛在魚鉤上的魚食，多喜用蟲子、蛐蛇（蚯蚓）、小蛤蟆等，這幾種魚食是魚兒最喜愛吃的東西。捕魚用的網種類很多，有大拉子、小拉子，民間稱「底網」；旋網是專門用來捕小魚小蝦的；拖網，俗稱「絲掛子」、袖網、穿龍網等。總之，要根據水的情況、魚的情況和地域的不同來選擇不同的網。還有一種捕魚方法叫「擋亮子」。當江河漲水時，魚群進入河灣覓食，等到水落下來，人們迅速用柳條、草袋子把河口堵住，等水退了之後再去捕魚。

採珠　輝發河盛產蛤蜊，是清代「東珠」主要產地之一，珠子粒大、色美、品種純正，主要用來給朝廷進貢。自從清廷把輝發地域變成盛京圍場的鮮圍場以後，這裡除了每年給朝廷進貢活鹿和鹿肉以外，還要進貢四方頂子的松子、輝發河的鰉魚和東珠。每年陰曆四月，由烏拉總管旗署指定的「打珠子」隊伍在採珠的頭人帶領下來到這裡，一幹就是半年，到八月末九月初才能結束。同時還派出巡查隊，在河口設點、派人在輝發河沿岸巡查，一經發現蛤肉

和蛤蜊殼就立刻追查，被查獲者按「私採罪」全家被抄斬。採珠是很苦的活計。北方的仲秋河深水涼，採珠又在夜裡進行。當月明如晝之夜，就到了採珠的時刻。採珠的人們要乘船來到江上，用木棍插入水流中，探尋蛤蜊在什麼地方，然後讓水性好的人腰繫繩子，潛進水中撈取河蚌，提回船上。當年，輝發河裡蛤蜊甚多，一到採珠季節，河底的沙地上，蛤蜊一排一排地插在那兒，被依次拾起來，拿到岸上用熱水輕輕一燙，蛤蜊張開就可取珠了。一般的蛤蜊裡都有珠子，多的可達數顆，但往往小珠居多，大且圓潤的珠子，上百個蛤蜊方能碰上一顆。松花江上游輝發河裡和牡丹江上游的「東珠」質量遠比「嶺南北海」產的珠子要好，所以「東珠」無論大小，都要進貢朝廷，供嬪妃宮女做裝飾和入藥用。從乾隆年間到清末，「東珠」的貢量逐年遞增，朝廷每年都增加「打牲丁」的人數。每當關東進貢的「貢車」一進紫禁城內保和殿，清宮裡的娘娘們早就打發親信等在那裡，為自己挑選出一些心愛的「東珠」。

挖參　挖參也叫「放山」。輝南東部山區山高林密，海拔五百至八百米之間，終年氣溫 4.1℃左右，年降水量約七百六十毫米，土質疏鬆肥沃，含有豐富的腐殖質，植被為針闊葉混交林，鬱閉度〇點五至〇點八，是野山參生長的最佳生態環境。這裡自古盛產人參。明末海西女真輝發部南遷輝發，人參就成為輝發部的主要經濟來源。正是因為爭奪這塊人參產地和運參的貢道，爆發了努爾哈赤同輝發部的戰爭，導致一個女真部國的滅亡。

舊志記載：陰曆三月十六日是老把頭生日。每至此日，長白山區各村鎮採參人、伐木人、獵人都置辦酒席，焚香設奠，以祈平安。採參人供奉的山神爺老把頭原無神像，至清末才有板刻畫，在紙馬上印五縷長鬚老人，懷抱一把開山斧，坐享人間煙火。

挖參首先要組成幫伙，就要有「把頭」。能當上把頭的人很不簡單。他要對山林、道路十分熟悉，說話算數、極有威信。進山的第一件事就是拜山神，求山神保佑進山挖參人平安和有所收穫。在指定時間內，挖參的人們在把頭的帶領下，拿著「放山」的工具：索撥棍、扦子（鹿骨的）、刀子、紅線大錢（1

對）、開山斧、鋸等，帶上炊具和食物進山。到了山上，先用木板或石塊，在大樹下立個山神爺小廟，插草為香，祭山神爺老把頭。然後，在小廟不遠處搭好窩棚住下。

做飯的要在門口「打火堆」。「打火堆」的目的：一是用煙火熏小咬、蚊子；二是用煙火驅趕地窨子裡的潮氣；三是「打火堆」的煙火讓豺狗子嗅到這裡有人味，就會圍著火堆撒泡尿。而大山牲口（猛獸）一聞到豺狗子的尿味，就不敢靠近傷人了。「打火堆」時，木頭要順著放，以取「順當」之意，火堆打起來了，就絕不能讓它熄滅。

挖參人如果第一天就「開眼了」，即挖到了人參，就要「砍兆頭」。就是在挖到人參地方的對面找一棵樹，在樹身上砍去一塊一二尺見方的長方形樹皮，在樹身上刻上圖案，左邊刻的是挖參的人數，每人用一道槓來表示。如果這一夥是五人，就刻五道槓；右邊刻的是挖到的人參類別、等級，六品葉的人參就刻六道槓。「砍兆頭」主要是為了告訴後來的「放山」人，此地什麼方位曾出過什麼等級的人參。有的人還要在此地立個小廟，以示感謝山神爺老把頭的恩賜。

在山林裡「放山」，誰看見了人參，就要喊一聲「棒槌！」旁邊的人接茬便問，「什麼貨？」人參是幾品葉就答幾品葉。旁邊的人一聽都祝賀道：「快當！快當！」在大林子裡找到一根人參是極不容易的，因此挖取人參必須由把頭親自動手，這叫「拿參」。把頭先把早已預備好的紅繩套在人參頭上，意思是別讓「山孩子」跑了，這是挖參人摸索出來的挖參辦法。因為老林裡到處是綠色，人們的眼睛總看這單一的顏色已經花了眼，發現了人參立刻用紅繩套上，這樣很醒目。

挖參之前，先要「打蚊煙」，就是籠火放煙，驅趕蚊子、小咬，保護把頭挖好參。人參是貼近地面平臥而長，其根須則向上生長，以便吸收表土露水和腐殖質。因此，把頭用鹿骨扦子挖參時，是從外圍開始，自遠而近，自下往上，一點一點地挖。如遇上草根、樹根，就要用刀子輕輕割斷，防止傷了人參

須。稍不慎碰傷了人參表皮，或挖斷一根參須，人參就不完整了，其價格就降低了。挖參又叫「抬棒槌」。把人參「抬」出來後，要用柔軟、濕潤的苔蘚和青苔毛子包起來，再用不透風的樺樹皮一裹，行話叫「打包」。有了青苔和樺樹皮包裹，人參便不會因為乾燥而斷須了。然後，人參依例要交給把頭，由他背在

▲ 抬參

小背筐裡帶回地窖子裡。按照慣例，挖得人參後，把頭對做飯的人說一聲：「吃點甜的吧！」於是，大夥七手八腳地包餃子。飯前，把頭依俗要先盛上幾個餃子，來到大樹下的山神爺老把頭廟前祭祀一番，以示感謝。待把頭祭畢回來，說一聲：「老把頭吃過了，剩下的咱們吃吧。」這時，大夥才悄無聲息地吃起這頓慶祝挖參豐收的「甜飯」。

「放山」挖參規矩很多、很嚴，人們說話得小心謹慎，要說吉利話，切忌說不吉利的話。為此，他們管抽菸叫「拿火」；管休息叫「拿個盹兒」；管蛇叫「金鰡子」「錢串子」，不許打死；吃飯叫「拿飯」。把頭安排什麼事，底下的人不能隨便問，只能執行。臨下山時同樣要供奉老把頭。在山上放山，不管遇見什麼人來了，都要一起吃喝並留宿。從前，如果遇上鬍子了，還得給他們打點「小相」（給點油鹽什麼的）。放山人每人手裡都有一根小棍，叫索撥棍，也有叫「索寶棍」的，實際就是在山裡找參時撥拉山草，以尋找山草、灌木叢中的人參用的。就是這根棍兒，使用時的規矩也很多：一是手拿著棍子時不許抬高超過人體；二是不能扒棍子上的皮；三是不能隨便用棍子打動植物和殺生；四是休歇時棍子要立在身旁；五是晚上睡覺時，要把棍子立在門口；六是放完山，棍子要留在山上，不能拿回家。

伐木　輝南境內森林資源極其豐富，樹木種類繁多，二十世紀八十年代以前，伐木成為林區的主要經濟活動，是輝南重要的地域文化。在這片土地上，

木幫的生活帶有相當的傳奇色彩，木幫的故事總是充滿了悲情，冰雪和森林中有過他們太多的豪情與困苦，血汗與悲壯，沒有哪一種文化能像採伐文化這樣，從深度和廣度反映這裡的地域文化。

這裡的伐木從「開套」開始，到「掐套」結束，每個程序都伴隨著艱辛。過了小雪節氣，木幫們就陸陸續續返回了家，大家知道要「開套」了。所謂「開套」就是開始編套結繩，從麻繩鋪買來線麻，打成各種麻繩，繫成釦子，這是伐木離不了的，繩子不結實會出人命的。編繩結套要幹上十天半個月的，等大雪一落，木幫們燃放鞭炮後帶著大肚子鋸、開山斧、繩套及生活用品進山了。選擇有水有木頭的地方蓋上房子或馬架子，盤上炕，搭起鍋灶，正式開始一年的伐木生活。進山的第一件事是「拜山神」，在工棚附近用石頭搭好小山神廟，供上老把頭，所有的人都跪在廟前拜山神，祈求山神老把頭保佑平安。然後「開鋸」，第一鋸要「順山倒」，被伐的樹要順著山坡倒下去，是一種吉祥和好兆頭的表示。以後逢年節、老把頭生日這天早晚都要伐一棵「順山倒」以示平安吉祥。

每天天一放亮，木幫們就開始勞作了，隨著鋸聲、斧聲、喊山聲的響起，積雪被震得四處飛揚，林區瀰漫著濛濛雪霧，如同古戰場的硝煙。那時採伐條件非常簡陋，兩人一組，一把快碼大肚子鋸，一柄開山斧，一左一右對著樹木開伐。採伐前先要找好樹的倒向，鋸到一定程度時，用開山斧「要楂」，即向鋸口的方向砍個豁口，待樹木發出「咔咔」的響聲後，判斷樹的倒向和時辰，及時「喊山」。「喊山」是根據樹的倒向喊：順山倒、排山倒和迎山倒。順山倒是指順著倒，這是最理想的；排山倒是指樹橫著倒，容易壓在別的樹上，處理起來非常危險，被認為不吉利；迎山倒是向山上倒，危險小。「喊山」除了給其他人提個醒以外，還是一種伐木人的心理交流，互相告慰，也是一種人類對自然的答

▲ 抬木

謝，對神靈的祭祀，喊山是從久遠的歷史中傳承下來的。「喊山」同「祭山神」，成為現代文藝舞台和文化創作的亮點。

樹被伐倒了，還要運下山，這就是伐木的第二道工序，叫「抽林子」。實際就是把伐倒的樹木歸攏到一塊。木把頭要把木頭按粗細分別排列，然後掏上眼，繫上繩子，用牛爬犁拉走。這個環節非常危險，一旦爬犁下山時衝力太大，牛穩不住，巨大的木頭就會從上而下直衝下來，造成人死畜亡，這裡人稱之為「跑破」，是最讓人膽顫心驚的採伐事故。

除了用爬犁運送伐倒的樹木外，還有一種方法叫「放件子車」。事先選擇好存放木材的場地，在山上和木場之間修一條「雪道」，然後把木頭一件一件放下去，一直滑到木場。這種方法比爬犁拉要快，但危險性大，一旦雪道上起鼓了，快速滑行的木件就會像箭一樣射出去，頃刻之間要了人的命。

還有一種方法民間叫做「放散羊」，是在夏天用的。一般都選在積雪開始融化時，溝溝汊汊的水都流動起來了，木幫們把一個個「件子」放到水中，然

▲ 放排

後手握把鉤（在三米多長木桿頭上鑲上鐵鉤），站在圓木上或在岸邊跟著木件走，不停歸攏這些木頭，不使其散幫。「放散羊」的木幫要膽大眼尖手腳利落，腳下稍有不穩，掉下水去，就會被圓木滾成肉餅，所以一般情況下很少用這種方法。

「掐套」是指一年的山場子的活幹完了，一般是在冰雪開化時，山裡道路泥濘，爬犁也走不了了，木幫們這時該下山了，準備回家種地了。「掐套」要有儀式，結了賬，領了「紅錢」，買來紅紙、鞭炮和豬頭，拜山神爺老把頭，要給老把頭磕頭、斟酒，燃放鞭炮後把豬頭拎回家，燉上冬粉飽食一頓，這時整個山場子活計就結束了。

放排　放排是木把的季節工種，也叫「水場子活」。木幫們在冬天把「山場子活」幹完了，接下來該是「水場子活」了。春天一開江便把木材放在水裡，一個個漂到大江邊的排臥子上，準備穿排。排分硬吊軟吊。硬吊是把圓木兩頭掏上眼，整根的柞木插進去連起來的排；軟吊是用籐條做接頭連接圓木。木排穿好後放在江水裡，只等開江放排流送。放排人上了排，就等於和家人生離死別。放排的掌櫃叫「頭棹」，還有二棹和小棹。頭棹是經驗豐富的老把式，手裡端桿大煙袋，一動不動地站在排頭，嘴裡不停地喊著左右打棹舵，一站就是一天。夜裡木排停靠的地方叫「排臥子」。排臥子上專有大房子，也叫「排夫房子」，有南北大炕。放排人最講規矩。有妻子的人上排頭一夜不能合房；在排上不能隨便把東西橫放，如吃完飯筷子不能橫放在碗上；不能隨便提「翻」字；大小便不能在排頭。總之，一切要符合平和順利的願望。

放排人在開排之前，要先供山神爺和老把頭。山神爺即老虎，老把頭是指放排人的祖師爺，人們叫他謝老鴰。傳說謝老鴰是山東人，闖關東來東北，後來在長白山裡放木排淹死了，變成一隻「水老鴰」（一種像喜鵲樣的水鳥）在江上飛來飛去，專門給木排指引方向。上供時用豬頭，點上蠟燭，燃上紙馬，然後頭棹領眾人跪下，叨咕著：「山神爺老把頭，俺們來貢敬你來了！保佑俺們順順噹噹，回來再貢敬你！」然後頭棹親自點燃一掛鞭炮，在「噼裡啪啦」

的響聲之中，木把們跳上木排。從此，漫長的放排生涯就開始了。木排上搭一個小棚，叫「花棚」，是把四根木頭削尖，插進幾根較粗的排木，上面苫上牛皮或草用以遮風擋雨，裡邊放上油鹽和吃的。過去的年頭，一到目的地，兜裡揣滿錢的木把們就開始花天酒地了。把頭引誘木把們把大洋花盡，第二年，木把們不得不再投入到把頭的名下，重新為把頭賣命。把頭拉木把去「住局」（妓院）把兜裡的錢花掉。有的木把最後連家鄉都回不去了，就死在了街頭。能回去的木把也是窮得兜裡分文皆無，只得扛著棹把，背著行李，沿途乞討，一步步走回山裡。

　　如今，流筏已作為旅遊項目保留下來。人們可以登上木筏體驗當年放排人的生活，當木排從排臥子的閘區裡飛奔而下時，往往江水沒過了排上人的腰間，頓時涼透全身。而到了中午，驕陽頭上曬、背上烤，又別具一番滋味兒。放排時，還可以請老排夫為遊人唱幾段古老的放排號子，粗獷渾厚的歌謠小調，配上兩岸的綠水青山，伴著腳下「嘩嘩」的水浪聲，把人帶進那遙遠的歲月中去。

▍婚俗文化

　　輝南地域的婚俗，受漢族婚俗的影響，程序比較繁多，婚俗也十分生動。從通媒開始至拜新年大小程序約二十多個，漢族和滿族婚俗在大的程序上相當類似，反映了文化上的相融。

　　通媒　也叫說親，民間幾乎都有這個程序，有些地方提親時必須帶上酒，酒是說媒的標誌，也是承諾的見證。如果不同意婚事，媒人的酒是點滴不能入口的。婚姻大事，要以父母之命，媒妁之言為準，現在說媒只是形式，婚姻自由已成為婚姻制度的主流。

　　合婚　若女方同意議婚，男方將寫有當事男女的生辰八字的小帖拿去占卜打卦，審核是哪種婚姻，於公婆姑叔有無妨克。

　　相看　合婚妥後，在過小禮前又有「相看」之習俗。男女雙方互相往看，到女家稱「相媳婦」，到男家稱「相姑爺」，統稱「相門戶」。相門戶確切說就是看家庭財產、看家風、看人口、看當事人品相。

　　會親家　也稱下定禮、過小禮、定親，是在口頭承諾的基礎上舉行的定婚儀式。男方將女方所要的彩禮，先拿過一部分給女家，大約為三分之一，女家設宴招待為受聘。

　　過大禮　在臨娶之前，男方將女方所要的彩禮和過小禮時未納之物全數納齊，選一吉日，送給女家。

　　迎親　也叫婚娶，有大娶小娶之別。男方不去親迎的，女方將新娘送至男家叫小娶，也叫等親，窮苦之家多舉行此禮。但一般殷實之家則多行親迎禮，迎親隊伍人數可多可少，但算上新郎必須是單數，回來加上新娘應為雙數。迎親時男方要備「離娘肉」，即豬肋條肉一塊兒送到女家，女方留半回半。有的地方女方要備長壽餃子、長壽麵交新郎帶回。

　　迎親到女方家，還有一些插曲，如「叫門」「拿筷子」「抓福」「落金珠」

「抱轎」「壓炕」；新娘車轎到婆家時，有不同習俗，如「憋性子」「驅五鬼」「烤手足」「遞寶瓶」「踏紅氈」「改口錢」等。

拜天地　又稱拜堂。新郎家院中放一張桌子稱天地桌，上面放著用紅紙糊的高粱斗，裡面供紙寫的天地牌位，斗上插箭三支，橫掛弓一張，插秤一桿，秤鉤上繫一方青布，擺上供品，燃上香燭，新婚夫妻在鼓樂鞭炮聲中拜天地。

揭蓋頭　拜天地後，新郎新娘一前一後，踏著紅氈入洞房，至房門時，新郎揭去新娘頭上的紅巾，扔到房上。蒙蓋頭原是漢族的婚俗，傳說伏羲女媧兄妹結婚時，自感羞愧，於是用草做成扇子，遮住面孔，蒙蓋頭的典故源於此。受漢族的影響，滿族、蒙古族都有此風俗。

過馬鞍　拜完天地後，來到洞房門前，門檻上要放一個馬鞍子，馬鞍子上搭兩串銅錢，新娘要跨鞍而過，叫做平安。然後把銅錢搭在肩上，取平安順利之意。

▲ 迎親隊伍

坐福　新娘入洞房後，要在事先放好斧子的炕上坐下，面向南方或財神、喜神的方向，坐的時間各不一樣，但祈求福祿吉順的心理是一致的。

上頭　新娘坐福後，女賓用雞蛋兩個，去皮，一個染紅，一個仍白，在新娘臉上滾動，稱之滾臉，然後由喜娘為新娘加髻，稱之為上頭。有的地方用線為新娘絞臉上的汗毛，稱之為開臉，以此表示進入人生的一個新時期，即由姑娘變成媳婦了。

立規矩　新媳婦在炕上坐福完畢，由女眷為之整妝，然後下地站立，謂之立規矩。這是婆家第一天給的下馬威，日後自然存有畏懼心理。

合歡酒　入洞房後夫妻要喝合歡酒，吃「寬心麵」和「子孫餃子」。飲合歡酒又稱喝交杯酒、合婚酒、換杯。酒杯用紅線相連，將酒分置兩杯中，新人交換對飲三杯。吃寬心麵即寬麵條，一般由婆婆親手端來，寬心麵也稱長壽麵。子孫餃子的數目以新娘的歲數為基數，每歲一對，外加天一對、地一對，取意多子孫。

鬧洞房　新婚之夜鬧洞房是對新郎新娘的祝賀，稱之為鬧喜。鬧喜鬧喜，越鬧越喜，輝發河流域幾乎都有鬧洞房之俗。

回門　婚後第三天，新婚夫婦同往女家，男方回拜岳父岳母。

輝發河流域的舊婚俗不僅儀式繁縟，而且形成了許多繁雜的禁忌事項。在日期確定上，忌在無春之年嫁娶，俗稱這樣的年為「寡婦年」。在月份上忌七月，稱七月為鬼月，忌諱在此月份內嫁娶。在日子上喜雙忌單，因此選擇吉日得是雙日子。每逢陰曆、陽曆都是雙日子時，結婚的人都要多一些。選日子要避開清明、七月初七、七月十五、十月初一等日子。在迎親的路線選擇上，車要往裡轉彎，即向左邊拐彎抹角，俗忌往右拐，有「車轎往裡拐，夫妻過到百」之說。另外迎親的人必須是「全科人」，夫妻健在，兒女雙全，忌寡婦、孕婦參加，如有井、廟、碾、磨、墳塋都要事先用紅氈遮蓋起來，避免衝撞神靈，此俗一直流傳至今。

年俗文化

輝南地區過大年分「忙年」「過年」兩個階段。整個臘月、正月，如同一台連場戲，由臘月初八拉開序幕，除夕掀起高潮，到了正月初十落下帷幕。

臘八　臘月這個名字與自然季候並沒有多大關係，而是於歲時之祭有關，是指冬季的祭神祭祖。因為祭祀活動在十二月舉行，所以稱十二月為臘月。「臘八」這一天要喝臘八粥，傳說釋迦牟尼在這一天得道成佛，因此熬粥供佛。除了喝臘八粥外，還要泡臘八蒜，從這一天開始置辦過年的物品，有人把它寫成歌謠：

二十三祭灶天，
二十四寫對子，
二十五做豆腐，
二十六炉豬肉，
二十七宰年雞，
二十八把麵發，
二十九糊牆頭，
三十晚上坐一宿。

一元復始在除夕，過年是從除夕開始的。

除夕　除夕是一年中最為獨特、神祕的日子。這一夜的節俗活動實在太多，要敬神、祭祖、吃年夜飯。在這短短的一夜之中，天上、人間、地下，人、鬼、神之間，似乎都發生了神祕而充滿人情味的交流，而且是那樣融洽，那樣密切。

年夜飯　最有講究的應是年夜飯，「年年有餘（魚）」「紅紅火火（火鍋）」

▲ 貼春聯

「圓圓滿滿（丸子）」「甜甜蜜蜜（果羹）」「摟錢耙子（豬手）」「步步登高（年糕）」和六順水餃是必不可少的。長輩要舉杯祝願國泰平安、風調雨順、五穀豐登，兒女要祝願父母健康長壽，老人要給孩子們壓歲錢。人們在一起辭別舊歲，迎接新一年的到來。

守歲　年夜飯之後，就進入了守歲。女主人端上「壓歲盤」，裡面裝滿水果、點心、果仁，供宵夜守歲。家人坐在一起聊天或娛樂，等待天明，這便是守歲，也叫「坐年」「熬年」。俗說熬過年的人，一年內不乏不困，勞作有勁，否則一年都「走魂」。

歲首第一天，為大年初一。作為新的一年開始，有關俗信也非常之多。比如：

善正月，惡五月，正月忌空房，新婚少婦不得在外留宿。還有「正月不娶，臘月不嫁」的習俗，說正月娶媳婦主妨公婆，臘月訂婚主克敗婆家，所以在過去，很少有人在農曆正月結婚或者在臘月訂婚，尤其是傳統的「大戶人

家」更是遵守祖宗流傳下來的古諺。正月如有親友家訃告進門，要先將訃告撕破一角，以除晦氣。女子正月不做鞋，怕出邪事。大年初一不掃地潑水，說能聚財。大年初一到初五，不倒垃圾，說一年可聚財。

初二是「米娘娘生日」，家家這天要做米飯，這也是一年中煮飯的第一天。

初三這一天媳婦回娘家，女婿要給岳父岳母拜年，稱「走出三」，娘家要宴請女兒女婿。

當地有大年初四灶王爺查戶口之說，不出門。商鋪要祭財神，為開業做準備。

初五也叫「破五」，意思是正月前幾天諸多禁忌到初五可以破除了。主要習俗活動是「送窮」，諸如「送五窮」「送窮土」「送窮灰」「送窮媳婦」等。所謂「窮」，就是初一以來積存下來的垃圾。初五對商家來說是個重要的日子，傳說正月初五是五路財神的生日，所以要格外的祭祀。

初七是人日，傳說這天造了人。這裡的習俗這天要吃麵條，意味長遠。

初十是個「整日子」，俗信就多一些。相傳這天是「石頭生日」，又稱「實日子」，有「十不動」之俗，凡磨、碾、臼等石器均不能動。除此之外，初十的夜間要點長明燈，傳說這天老鼠娶親，夜間要點燈，給老鼠照明，還要做點食品供老鼠婚事一用，希望老鼠不再為害於人。正月初十以後，所有的節俗活動基本上與春節脫鉤，進而於元宵節連綴起來。

元宵送燈　元宵送燈是漢族民間節日習俗，但各地都有自己的特點。輝南過去元宵節送燈也有其地域特色。那時一到元宵節，家家用麵糰做成各種形狀的燈，做好後放在蒸籠裡蒸熟，出鍋冷卻後將燈中倒入豆油，放上燈捻，到用時點燃。為了使燈具有不同的顏色，人們使用不同的麵粉來製作，用玉米麵做的叫「金燈」；用白麵粉做的叫「銀燈」；用蕎麥麵做的叫「鐵燈」；還有用彩紙糊成的各種燈，放小蠟燭，五彩繽紛，非常好看；還有用玻璃片拼成的玻璃燈，在玻璃面上貼各種彩色人物花鳥剪紙，蠟燭光一照，極富美感。將這些燈

做好後，在日落星出前開始點燈。先送到祖靈牌位上，祈求祖宗顯靈保佑家人一年平安、生活幸福；再送到天地、灶神牌位上，以求神仙賜福家人；又送到倉庫、牛馬圈、井台、碾房等處，以求五穀滿倉、牛肥馬壯，到井台打水時平安、糧食常吃常有；最後送到大路口，祈求出入平安，家來四面八方客。最後由每家的長房長子用筐挎著麵燈和別的燈送到祖墳上。往祖墳送燈時，見到熟人不能說話，只能點頭示意，以示祭奠祖宗的嚴肅、心情的沉重。到墳前點燈時，不能借火柴用，人們認為借火點燈意味著自家的日子過不起來，日子不紅火。給祖墳送燈使用的蠟燭，必須是紅色或黃綠色的蠟燭，忌諱點白色蠟燭，因為白色蠟燭叫「大白桿」，忌點白色蠟燭是為了避免下輩子有「光棍」之災。墳前一般送金銀燈，讓祖宗在陰間金銀常有、富貴榮華。將墳前金銀燈放好後，用事先帶好的油拌穀糠，將祖墳圍成四方形，西南角留一缺口為門，在門口放一盞鐵燈。這時，在上風口將油拌穀糠點燃，立時形成一條火龍，俗稱火龍燈，意為祖墳有龍圍繞、守護，風水好、吉利。最後將門口的鐵燈點燃，為祖宗靈魂上西天的大路照亮。送燈人點燃鐵燈後磕頭、念祝詞，然後離開墳地回家。

▲ 元宵節送燈

育兒習俗

懸弧設帨 婦女生育俗忌不知情者進入產房，因此，在門上掛出標識，即所謂「懸弧設帨」。弧，即木弓，用以象徵男子的陽剛；帨為佩巾，用以表示女子的陰柔。滿族的習俗是生女孩在門上掛個紅布條，生男孩掛個小弓箭，一見此，人們就自覺地不進屋了。生女孩在門梁上懸一紅布條，用以象徵吉祥，表示女孩巧手能刺花繡錦。這種習俗民國末期尚存。

洗三 孩子出生第三天，稱洗三。漢族在這一天洗兒，要給產婆錢，曰「洗兒錢」。同時要到姥家去報喜。姥家得信後，要在第五天內送來紅糖、白麵、豬蹄等物，曰「下奶」。「洗三」這天，親朋鄰里也都要送些米麵雞蛋等物來，亦稱「下奶」，也叫「看歡喜」。滿族的「洗三」最富特色。這一天要把接生婆或者是一位兒女雙全又有威望的老太太，俗稱「姥姥」用車接來，姥姥在炕上盤腿坐好，有人端來一個大銅盆，盆裡裝著槐樹葉、艾蒿葉熬成的熱水，冒著縷縷蒸氣，用此為嬰兒洗浴。前來參加洗三，為嬰兒賀喜的親朋好友，將帶來的各種物品，如銅錢、雞蛋、花生、飾物等放入盆中，邊放邊說些祝福的話，俗稱「添盆」。伴隨著歡聲笑語，把出生三天的小傢伙放到盆裡，由姥姥給洗澡，照例是從頭洗起，每洗一處，都要伴以吉祥的祝願。姥姥邊洗邊說：「洗洗頭，做王侯；洗洗腰，一輩比一輩高；洗洗蛋，做知縣；洗洗溝，做知州！」洗完後，再用薑片、艾蒿燻燻頭及身體各重要關節。據說，經過這樣程序的洗浴、熏炙後，孩子的身體格外健壯。

悠搖車 育嬰都有搖車（即悠車），多用樺樹板製作，長約一米，寬約〇點六米，兩端呈半圓形，微上翹，近似船的形狀，外皮繪有圖案。把嬰兒包好放入車內，一邊拍打，一邊悠悠車，唱「搖籃歌」，催嬰兒入睡。搖車以使用過的（舊的）為好，尤以多個孩子用過的為佳，俗稱用這樣的悠車，孩子好養活。一般生孩子七天，就要做搖車，滿月時將其懸掛起來，若頭胎是男孩，由

姥姥家送搖車，搖車裡鋪滿米糠褥子、五穀枕頭，意味頭枕糧倉，並由一位兒女雙全的婦女將枕頭抱上車，姥爺或舅舅親自給送去，送搖車時，要隨帶押車錢，給雙不給單，往屋裡送搖車時，要叨念「一車金，一車銀，一車胖小子送家門」。

滿月、百日　滿月又稱彌月，本是漢族古俗。做滿月是指嬰兒出生滿一個月時所舉行的慶祝活動，它既包含對嬰兒的美好祝福，也包含對家中添人進口的慶賀。此俗久傳不衰，清代漢、滿等民族都有做滿月之俗。漢俗是姥家要準備花冠、繡袍、服飾、玩具給小孩，有的送金鎖、麒麟鎖、狀元牌、手鐲等物。孩子生下一百天，姥家要給送饅頭，曰「蒸百歲」。

▲ 搖車

▌娛樂

二人轉　輝南人最喜歡的劇目當屬東北二人轉。二人轉是土生土長的東北民間藝術，說它草根也好，原生態也好，土特產也好，它就是黑土地上的一枝花，在冰雪中笑傲群芳。它是東北人審美情趣和性格表現。輝南人愛它，特別是農民更愛它，他們同二人轉共同生長在這片黑土地上，同呼吸共滋養。二人轉和他們「不隔語，不隔心，不隔音」。他們和二人轉近，和二人轉親，沒有哪種藝術形式能像二人轉那樣讓他們如此入迷。用他們的話說二人轉既解渴，又解乏，既解饞，又解悶，勞作之餘看上一場二人轉，一陣開懷大笑，一天勞累一掃而光，心裡那個爽勁就甭提了。因此，才有了「萬人圍觀二人轉」的壯觀場面；才有了「寧捨一頓飯，不捨二人轉」的迷戀。東北農民已經須臾離不開二人轉這種藝術營養。

根據《輝南縣志》記載：「隨著圍場開禁，居住人口不斷增加，二人轉（當時稱蹦子戲）逐漸流入本縣，以後又增加了單出頭和拉場戲。」從那時起二人轉再也沒有離開這片黑土地，深受群眾喜愛的節目有「四梁」「四柱」。「四梁」指的是《鋼鑑》《清律》《潯陽樓》和《鐵冠圖》；「四柱」是指《西廂》《藍橋》《陰魂陣》和《李翠蓮盤道》，這些曲目都是當時二人轉的當家曲目。二人轉界有「學會大《鋼鑑》，有朝有代念一遍；學會大《西廂》，唱的玩藝兒就不糠；唱好《潯陽樓》，想唱蹦蹦就不愁」之說。解放後推陳出新，二人轉有了新的發展，《回杯記》《鬧碾坊》《馬前潑水》等屢演不衰，五六十年代輝南有「唱不完的回杯，鬧不完的碾坊，潑不完的水」的順口溜。二十世紀九十年代開始，本縣一些退休二人轉老藝人開始辦班教唱二人轉，出現了學唱二人轉的高潮，並湧現出宋小寶等聞名全國的二人轉優秀演員。

二人轉有說有唱，沒有主次之分，沒有固定位置，根據敘述故事的需要，分別扮演不同角色。不管故事中有多少人物，都由二人「分色趕角」，「千軍

萬馬，全靠咱倆」。舊時二人轉的服裝和道具非常簡單，一物多用，不需要布
景，說走抬腿就走，順著小村小店一路走下來，把人家不屑的小錢接過來，把
自己的一身笑料和兩行熱淚留下來。街頭巷尾、場院地頭、馬棚大車店就是舞
台，一丑一旦，邊扭邊唱，越唱越狂，越扭越浪，手舞足蹈，渾身上下沒有一
處閒地方。悲歡離合，忠奸善惡，人間風雨，天上雲月，盡在唱詞之中。台上
台下，同悲同喜，演員觀眾，水乳交融。

　　二人轉表演手段豐富，有「四功一絕」。「四功」是唱、說、扮、舞，「一
絕」是絕技，也叫絕活。「唱功」講究韻味厚、字句清、音色美、氣力足。藝
人們講「唱說扮舞，以唱為主」，在唱上強調「字是骨頭韻是肉，板是師傅」。
要求字要重，腔要輕，字要剛，腔要柔。重視頭兩嗓，「好聽不好聽，專聽頭
一聲；是味不是味，品品頭兩句」。二人轉曲牌豐富，有「九腔十八調，七十
二嗨嗨」之說。演員要根據劇中人物性格和情節發展的需要，來安排不同的曲

▲ 二人轉表演

調，做到唱腔成片，甩腔到段；慢中緊，緊中慢，快而不亂，慢而不斷。講究氣口和節奏，做到詞曲相融，渾然一體。「扮功」是指做派身段，包括面目表情和形體動作。要求演員要「扮文像文，扮武像武」。除了要表現出人物的各種感情外，還要吸收各種戲曲的身段表演，但又不能和一般的戲曲一樣，講究「以虛代實」「拿輕比重」，要求神似，點到為止。「舞功」俗稱為「浪」，即把浪漫揉進關東人的機體中。「浪」是觀眾品味二人轉的重要看點，認為「二人轉不浪，不如回家睡涼炕」。大東北的自然風情，關東人的豪爽性格，火熱的情感，都是二人轉「浪」的生活基礎。因此，二人轉中絕沒有忸怩作態，它把關東人的情感世界表現得淋漓盡致，還原了生活中的真實，把那些「趕山的」「放排的」「淘金的」，還有那些在土地上討活路的，吃「勞技」的人們壓抑在內心深處那種期盼美好的願望，放縱到一發不可收拾的地步。二人轉表現的情與愛，正是人們朝思暮想難得一遇的，所以這種「浪尖上」的藝術才有生命力。「絕活」是輔助性表演藝術，過去主要有「耍」「打」兩種。「耍」主要是耍彩棒、掏花燈等；「打」是打「玉子」（兩手各拿兩塊小竹板）和「挎大板」，現在已不多見了，與時代應運而生的是表演各種樂器、雜技、氣功等。

大秧歌　東北大秧歌是輝南老百姓喜愛的民間歌舞，大秧歌具有獨特的風格和動律，從藝術上反映了東北人民的性格和審美習慣。東北地區寒暑分明，夏季炎熱，春秋宜人，冬天則冰天雪地。生活在這裡的人們受山川氣候的影響，形成了勤勞、勇敢、粗獷、樂觀、好動、樸實、豁達、堅韌、直率、倔強的性格和喜歡色彩濃郁、線條粗獷的審美情趣，這種習慣也反映在民間藝術之中。東北大秧歌優美的旋律，鮮明的節奏，粗獷的動作，符合了這種審美要求。所以每逢春節，嗩吶一吹，大鼓一敲，城鎮鄉村頓時熱鬧起來，歡樂的節奏和舞蹈，給寒冷的原野帶來一派生機，色彩鮮豔的服飾，踩著高蹺的表演，給人們帶來了溫暖的春意和生命的激情。

在輝南一帶東北秧歌主要有兩種表演形式：一種是地秧歌，也稱地蹦子，

包括跑旱船、老漢推車等。有時還加一些喜劇人物形象來渲染氣氛，如傻柱子、老婆婆、孫悟空、豬八戒、濟公等。第二種形式是踩高蹺，高蹺分為頭蹺、二蹺、上裝、下裝。頭蹺武丑打扮，手持馬鞭，是全隊的指揮；二蹺武旦打扮，亦持馬鞭。老䶲、彩婆子穿農村生活服裝，持長煙袋鍋子或棒槌；上裝梳大辮扎綵球，彩色大襟上衣、長裙，手持扇子或手巾；下裝穿短水袖大襟上衣、長褲，腰扎綵帶。一般為二至三人。漁翁、漁女，戲曲打扮。其他還有傻柱子、白蛇、許仙、青蛇等戲曲人物，互相扭逗，雙人對舞。由上、下裝為一組，稱作「一副架」。最好的「一副架」排在隊列的最後，叫作「壓鼓的」。集體表演時，伴奏樂隊的鼓手，根據他倆的示意變換鼓點，全隊行進由頭蹺率領並指揮。東北大秧歌具有扭、扮、唱、逗、耍、雜等多種技巧，具有各種不同人物的形象，取材大都來源於神話故事和民間傳說。

東北秧歌的表演風格和技巧有許多精到的概括。「上裝」（旦角）的表演要「迎風胸，楊柳腰，輕抬慢落水上漂」。意思是扮演旦角的應當輕盈、柔美、流暢，要肩活、腰活、膝活，如微風吹拂的纖纖柳枝，碧波蕩漾的一葉輕舟。丑角的表演要「醜中見美，笨中求巧，傻中見乖，呆中求俏」。把醜、

▲ 大秧歌

精、巧、乖、俏的表演融為一體。扭時（舞蹈）要求「安心浪，別連根晃」，即，有規則地扭而不要無規則地晃。旦角要扭得穩，做到「穩中浪，浪中美，美中俏，俏中哏」；生角（下裝）要扭得火爆、粗獷、開朗、大方、幽默而不輕狂。「扭得浪不浪，要看有沒有相」。秧歌扭得美不美，不僅要看扮相，還要看動作的準確程度，要看扭得有沒有感情。

東北大秧歌在演出中一般都分大場和小場，大場俗稱秧歌場，是秧歌隊變換隊形的總稱。秧歌的場子（又稱「花場」或「套子」）是東北秧歌舞蹈的重要組成部分。就其形式而言，有一隊舞者舞成的「龍擺尾」「四面抖」「三環套日」等；有兩隊舞者舞成的「二龍吐須」「剪子股」等。東北秧歌的場子講究對稱、對比、均勻、統一，並且注重從生活原型中捕捉形象，如「盤腸場」「葫蘆場」「蝴蝶場」「編蒜辮」「卷菜心」等都是如此。豐富的場景變化要求舞步顯得更為變化多端，經過歷代發展創造，其造型不斷豐富和提高，如「一字長蛇陣」「二龍戲珠」「四面斗」「八卦太極陣」等，形式多種多樣。中間還穿插跑旱船、老漢推車、挑花籃等妙趣橫生的形式。

正月初一，家家戶戶都忙著拜年，一般從初二開始「跑秧歌」。秧歌隊要到政府機關、企事業單位拜年。接待秧歌要放鞭炮，預備煙茶款待。過去辦秧歌一是圖「喜興」；二是講面子。假如哪個村過年沒秧歌，村裡的人都會覺得不開心。因此，如果本村不辦秧歌，也要攤份子去外村「接秧歌」，為村裡增添過年的喜慶氣氛。過年開扭的秧歌在正月十五、十六兩天達到高潮。這時走村串屯的拜年已經結束，街上的商家店鋪也開始了新一年的營業。元宵佳節之日，秧歌隊紛紛集中到當地最繁華熱鬧的市鎮街道，進行遊行式的演出。有的還特意辦出與賞花燈氣氛融為一體的「燈官秧歌」。街市上的精彩表演此伏彼起，熱鬧非凡。酷愛秧歌的演員們也都在滿街觀眾的喝采聲中盡展才華，過足了秧歌癮。因為鬧過這兩天之後，他們就要卸去彩妝，回到田地和作坊裡，成為普普通通的勞動者了。

百年老村屯

　　輝南一百年以上老村屯至今還保存四十三個。

　　道光年間三個：

　　團林鎮團林子村，建於道光元年（1821年）。因開荒人住的地方長著一片圓形樹林子而取名「團林子」。

　　慶陽鎮地窨子屯，建於道光七年（1827年）。因一王姓開荒人在山腳下挖地窨子居住而得名。

　　朝陽鎮靳船口，建於道光二十一年（1841年）。因一姓靳的人在河邊擺渡而得名「靳家船口」，後簡稱「靳船口」。

　　咸豐年間四個：

　　輝南鎮雞場子屯，建於咸豐八年（1858年）。因一戶人家養雞而得名。

　　朝陽鎮胡迷山屯，建於咸豐十年（1860年）。原名菰米山，因駱駝砬子山

▲ 團林子村

▲ 樓街村

▲ 石砬子村

▲ 平安村

北盛產菰米而得名。

樓街鄉樓街村，建於咸豐十年（1860 年）。原名「樓上」，因姜姓和王姓兩戶人家在此開荒，為防止熊瞎子糟蹋莊稼，蓋苞米樓子而得名。

團林鎮闞家街，建於咸豐十二年（1862 年）。因一個叫闞守清的人在此開大車店而得名。

同治年間三個：

石道河鎮上石砬子屯，建於同治二年（1863 年）。因本地有石砬子，上下屯以石砬子分界，分上下石砬子。

石道河鎮小芹菜溝屯，建於同治二年（1863 年）。原名小清水溝，因山東流民把小清水叫成「小芹菜」而改名。

朝陽鎮八里堡，建於同治十二年（1873 年）。原名叫南城門，因距離清河屯八里地而改名。

光緒年間三十三個：

朝陽鎮，建於光緒四年（1878 年）。因居南北朝陽之處，又因設衙門而稱

▲ 興隆村

鎮。

　　班家街，建於光緒元年（1875 年）。因住戶姓氏而得名。

　　石頂子，建於光緒元年（1875 年）。位於石頂子山腳下而得名。

　　中心屯，建於光緒元年（1875 年）。因據附近屯堡中心而得名。

　　平安村，建於光緒元年（1875 年）。原名轉通，村東有一小廟，進出要圍

▲ 大北岔屯

小廟轉，取名轉通。後因平安川政府坐落此地而改名平安屯。

高集崗屯，建於光緒五年（1879 年）。原名蒿子崗，後因一個叫高秉悅的人在此開荒，改成高家崗，後因集市發展很快，更名高集崗。

胡家店，建於光緒十六年（1890 年）。因一個姓胡的人在此開大車店而得名。

韓家街，建於光緒十七年（1891 年）。因姓氏得名。

張大院，建於光緒十七年（1891 年）。因一戶姓張的人家在此居住，建設大院而得名。

樺樹屯，建於光緒二十八年（1902 年）。因此屯南崗有棵大樺樹而得名。

向陽村，建於光緒三十年（1904 年）。因坐落向陽而得名。

輝南鎮，建於光緒三十四年（1908 年）。原名謝家店，因一名叫謝天呆的人在此開大車店而得名。輝南直隸廳遷至此處後改名輝南鎮。

杉松崗鎮杉松崗屯，建於光緒元年（1875 年）。因境內生產杉松而得名。

東盛窯，建於光緒七年（1881 年）。因一缸窯名叫東盛而得名。

大橋屯，建於光緒二十一年（1895年）。原名矯大橋，因姓矯的人在此架一木橋而得名。

缸窯嶺屯，建於光緒二十六年（1900年）。因一個姓陳的人在村南嶺上建缸窯而得名。

西缸窯，建於光緒二十九年（1903年）。因缸窯在路西而得名。

樓街鄉義隆堡，建於光緒六年（1880年）。原名老人溝，因溝內有老人參而得名，後改義隆以示吉祥。

關家林，建於光緒二十六年（1900年）。因關姓和村旁樹林而得名。

輝發城鎮腰屯，建於光緒二十一年（1895年）。建屯時附近有三個屯子，因居中而得名。

新民屯，建於光緒二十一年（1895年）。原名信家街，此處居住的信姓人家多。一九四七年為紀念土改更名。

興隆屯，建於光緒三十二年（1906年）。原名「馱佛鱉」，因感不雅，又名「托佛別」，一九四七年為紀念土改更為興隆。

團林鎮東檯子屯，建於光緒七年（1881年）。因形狀像點將台，又在點將台以東，故名東檯子。

撫民鎮撫民屯，建於光緒五年（1879年）。曾用名「暖水河」「蛤蟆河」「大肚子川」，一九一九年改名撫民，含安民之意。

四平街，建於光緒三十年（1904）。因四個放山人一起喝了四瓶酒，起名「四瓶乾」，叫白了就成了「四瓶街」。

慶陽鎮長碾溝屯，建於光緒二十三年（1897年）。因山上的石頭可以做碾子而得名。

石道河鎮石道河屯，建於光緒元年（1875年）。村旁有一條小河，河裡石頭多，故取名石道河。

葫蘆頭溝屯，建於光緒元年（1875年）。因村子附近三座山形似葫蘆而得名。

大北岔屯，建於光緒二年（1876年）。因村北兩條岔路口而得名。

夾信子溝屯，建於光緒七年（1881年）。村子位於兩山三水環抱之間，形狀像信封，故稱夾信子溝。

解放屯，建於光緒十五年（1889年）。原名王大院，偽滿時為偽警察五分所，又稱五分所。解放後改稱解放屯。

樓街鄉葦塘溝屯，建於宣統元年（1909年）。因屯子東側溝內葦子比較多而得名。

慶陽鎮中央堡村，建於宣統元年（1909年）。原名腰牌，後因中央堡鄉政府設在此地，改稱中央堡村。

▲ 中央堡村

輝南民間故事和傳說

鑼開道的傳說

　　相傳清乾隆年間，乾隆皇帝率文武官員東
巡，途經輝發地域。當時輝發地域被清廷封禁
上百年，山高林密，人煙稀少，荊棘叢生，無
路可尋，東巡隊伍在崇山峻嶺中轉悠兩天也沒
找到出路。乾隆帝鞍馬疲勞，便讓隊伍停下
來，派出人馬尋找嚮導。隨從們在一處山腳下
找到了正在打獵的馬發。乾隆一見馬發龍顏大
悅，讓他鳴鑼領路。大隊人馬翻山越嶺來到輝
發河邊。馬發奏道：「此河叫輝發河，臨河而起
這座山是扈爾奇山，乃是明末海西女真輝發國
的都城，後被太祖所滅。陛下順河而下，兩日

▲ 馬發像

就到船廠（今吉林市），我就在這裡和皇上告別了。」乾隆道：「你引路有功，
要朕賞賜什麼？」馬發想：金銀財寶和高官厚祿我都不希罕，只有輝發山風景
秀美，水源豐富，地肥林茂，易耕易農，易漁易獵，是個好地方。便說：「如
果陛下一定要獎賞我，就請把這輝發山賜給我。」乾隆當即把輝發山封賜給
他，馬發謝恩而去。

　　馬發走後，邊官道奎對乾隆說：「輝發山地勢險要，易守難攻，馬發一不
要官，二不索財，唯獨偏要此山，恐有嘯聚山林叛逆謀反之意。」乾隆沉思一
會兒，遂令追殺馬發。馬發死後屍體不倒。乾隆聞報，覺得錯殺了馬發，追悔
莫及，盛怒之下，罷免邊官道奎之職，發配寧古塔，並追封馬發為引路侯，以
厚禮葬之，在輝發山頂敕建馬發廟（俗稱鑼開道廟）。此後，當地人們紛紛來

祭祀馬發，香火不斷。

馱佛鱉的傳說

古時候，輝發河裡有一個成精的大鱉。這個老鱉喜怒無常，每當它心不順發脾氣時就興妖作怪，把水推出河床，淹沒良田，沖毀村莊，給兩岸人民帶來災難。人們無力與鱉精抗爭，只好燒香拜佛，求助上蒼。大家的誠意感動了一位佛主，下界來勸說鱉精改惡向善。這位佛主扮成一個化緣的和尚，來到輝發河邊，求鱉精把他馱過河去。

大鱉聽了和尚的請求，便心生歹念，想游到河中間把和尚翻下水去，好飽餐一頓。大鱉爬上岸來，讓和尚坐到它的背上，然後下水橫渡而去。在鱉背上，和尚苦口婆心地勸誡老鱉要安守本分，棄惡從善，皈依佛門，不要再做危害百姓的事情。大鱉一聽，心裡很不高興，一側歪身子把和尚翻下水去，回頭就想一口吞下。這時，佛主現了原形，飛上天空，頭頂祥雲，身坐蓮花，周圍百鳥簇擁。鱉精一看大事不好，想遁水逃走，只見佛主把手一招，一條巨龍從天而降，直奔大鱉。鱉精趕忙把頭縮進殼裡，沉入水底。巨龍窮追不捨，一下潛入水中。這時，輝發河上波濤洶湧，電閃雷鳴。不多時，鱉精抵擋不住，敗下陣來，浮出水面，巨龍隨即化作一座大山壓在鱉精身上，從此鱉精再也不能為非作歹了。

人們根據這個傳說故事，把輝發河西岸的屯堡起名為馱佛鱉。後來，這裡的人感到這名字不雅，遂用諧音改為托佛別，解放後村名改為興隆村。

小參童的傳說

很久以前，輝發山一帶有一個古老的傳說。相傳山下住著一位勤勞樸實的張老漢，他家世代靠耕種為生，一年到頭含辛茹苦，但仍交不起山霸的山租田賦。張老漢年近五旬，膝下有一小女，芳名秀秀，生得端莊秀麗，楚楚動人。父女倆相依為命。不料，秀秀的姿色引來了山霸王大愣的歹意。這一年年關已近，山霸王大愣帶著兩個狗腿子找上門來討租。見老漢交不出，便故意刁難，

揚言三天之內若不交上一棵上好的人參，便要交納十兩黃金。否則，要他女兒抵債。被逼無奈，老漢來到山上，眼望著一片冰天雪地，心想寒冬臘月哪裡會有什麼人參！一陣心酸，不忍心看著女兒以嫁抵租，便解下腰帶掛在樹上想要自盡。忽然，眼前一片金光，轉眼間地上長出一棵紅花綠葉的大人參，老漢驚喜萬分。他迅速挖出了這棵白胖胖的人參，疾步向山下走去。老漢剛剛來到山下，眼前又出現一片金光。他有些疑惑不解，心想我是在做夢吧！想著想著，眼前呈現出一片火紅的高粱。老漢走上前順手捋了一把揣在懷中。老漢回到家中，向女兒述說山上山下發生的怪事。說著便拿出人參和米粒，不料那把米粒變成了黃橙橙的金豆子。爺倆兒正欲歡歡喜喜度年關，山霸王大愣又帶人來催租，老漢不得不交出金豆和那棵人參。山霸見此，賊溜溜的眼珠一轉，硬說窮光蛋偷了他家的錢財寶物，舉手就打，逼得老漢只好說出真情。山霸聽完寒冬臘月能挖參，高粱米粒變金豆的怪事後，貪心陡起，立即帶人去輝發山採金豆。當他們來到山下一看，果真有一片火紅的高粱，迎著漫天飛舞的大雪。風吹雪飄，眨眼的工夫高粱穗都變成了金穗，饞得王大愣直淌口水，立刻叫人動手採集。他們採滿一筐又一筐，裝滿一袋又一袋。然後，又帶人去山上找寶，好頓折騰根本不見什麼寶物，只好帶著半喜半怒的心情返回家中。王大愣把剛剛採回的金珠金粒，小心地放進大櫃裡，還沒等他關箱上鎖，那些金珠金粒就都變成了羊糞蛋兒，臭得他好頓噁心。接著山霸又想起老漢的那棵寶參，開啟匣子一看，忽悠一下子跳出一個漂亮的參童，蹦蹦 地就往外走，邊走邊唱：

　　山上有寶三大鍋，
　　不在前坡在後坡，
　　欲要上山來找寶，
　　勤勞人們能獲得。

　　小參童的這段歌謠讓山霸聽得出神，當他聽到最後一句時，氣得暴跳如

雷，一蹬腿便氣死了。後來，人們有時能在山水相映的輝發江倒影裡，看見山上長著一株美麗鮮豔的人參，人們都說那就是小參童。

鎮海石的傳說

傳說很早以前，東海龍王派了幾條小龍來開掘輝發河，想把輝發河和東海連到一起。誰知領頭的黑龍偷懶耍滑，為了省勁兒，把輝發河開通到松花江便完事了。老龍王大怒，貶黑龍守衛輝發河，永不得回東海龍宮。黑龍不服氣，便任意胡為，不是旱就是澇，鬧得河兩岸百姓不得安生，人們叫苦連天。輝發河邊上住著一戶高姓人家，樂善好施的老高頭一看黑龍在這裡興風作浪，便把高呼、高爾、高奇三個兒子叫到跟前，讓他們帶些吃的，到東海去找老龍王告狀。這三個孩子聽從父命，一起上了路。那時候關東地界人煙稀少，林海茫茫，兄弟三人又不熟悉路，只能摸索著往前走，翻山越嶺，泅渡江河，日夜兼程，困了就躺在地上睡一覺，醒來繼續再走。走了七七四十九天，老大高呼省下吃的給兩個弟弟，結果自己連累帶餓病倒了，臨死前告訴高爾和高奇：「要聽從爹爹的囑咐，找到老龍王，除掉黑龍，拯救眾鄉親。」兄弟倆埋葬了哥哥，繼續往前走。又走了七七四十九天，老二高爾也像大哥一樣，把吃的都留給弟弟，自己連累帶餓也病倒了，臨終時對高奇說：「老三，你一定要走下去，代替哥哥，找到東海龍王，拯救鄉親們，完成爹爹的囑託。」高奇埋葬了高爾，一個人繼續往前走。又走了七七四十九天，一下子看到了大海，因為幾天沒吃到東西了，已經筋疲力盡，只好趴在地上往前爬。爬到海邊便大聲呼喊：「東海龍王！東海龍王！快去搭救輝發河兩岸的黎民百姓！」老龍王正在龍宮裡靜坐，忽聽岸上有人大叫，急忙到海邊尋看。老三用盡最後氣力，把黑龍的罪孽講完，也慢慢閉上了眼睛。東海龍王氣得龍鬚倒立，立刻派兵到龍宮搬出一塊鎮海石，率領兵將火速趕到輝發河，指揮兵將把鎮海石壓在了黑龍的腰眼上，使它再也不能抬頭擺尾，興風作浪了。從此，輝發河兩岸風調雨順，百姓們為紀念高家哥仨，就把這塊鎮海石叫作呼爾奇山。不知又過去了幾千

年，海西女真輝發部南移，見此山風水極好，地勢險要，便在此建築王城。從此呼爾奇山易名輝發山，一直傳到今天。

三劍峰的傳說

在三角龍灣的西岸，聳立著三塊巨石，人稱「三劍峰」。它們臨水而立，猶如三個劍客擎著三支衝天利劍，守護著美麗的三角龍灣。傳說這裡原來是一座美麗的大山，山上一片林海，鬱鬱蔥蔥的樹木遮天蔽日。來這裡採集山貨、藥材或打獵的人們進山時都在樹上留下記號，標明方向，否則就分不清東南西北，迷失方向，找不到下山的路，當地人管這叫做「螞達山」。說也奇怪，善良的人在山上迷路了，夜間山裡就會出現金光，只要你朝著金光的方向走去，就會走出大山。所以當地人都說這座山是座金山，底下藏滿金子，只有心無貪慾和歹念的人，才能看到金光。不知什麼時候，山裡藏金的傳說，被龍王手下一個叫「鱉蝦」的傢伙聽到了，他便勾結一些地痞流氓，拿著刀槍棍棒來到山上，想占山為王，將金山據為己有。當地百姓得知這些歹徒的來意，在張三、李四、王五三位頭領的帶領下，開展了護山鬥爭，把這幫歹徒打得屁滾尿流，狼狽逃竄。

「鱉蝦」的占山陰謀失敗後賊心不死，便使出軟招子：派人拿了金銀珠寶找到了張三家，想收買張三。張三家境貧寒，上有白髮爹娘，下有一雙兒女，還有一個病老婆，確實是需要錢啊！然而，他想的是如果收下這些財寶，就背叛了鄉親，背叛了生養自己的土地，自己不能見利忘義，為眾人所不齒。他正義凜然拒絕賄賂，把來人趕出了家門。賄賂張三不成，他們又開始研究李四。利用李四喜歡喝酒的習慣，帶了一壇上好的瓊漿玉液找到了李四，結果又碰了釘子，被李四趕了出去。李四不成，又打起了王五的主意。針對王五是個光棍，使用了美人計，找了一個漂亮的姑娘，冒充是龍王的孫女，帶著嫁妝找上門來，結果連人帶東西被王五扔了出來。「鱉蝦」無計可施，只好到龍王那去告御狀，誣稱張三、李四、王五等人呼嘯山林，阻止他們體察民情，妨礙出巡

視察云云。龍王一聽怒髮衝冠，派長白山天池黑龍元帥，帶領蝦兵蟹將，殺向金川，卻被張三等眾人殺個人仰馬翻。這時龍王一個謀士舉報了「鱉蝦」招搖撞騙，想霸占金川之事，龍王派員出訪金川，遺憾的是所派之人中了「鱉蝦」的圈套，收了人家的好處，回來竟稟報說是民間爭金糾紛。龍王一聽，說：「那好辦，金子太少，百姓紛爭沒完沒了，我讓那裡的火山爆發，把金子煉成火山渣，既可免去紛爭之戰，火山渣又可賑濟百姓，用它燒灰造宅，築房防寒，豈不美哉！」於是命令火神鑽山放火，熊熊烈火爆發，滾滾岩漿四濺。張三、李四、王五三位頭領正在護衛金川，冷不防火山爆發，他們一面掩護鄉親們疏散，一面堅守崗位，結果被燒成了三尊石峰，像是三把利劍指向天空，被人們稱為「三劍峰」。

烏沙灘的傳說

在三角龍灣與小島對應的東岸，有一片由黑色火山沙礫組成的淺灘，人稱「烏沙灘」。每逢旅遊季節，遊人身著各色的民族服裝，成群結隊地聚集在沙灘上，輕歌曼舞、吟詠演唱、行拳練劍、集會野餐。據說這塊沙灘是很久以前王母娘娘日光浴的地方。有一天，東海龍王陪著王母娘娘到長白山天池游泳，從天池水中出來，只見「天女浴躬池」的大石碑，卻找不到一個合適陽光沐浴的地方，王母心中悶悶不樂。東海龍王見狀，立即讓駐守在長白山的天池龍子找一個幽靜沐浴之處。龍子不敢怠慢，馬上吩咐手下人四處尋找，發現三角龍灣是個理想的地方。湖西岸奇異山石林立，四周山嶺環抱，綠樹成蔭；碧藍的湖中還有一座孤島點綴。湖東岸，有塊黑色沙灘，是火山爆發後沒有燃盡的火山渣堆積形成的，雖然面積不大，但環境怡人，四面山花環繞，林中曲徑通幽，簡直像個世外桃源。王母娘娘到龍灣一看，非常滿意，於是就把浴場選在這裡。每次到天池沐浴，都要到這裡住上幾天才返回天庭。天池龍子見沙灘太小，就派了八八六十四萬蜊蜊蛄和九九八十一萬螞蟻前來，開山的開山，運沙的運沙，平地的平地，足足忙碌了六六三百六十天，開出了一片大沙灘。不但

王母娘娘來，眾仙女們也來，每年的農曆五月初五和七月初七這兩天，她們都會到這裡聚會。她們把天上優雅的樂曲帶給人間，再把人間的溫馨的樂曲帶回天上，其樂無窮。

虎爪岩的傳說

在三角龍灣北岸山上，有一塊裸露的岩石，它像一隻虎爪，狠力地踩在一塊巨石上，因此，這裡的人們都叫它「虎爪岩」。

相傳很久以前，三角龍灣旁邊的龍灣堡住著十多戶人家，他們靠著種田、打獵、捕魚為生，日子過得很安靜、舒心。在村東頭，有一戶姓高的人家，家裡有一個女兒名叫高文鳳，姑娘長得瓜子臉、柳葉眉、櫻桃小嘴，一雙水汪汪的大眼睛，臉上還有兩個小酒窩。姑娘不但人長得好，人品更好。那堡裡上了年歲的老人，沒少得到她的幫助和照顧。文鳳是個孝女，把爹娘照顧得無微不至，幫著母親操持家務，跟著父親下田勞動。她家在一個小山坡上種了一片黃煙，蒔弄煙葉的事兒，是文鳳姑娘的拿手活兒。每當煙花盛開的時候，她站在花叢中，就像仙女下凡一樣。因此，有人叫她「煙花仙子」。

文鳳姑娘與本村小夥龍飛虎相愛，兩人青梅竹馬，感情很深，隨著一天天長大，盼著有一天拜堂成親，喜結百年連理。然而，天有不測風雲，火山爆發後的龍灣水中，有一個龍頭怪獸為非作歹，它的幾個嘍囉呢，更是無惡不作。其中一個名叫火山妖的傢伙什麼壞事都幹，當它發現文鳳姑娘生得美麗，便冒充外村的財主，託人做媒，以數不盡的金銀財寶相許，被文鳳拒絕以後，便惱羞成怒。一天它悄悄爬進菸草地，想在這裡把文鳳抓進龍灣當妻子。當文鳳和飛虎來到煙地採摘煙葉時，火山妖忽地從菸草叢中躥出來，噴出一股毒霧，隔開了文鳳和飛虎，把文鳳一把抓住騰上半空，直奔龍灣而去。飛虎一見不好，奮不顧身地拔起一棵大樹追了上去，他憑著日常打獵練就的爬山、攀樹的本領，與火山妖廝打起來。火山妖氣急敗壞，口中噴出大火，頓時火光衝天，地動山搖，忽然一聲巨響，文鳳、飛虎、火山妖全無了蹤影。只見一大塊紅色的

物體從半空中掉了下來，落在了北岸。人們趕來觀看，山坡上煙田被毀壞了，只有一隻被燒焦了的虎爪踩在一大石頭上，人們說這塊石頭是火山妖，被虎爪壓在水中，永遠不能興風作浪，危害百姓。為了紀念飛虎除妖，人們把這塊石頭取名為「虎爪岩」。

黑龍石的傳說

在三角龍灣的西岸，有一個孤立岸邊的花崗岩石蛋，人稱黑龍石。相傳很久以前，東海龍王受玉皇大帝的旨意，陸續向長白山天池以及各處大小龍灣派了龍將。派到三角龍灣的黑龍駐守在龍灣岸邊，主管著陰晴旱澇、祛邪消災。一時風調雨順，百姓安居樂業。黑龍非常敬業，關注民生，經常扮成各色人物，深入民間，訪查民情，瞭解百姓疾苦，懲治作惡的不法之徒。由於黑龍治理有方，來龍灣進香的、求子的、看病的絡繹不絕。一些心懷叵念的人，看到了偏門，有人裝神弄鬼，鼓搗出跳「大神」、搬「桿子」之類的事來，詐騙人家的錢財。有一天，村上的人奔走相告，說上天派來個神仙，法號「雲游道人」，說他上知天文，下悉地理，通曉人生三世因果，能治百病頑疾；又說他給王母娘娘治過眼病，還給玉皇大帝治過腳氣。他的到來樂壞了村前嶺後的巫婆神漢，忙壞了「搬桿子」的「二仙」，他們趁火打劫，欺騙村民，詐騙錢財，使許許多多老實人傾家蕩產，人財兩空。黑龍得知這些情形，決心為民除害。他變為一個大力士，聯絡了村中一些不聽邪不信神的村民，抓住了那妖道。為了讓百姓看清真相，黑龍給妖道出了三道題：一是把妖道鎖在屋內，看他能不能雲游出去，結果他一夜沒出去；二是放在井裡淹；三是放在火上烤。那道人連連求饒，並把騙來的財物都退給了村民，自己則滾回了老家，巫婆神漢也樹倒猢猻散了。黑龍挫敗了妖道，更加體察到老百姓病痛之苦，便變成一個老郎中，走屯串戶為人們診脈治病，並教百姓識別當地的草藥和藥性，採來治病，受到了百姓的愛戴。長期以來，金川鎮、石道河鎮等地的村民每年都要上山採集各種草藥，據說這種習俗就是從黑龍開始的。黑龍變成郎中後，一直

住在龍灣邊的草屋裡，人們每天都能看到他到山上採藥。有一天，人們突然發現草屋不見了，老郎中也無蹤影了，草屋的地上，只有一花崗岩石蛋，孤立於龍灣西岸。有人說這石頭就是黑龍化成的，它可以消災祛病。於是，人們便稱這個石蛋為「黑龍石」，每年端午和八月節，當地人都要來到「黑龍石」旁，撫摸這個石蛋，祈盼它給自己帶來好運。

旱龍灣的傳說

在輝南的龍灣中有一個旱龍灣，其實旱龍灣並不是沒有水，這裡有個淒美的傳說。

很久以前，一家人娘倆來到這深山老林。時間過得很快，轉眼兒子長成了小夥子。做娘的見兒子一年年的長大，既高興又犯愁。孩子大了娘高興，可說不上媳婦卻是娘的心病。漸漸地，做娘的為兒子說不上媳婦愁得病倒了。兒子端飯送水採藥伺候娘，可娘的病卻一天重似一天。有一天，娘倆坐在屋裡嘮上了，娘說：「兒呀！娘的病是不能好了，娘的病是心病，你說不上媳婦娘快愁死了。」兒子說：「娘啊！咱住這深山老林裡連個人影也見不著，上哪說媳婦。再說，誰家的姑娘能從山外嫁到山裡來哩？」娘打了個唉聲說：「我看來真是要死了。」兒子聽到這兒淚水就流下來，轉身出門坐在龍灣邊大聲地哭起來。他正在傷心地痛哭著，身後突然傳來一個女子的說話聲：「大哥，你哭什麼呀！」小夥子一回頭，身後站著一個十八九歲的大姑娘，忙止住哭聲，不言語了。這個姑娘說：「大哥，你的事我全知道了，我願意嫁給你。」小夥子忙說：「這，這不行，你住不慣這深山老林……」姑娘搶著說：「住得慣，再說，娘的病這麼重，你就眼睜睜地看著她老人家病死、愁死呀！」小夥子一時說不上來。姑娘一把拉起小夥子就走。於是這小夥子就和這個姑娘結為夫妻。他娘的病也好了。一家三口和和美美的過日子。一轉眼三年過去了，男耕女織，打漁、採藥，過得挺順心。

忽然有一天狂風大作，暴雨傾盆。外邊有人喊：「五龍女你出來。」娘就

問：「媳婦，你是龍女？」姑娘說：「娘呀，我是五龍女。龍王叫我看守這火山口湖，我為了救你的命，違抗父命，嫁給了大哥，看來，今天的禍是躲不過去了。」娘說：「孩子，你別怕，我去向龍王求情。」老太太說完，推門出去跪在地上央求：「龍王呀，龍女為了救我的命進了我的家門，你就饒了她吧！」龍王怒道：「不關你事，叫龍女回家是我的事，再說下去別怪我無情。」老太太看求情不行，一頭扎到龍灣自盡了。正在這時小夥子回來了，見到娘投了龍灣，也知道了自己的媳婦是五龍女，也跪下求龍王放他們一條生路。龍王更怒，說：「告訴你小子，再不放龍女回家，連你們這一帶的百姓我都要殺了。」五龍女聽到這裡，知道父命難違，趕緊走出來說：「父王，是我違反了天規，與別人無關，你就饒了他們吧！」小夥子一把拽住五龍女大叫著：「我不讓你走。」龍女說：「我與你的緣分盡了，千萬別去找我，去了你就沒命了。」雲裡傳來龍王的罵聲：「賤丫頭，還不快走！」說著一陣狂風捲走了五龍女。小夥子見娘死了，媳婦也沒有了，就放了一把火燒了自己的家，自己翻山越嶺去天池找媳婦去了。小夥子用了一年的時間，翻過九九八十一座山，踏過七七四十九條河，終於到了天池，他見媳婦心切，一次次闖龍宮，都被趕了出來，最後碰死在長白山的石頭上。自從五龍女走後，龍王下令三年之內不給龍灣降雨，龍灣連續三年大旱，老百姓管這件事叫「旱龍灣」。

金龍頂子與大龍灣的傳說

從前，當地有個大地主，占有田畝無數，雇了許多夥計給他種地。其中有一個小夥子名叫金龍，身強體壯，五官端正，非常英俊而且能幹。他性格特別倔強，遇有不順心的事，就敢和地主頂撞。老地主拿他也沒辦法，因為愛惜他那把好活計，就把他留在院裡打雜。地主家男男女女二三十口人，其中二小姐叫龍女，長得最美，心地又善良。地主家的規矩挺嚴的，平時不准女人外出大門，不許她們與長工接觸。可是，金龍是在院心幹活的長工，總免不了要與地主家人見面，時間長了，一來二去也就和二小姐熟悉起來。其實，二小姐打心

眼兒裡早就喜歡上金龍了。有時，金龍藉故見到二小姐說上幾句不痛不癢的話，二小姐也找因由偷著送些好吃的給金龍。

哪有不透風的牆，金龍和龍女的來往，漸漸地被地主察覺了。不由分說把二小姐軟禁了起來，只許在閨房裡讀書、刺繡，不得走出一步，把金龍也趕出院心，讓他跟大幫夥計到地裡幹活。人雖然被隔開了，心卻貼的更緊了。金龍在地裡哪裡有心思幹活，整天無精打采，心裡總像缺點什麼；二小姐呢，更像丟了魂似的，惦記著金龍，吃不下飯，睡不好覺，哪還有心思讀書、繡花呢！兩人就這樣度日如年。秋天到了，打下糧食一車車、一擔擔送進地主的糧倉裡。老地主看到豐收了，心里美滋滋的，整天忙著收租啊、逼債啊，把二小姐和金龍的事就放鬆了。金龍趁機找到了二小姐，一個窗外，一個窗裡，商定找機會外逃。

八月十五中秋節，老地主為了慶賀豐收，特擺酒席召集全家人賞月，二小姐也被放了出來。老地主一高興也就多貪了幾杯，有些醉了，席散時已是午夜，各自回房休息。二小姐心裡有事，趁人不備偷偷告知金龍，稍做準備，連夜逃走。他們出了村子一直向東走去，走了三天三夜，來到了金川這裡。當時，這裡山高林密，渺無人煙，沒有棲身之地。身上的衣服刮破了，攜帶的糧食吃光了。這一天，二小姐實在走不動了，坐在地上休息。金龍說：「龍女，我還是送你回去吧，不要再跟我遭罪了。」二小姐堅定地表示：就是死也要死在一塊，絕不回去。就這樣，二小姐坐那裡哭了七天七宿，眼淚變成了大龍灣，而後死去了。金龍寸步不離地站在死去的龍女身旁守護著，變成了後來的金龍頂子。兩人從此永不分離了。

三角龍灣的傳說

輝南縣金川鎮東南的深山密林中，有一火山湖，名叫三角龍灣。水深三十六根煙繩探不到底。湖面靜得沒有一片樹葉，湖水一年四季不漲不落。龍灣西側有一豁口，緩坡而下，東、南、北岸山崖陡峭，怪石嶙峋，奇松蔽日，煙霧

繚繞。碧水映著青山、映著藍天，宛如仙境一般。

關於三角龍灣還流傳著一個美麗的傳說。相傳火山噴發後，隨著草木的再生，龍灣一帶出現了一隻龍頭怪獸。它力大無比，吼聲震天，常常出沒山林傷害百姓，鬧得山民驚恐不安，徹夜不眠。一天，十幾戶山民湊到一起商議要除掉這隻怪獸。王家三兄弟自告奮勇要為民除害。當夜，山民們為三位勇士敬上三大碗山果酒和人參壯力湯。然後，敲起樹鼓，點燃篝火，狂舞一番，按照山裡人的規矩和風俗為三位勇士送行。王家三兄弟披星戴月，跋山涉水，來到了龍灣。經過幾天幾夜的尋找，終於找到了那隻凶殘的怪獸。怪獸發現了王家三兄弟，頓時獸性大發，一聲吼叫，聲嘶力竭地向他們猛撲過來。三兄弟毫不畏懼，各自掄動起手裡的傢伙同怪獸搏鬥，打了三天三夜，他們已是筋疲力盡，遍體鱗傷，眼看就要被怪獸吞掉，正在這危機時刻，突然從空中飛來一顆閃閃發光的寶珠，落在怪獸身上。寶珠隨著閃光越長越大，很快長成一塊巨石，把怪獸死死地壓在了底下。驚奇之中，三兄弟抬頭望去，見半空中有三位頭頂紅珠，身著綠裙，腳浮雲紗的妙齡參女，正在向他們點頭微笑。三兄弟歡喜地起身相迎，怎奈過度的疲勞，身上汗水如泉湧，頃刻間火山口變成了火山湖。當最後一滴汗流盡時，一陣清風吹來，三兄弟的身軀變成了龍灣岸上的三座山，那硬骨健肌就是斑駁蒼勁的岩石，那遍身的傷痕就是綠茵苔蘚，那滴滴血跡就是芬芳吐豔的映山紅。那顆鎮妖寶珠已成了龍灣潭中巧奪天工的小島。風停林靜，山民們來到龍灣，看見三座山峰上分別有株紅光閃爍的人參，幾隻棒槌鳥在盤旋。傳說每逢夏季的夜晚，常常能聽到龍灣石峰的三位參女與三兄弟的竊竊私語，語聲輕輕，語意甜甜。從此，龍灣一帶的山民們過上了平靜安寧的日子。

大龍灣的傳說

在著名的輝南龍灣群旅遊區內，大龍灣以她神奇的傳說吸引著遠方的遊客。

相傳古時候，參天古樹擁抱的大龍灣，被一惡龍霸占。惡龍興風作浪，並經常變成一個黑臉討飯婆，出沒於大龍灣附近的崇山峻嶺中，殘害百姓，殃及生靈。武當山慈善道人，此時正雲游長白山，發現惡龍作惡多端，為挽救一方生靈，作法搬來鎮龍石鎮在龍灣岸邊。從此惡龍再也不敢出來禍害百姓，大龍灣附近年年風調雨順。如今鎮龍石仍屹立於深潭南岸，成為旅遊者觀賞的一景，每當濃霧繚繞時，隱約可以看到似龍非龍之物在空中時隱時現，令人稱奇讚歎。湖北岸的龍宮洞為巨岩上的天然石穴，洞深達十餘米，寬約二十米，高三米，傳說慈善道人當年就在此洞普濟眾生。中國道教協會理事震陽真人曹信義曾在此修行多年，如今震陽真人雖已去北京白雲觀，但他和他的弟子的書畫真跡在洞內外到處可見。

龍女和參娃的傳說

傳說古時候，東海龍王的女兒常到長白山一帶行雨，她聰明、善良、美麗。她所管轄的長白山區年年風調雨順，樹木茂盛、百寶叢生。

一天，龍女正在雲中行雨，忽然發現在浩瀚的林海中，有一顆三角形的綠色寶石閃閃發光，她收住雲頭，急忙向閃光的地方飛去。原來在這崇山峻嶺中有一個三角形的深潭，濃綠的潭水在陽光照耀下金光閃爍。深潭西側石峰叢立，潭邊群山倒映，奇花異草，競相開放，百鳥爭鳴。潭心有一小島，小巧玲瓏，白似碧玉，在濃綠的潭水輝映下特別好看。龍女飛到深潭之中。石島上，有一蒼勁的古松，奇花異草和各種名貴藥材長滿小島，在蒼松下，長著兩棵大山參，兩朵拳頭大的人參花在微風下輕輕地搖動。龍女一看就認出，這兩棵人參是經幾百年風雨的人參精。龍女正在端詳這兩棵人參時，忽然人參不見了，在一片紅光中，出現了兩個胖胖的娃娃，戴著紅兜兜，笑嘻嘻地望著龍女。她高興極了，張開雙臂抱起兩個人參娃娃，親親這個，又親親那個。龍女和參娃娃玩了一陣，要走的時候兩個參娃娃抱住龍女不放。龍女喜愛參娃娃，也愛這三角深潭的風景。她就和參娃娃住在這裡了，這深潭也就成了三角龍灣。

在三角龍灣南邊，住著一戶人家，母子二人，相依為命。兒子叫王小三，是個誠實忠厚的小夥子。他每天上龍灣西側石峰上採藥。有一天，他正在攀著藤蔓向石峰上爬，忽然聽到背後響起一串銀鈴似的孩子笑聲。他忙回頭向下張望，發現潭心石島上有兩個胖娃娃向他笑，小三高興極了，急忙向孩子招手，孩子也向他招手。就這樣，小三每天都要站在灣邊，隔著灣水和參娃娃打一會招呼。小三很喜歡兩個參娃娃，一天見不著就想得慌。

　　自從龍女在三角龍灣住下之後，仍按時行雨，有時和其他姐妹出去玩，她總擔心參娃娃的安全，於是派三角龍灣裡的黑魚精守護著兩個參娃娃。有一天，龍女被其他姐妹請去做客，剛離開三角龍灣，從東山密林裡就鑽出一個人來。這個人佝僂著腰，骨瘦如柴，長著一副猴兒臉。別看他模樣不濟，卻長了一對惡鷹一樣的利眼，有一套能看風水識寶地的能耐。這人名叫刁財。他有驢、馬、牛蹄三件寶，專門能興妖作怪。為了尋找稀世珍寶，獻給皇帝，他不遠萬里，跋山涉水從南方來到關東。他鑽進深山老林也沒碰到奇寶。來到三角龍灣後，他一眼看出這是塊風水寶地。根據他的經驗，有寶之地必有護衛。不是有斑斕猛虎，就是碗粗毒蛇。他在三角龍灣西側石峰下找一個藏身石洞，兩隻鷹眼死盯著孤島。一天，只見紅光一閃，石島上出現兩個胖娃娃，你追我趕地玩耍。「棒槌！」刁財不禁一聲嚎叫，兩個胖娃娃轉眼不見了。石島四周浪花翻騰，這時有一條像小船大的黑魚圍著石島箭一般的游著。「不好，這是黑魚精。」刁財心想：要逮住那兩個棒槌精，必須先斬了黑魚精。他摸摸三個蹄子，高興地說：「還得用三件寶啊！」可是，用三件寶在山上隨身一帶就行，下水可不行，得有一人在水面上傳遞呀。在這深山老林上哪找個幫手呢！把刁財急紅了眼。說也巧，這時小三從西峰砬子採藥回來，走到龍灣邊又向西島望去，不見兩個胖娃娃，心中納悶。就悶悶不樂地背著藥材往家走。刁財一見山下來一個棒小夥子，心中大喜：真是蒼天有眼啊，天助我求寶當官啊！刁財叫住小三。他見小三老實憨厚的樣子，高興極了，心想：我好言好語把你喊住，單等得寶之後把你推進龍灣，寶就全是我的了！於是，他假惺惺地對小三說：

「石島上有兩個棒槌精，要想得寶，得先斬黑魚精，你只要助我一臂之力，事成之後，咱倆二一添作五各分一半！」小三明白了，原來石島上的胖娃娃是棒槌精。聽到這個乾瘦老頭要逮兩個可愛的胖娃娃，氣得要命，就說：「我不幹！」刁財一聽凶相畢露，張牙舞爪地說：「你要不幹，我只要用驢蹄向你一指，就要你的命。」小三眼珠一轉，假裝答應他，好見機行事，搭救參娃。刁財佝僂著，從腰中布袋裡掏出驢、馬、牛蹄三件寶。他把驢蹄放到水裡，嘴裡一嘟嚷，驢蹄轉眼就變了一隻小船。他讓小三坐到船上，又把馬、牛二蹄遞給小三說：「一會兒，你坐船向小島划去，我下到水裡，待到水裡起浪花，我從水中伸出手來，你可不要害怕，第一個先向我手裡扔馬蹄，如果第一次斬不了黑魚精，第二次你向我手心扔牛蹄。」然後，刁財還惡狠狠地說：「千萬別扔錯了！」小三點了點頭。

　　小三划船向小島奔去，離小島有一箭之地，忽然龍灣水開了鍋，浪花騰起，小船就像一片樹葉，隨浪飄蕩。霎時，龍灣水由綠變黑，黑得如墨。龍灣上空烏雲翻滾，雷電交加，震耳欲聾，瓢潑大雨傾瀉而降。小三在船上藉著閃電，發現一隻巨手伸出，形似簸箕，長滿了長毛。小三想：你讓我扔馬蹄，我偏扔牛蹄。於是，他揀起牛蹄扔到水裡。浪越來越高，雨越下越大，藉著閃電，小三看見一個血淋淋的牛頭在紅水上飄蕩。這時小船被巨浪拋到小島旁邊，小三發現，在像血一樣的紅水裡，伸出一隻像小簸箕似的巨手，這時小三已拋開小船上了石島，把手裡的馬蹄扔到了石縫裡。巨手接不到馬蹄，尖尖的手指在水中到處劃拉，一下勾住了石島東側的石板上，死死地扣住不放。過了大約一個時辰，五個手指一鬆，「撲通」一聲掉進了龍灣裡。如今，那石板上依稀還能看出五個石坑。小三扔進石縫裡的馬蹄長成了一棵黑乎乎、粗巴巴的柞樹。巨手掉進龍灣，轉眼工夫雲消霧散。這時，石島上百花爭豔，異香撲鼻。一眨眼工夫，在百花叢中站出來一天沒見的兩個胖娃娃，小三高興極了。一個胖娃娃抱住小三的大腿，另一個拉住了小三的手，那個親熱勁兒就不用說了。小三和參娃娃玩了陣，轉頭一看，日斜西山，急忙向參娃告辭。可是，小

船已無影無蹤，石島四周靜悄悄的，他不會水，上不了岸，急得小三傷心地哭了起來，參娃也急得乾瞪眼，沒有辦法。

再說龍女玩耍歸來，黑魚精急忙稟報了小三幫他大戰刁財的事。龍女聽到參娃安然無恙，從心裡感激小三。這時龍女聽到島上有人哭泣，急忙出水觀望，發現一個英俊的小夥子在石島上啼哭。近前一看，原來是她心中敬慕的小三。她急忙來到小三身邊。小三只是低頭抽泣，沒發現身邊的龍女，龍女輕聲叫道：「大哥不要傷心，龍女特來幫助。」小三抬頭一看，不禁大吃一驚，月光下，站著一個比天仙還美的姑娘。小三急忙站起來向龍女施禮問道：「大姐家住哪裡，為何深夜孤獨一人來到這裡？」龍女道：「我本是龍王三女，因迷戀此地風景和參娃，住在這裡，看到小三哥誠實善良，特來相會。」這時兩個胖胖的參娃在花叢中跳了出來，一邊跳一邊說：「龍女善良小三心好，快快成親白頭到老。」說完一個摟住龍女的脖子，一個摟住小三的脖子要他倆拜天地。龍女羞澀地低下了頭。小三勇敢地拉住龍女的手說：「你就做我的妻子吧！」龍女順從地點了點頭。月兒高掛長空，龍女向龍潭一指，一隻小船停泊在潭邊，小三領著龍女回到家中。頭髮斑白的老母親正倚著家門向遠處眺望，忽然發現兒子帶回一個美麗的姑娘，他倆到母親面前，雙雙施禮，齊聲叫她「母親」，可把老太太樂壞了。從此，一家三口和睦相處，共享天倫之樂。龍女依舊布雲行雨，小三依舊上山採藥、打獵。為了讓三角龍灣更加美麗，龍女還從長白山各處採來各種花草、藥材栽在三角龍灣四周，把三角龍灣打扮得比天上的瑤池還美呢！

鳳爪嶺的傳說

鳳爪頂坐落在龍崗山脈老嶺西麓輝南縣石道河鎮境內，是通化、吉林、白山三市，輝南、靖宇、磐石、樺甸四縣（市）的結合部，自古就有「眼觀三地風景，耳聽四縣雞鳴」之說。這裡山高林密，海拔五百至八百米之間，終年氣溫 4.1℃，年降水量七百六十毫米，土質疏鬆肥沃，含有豐富的腐殖質，植被

為針闊葉混交林，鬱閉度〇點五至〇點八，是野山參生長的最佳生態環境。

相傳這裡原是太上老君的「藥園」，生長天麻、貝母、五味子、野山參等六百多種名貴藥材，有一棵千年的老參王到這裡落戶，領著他的參娃們整天在山上嬉戲。一天，太上老君命巡山的金翅鳳凰來拿它回去煉丹，老參王見勢不妙便一頭扎進土裡，金翅鳳凰一爪下去，抓起的土變成了幾道峰嶺，於是後人便給這些峰嶺叫做「鳳爪頂」。

為了躲避金翅鳳凰的追拿，老參王帶著他的子孫隱藏在「鳳爪嶺」的溝溝岔岔裡，輕易不敢露面。一天飛來一隻棒槌鳥，滿山呼喚老參王，老參王小心翼翼地伸出頭來和棒槌鳥見了面，他們約定以後只要聽到棒槌鳥的叫聲，就是金翅鳳凰飛走了，老參王就可以讓子孫們從地下走出來，接受陽光的沐浴和風雨的洗禮。從此，每當聽到棒槌鳥的叫聲，老參王就領著參娃出來。日復一日，年復一年，長白山區的人參大都被金翅鳳凰抓去獻給太上老君煉丹了，只有「鳳爪嶺」的老參王和它的子孫們在棒槌鳥的保護下，生存下來，而且越來越多，越長越好，使輝南縣成為「中國野山參之鄉」。

青頂屯的傳說

在輝南鎮的東南方，有一個不太大的屯子——青頂屯。說起青頂屯來，還真有些說道。每逢下大雨的時候，屯後的山上就會傳出嗚嗚的類似女人哭泣的聲音。雨後還會「噼噼啪啪」響一陣。這聲音能傳出好幾里地。

屯裡有一戶姓李的人家，一家三口：老兩口兒和一個漂亮的女兒玉花。這玉花的漂亮在遠遠近近的村屯裡是聞名的，惹得那些有錢人家的公子哥，像走馬燈似的來求親。玉花連看都不看他們一眼，一個個都灰溜溜地走了。她不愛錢財，不貪富貴，卻偏偏看中了本屯家裡窮得叮噹響的青年吳雙。這吳雙的父親早亡，他和母親一起過日子。他媽早年得了病，沒錢治，瞎了雙眼，什麼活兒都不能幹。小雙可憐母親，什麼活都不讓媽伸手。小雙長得跟黑塔似的，要力氣，他敢和老虎摔跤；要功夫，百步之外一箭射出去說射你的眼睛，不會射

到你的鼻子上，是遠近有名的好獵手。玉花和吳雙的事，兩家老人都很願意，張羅著明年把他們的婚事辦了。玉花和吳雙也都等著結婚那一天了。誰知半道出了岔頭，第二年開春種地後，一滴雨也沒下，河乾了，地裂了，小苗都枯萎了。鄉親們盼雨都盼紅了眼，又是求雨又是殺豬宰羊祭天，可還是沒下一滴雨。眼瞅著沒收成了，人們走的走，逃的逃，四處求生去了。屯子裡除了孟財主家外就剩下十幾戶人家。孟財主錢多糧多，就是三年不下雨，也不損他一根汗毛。老百姓可就不行了，當年沒收成就得要飯，所以叫苦連天。

一天，小雙的母親把兒子叫到眼前說：「雙兒，昨晚龍王爺給我托個夢，說他三兒子小白龍看中了玉花姑娘。如果把玉花姑娘送到小白龍住的地方，就下場大雨解困。如果不送，要大旱三年，讓人們都渴死餓死。孩子，咋辦？」「媽媽，兒子要殺死小白龍，為民除害！」「其實也用不著殺死，只要用箭射瞎他的雙眼就可以了。」「兒子聽母親的話就是。」「那小白龍住的地方，要過七七四十九道梁，八八六十四道嶺，九九八十一座山，路上豺狼虎豹多著呢，你要小心才是。」

「母親放心好了，為了屯鄰和玉花，就是小雙死了，我也要給鄉親們一條活路。」

再說本屯孟財主的兒子孟兆清，聽說吳雙要去殺小白龍，心裡暗自高興。他過去託人去玉花家說過親，被玉花給撞了回來，他倒沒恨玉花，只恨小雙這個眼中釘。他在家中擺好酒菜，吩咐人請來小雙，說是為他送行。正當他們喝得雲山霧罩的時候，孟兆清偷偷地從小雙的箭盒裡拔出一支箭來，麻溜地換上他早已準備好的一支，又裝模作樣地喝起酒來。

小雙上路了，屯裡人都來為他送行，玉花攙著小雙的母親，站在屯頭的山崗上，熱淚止不住流下來。小雙看了一眼玉花沒有作聲，只是默默地給母親磕了三個頭，頭也沒回地走了。吳雙到天池剛要喊，只見天池水咕嘟咕嘟響起來。他好生納悶，一會兒水中露出一隻龍頭，吳雙一看正是自己要找的小白龍，急忙抽出箭來，搭上弓，糟了！原來是麵糰做的箭頭。他頓時明白了這是

財主的兒子孟兆清搞的鬼。正在這時，小白龍突然來了個龍擺尾，一下子把吳雙掃進深深的天池中，然後駕雲向青頂子飛去。再說吳雙走後，孟兆清三天兩頭來糾纏玉花姑娘，玉花至死不從。他就說：「小雙這次去殺小白龍，必死在外！」姑娘一愣，睜大眼睛問：「姓孟的你是在咒他！」孟兆清嘿嘿一笑說：「你說我壞我就壞，為了得到你，我什麼法都用上了。」然後就把如何請小雙喝酒，如何換箭的事說出來。玉花姑娘氣得血直往上湧。她想吳雙死了，自己也不如一死了之，就翻出剪刀，剛要往自己的心口上刺，只聽「咔嚓」一聲窗戶碎了，從窗外伸進一隻大手，像抓小雞似的抓起玉花就跑了。玉花手拿剪刀沒放手，還要往身上刺，這時小白龍說話了：「只要你肯嫁給我，你提什麼事我都答應你。」玉花霎時變得很冷靜，說：「那你先把我放下再說。」小白龍相信了，就停在青頂屯的後山上。姑娘的第一件事要小白龍殺死孟兆清，小白龍答應了。只見他用手向孟兆清家的大院子一指，孟家大院頓時火光衝天，燒得孟家人鬼哭狼嚎。那年月人們喝水都沒有，哪有水救火？就是有水，誰看見財主家起火不高興？眼瞅著房子燒落架，人燒成了灰。然後小白龍又問玉花第二件事是什麼？玉花哭著說：「你得下場透雨我才能跟你走。」小白龍說：「這也好辦。」只見他身子一晃，天空中就布滿了黑雲，不一會兒就下起雨來。大雨過後，草綠了，小苗挺起來了，河溝子的水又淌起來了。玉花看了看雨後的青頂子，對小白龍說：「走吧。」小白龍飛起來，飛到青頂屯上空的時候，玉花掏出剪刀，扎瞎了小白龍的雙眼，疼得小白龍啪啪地直用尾巴，這就是下雨後「噼噼啪啪」響的原因。玉花姑娘扎瞎了小白龍的雙眼，小白龍就把玉花沉到天池底下淹死了。

天福崗的傳說

金龍頂子後崗的棒槌可多了，方圓幾百里的人都知道。每到挖參季節，人們都成幫結夥地從四面八方來這裡放山。這一年，挖參的季節又到了，老張頭帶著他十八歲的兒子山寶，背著小米和挖參工具進了山，在一個向陽傍水的地

方，搭起了馬架子，支上鍋灶，住下來。山寶開始燒火做飯，老張頭拿了把砍刀，就到馬架子附近的一座小山上看看情況。忽然有一隻棒槌鳥唱著「王桿哥哥」的歌飛過頭頂，老張頭抬頭向棒槌鳥飛來的方向望著，琢磨著，不時地點頭，好像在棒槌鳥飛姿及歌唱中發現了什麼似的，急忙返回馬架子，在河溝邊的一塊臥牛石上磨起了砍刀。飯後，老張頭神祕地、蠻有把握地對兒子說：「山寶，剛才我到小南山看了看，猛然一隻棒槌鳥從頭上飛過，我發現這只棒槌鳥是從大棒槌那裡飛來的，這崗上可能有大山貨，咱們爺倆也別歇著了，馬上就到崗子上去找大棒槌吧。」山寶一聽他爹說這裡有大棒槌，急忙收拾了傢伙，拿上索撥棍和參　子，隨他爹到崗上找大棒槌去了。頭一天爺倆一無所獲。第二天一大早，山寶又跟他爹去找大棒槌了。爺倆各拿一條索撥棍子，分道尋找大棒槌去了。

花開兩朵各表一枝，單說說山寶這邊的事。日頭出來老高了，離老樺樹還有挺遠呢。山寶被露水打濕的衣服緊貼在身上，邊走邊用索撥棍撥著草，用心地尋找著人參。他剛爬上小山頭，從他右邊過來一個人，把山寶嚇了一跳，只見那人身材苗條，黝黑的頭上插著一朵紅花，十七八歲的年紀，上身穿著一件紅色的衫子，下身穿一條綠褲子，腳上穿一雙粉底繡花鞋，原來是一個年輕的漂亮姑娘。山寶不好意思地把頭一低，讓過這個姑娘，便又往前走去。山寶到了山頂上的老樺樹下，已是中午了，他爹早就在那裡等他呢。爺倆吃著乾糧。老張頭忽然發現山寶好像在想什麼，想要問一問。山寶一抬頭，眼光正好和他爹的眼光碰到一塊了，尋思他爹看出了他在想什麼，不覺臉一紅，問道：「爹，這山裡有人嗎？」老張頭邊嚼著幹糧，邊答道：「除了崗那邊有幾個同行，這邊就咱爺倆，再沒有別人，你看到人了？」「嗯。」山寶低頭說，「我在下邊小山頭那看見一個姑娘……」「真的，她是什麼樣的穿戴？」

山寶把他看見的情況說了一遍。老張頭不聽則罷，聽了這話，不由得一拍大腿，說：「糟了，一定是大山貨走了……你怎麼沒把她抱住？唉！」說完，起身和山寶一齊回到馬架子。「唉，咱爺倆沒有財命。好了，快收拾回家吧。」

老張頭邊說邊動手收拾東西。山寶只好背著東西和他爹一起往山下走去。天黑下來了，滿天的繁星閃耀在夜空。大約是半夜時候，爺倆走到了一個小山坡下，忽然看見不遠的河對岸有燈光。走近一看，原來是一個地窖子，燈光正從窗戶透過來。老張頭悄悄走上前去，用舌頭尖輕輕把窗戶紙舔破一小塊，用一隻眼睛偷偷往裡一看，只見地窖子的炕上坐著一個銀髮似霜的老太太在做針線，身旁躺著一個姑娘，雖然看不清面孔，不過從姑娘身上蓋的那件紅衣裳可以斷定這姑娘可能就是山寶白天見到的那個，心裡這麼一想，急忙往後退了幾步，又尋思道：這荒山野嶺，除了放山的，哪裡還能有這母女二人呢？說不定就是那大山貨呢？怎麼辦？進去，看個仔細，問個明白。

「打擾了，老人家。我們爺倆姓張，是路過的，想借個宿，請方便方便。」

「留宿倒沒有什麼。」老太太說，「只是你們是男的，我們是女的，不方便呀。」

「那就不打擾了。」老張頭說完，和兒子山寶要走，老太太又說道：「先坐坐，喝點水，歇歇腳再走吧。」

「謝謝！」老張頭說著，和山寶又回過身來，坐在炕沿上。

老太太笑哈哈地說：「你們爺倆能來這裡，可算得上有緣千里來相會……有句話，說出來可別怪我，嘿嘿……」

老張頭也笑著說：「哪裡話，你儘管說就是了。」

老太太笑了笑才說：「你家的這孩子多好哇，不知成親沒有？如果沒成親的話，我情願把我的這個女兒給你的兒子做媳婦，不知你同意不？」山寶一聽這話，紅著臉，低著頭，連大氣都有點不好意思出了。

老張頭一聽，心想：真是踏破鐵鞋無覓處，得來全不費功夫。點點頭笑著說：「多謝你成全，小兒子還沒有定親呢。」

「那就好。」老太太說，「不過得有個條件，我女兒扎的腰帶是她爹活著的時候給她扎的，幾年了也解不開，這回要是山寶給解開了，今晚就可以成

親。」

「好，多謝你——親家。」老張頭說。山寶則低著頭，紅著臉一聲不吱。

老太太一看這情形，連忙說：「那快些吧，趁我女兒睡著，別錯過機會。」

老張頭心想：這娘倆，很可能是那大山貨，只要能把那根紅線穿在姑娘身上，她就跑不了，天一亮就可以得到這個寶。於是也催促山寶快點。

山寶心裡甜絲絲的，不由得在心裡暗暗說：「真沒想到，走這黑道還揀個媳婦來。」連忙說道：「爹都應下了，我聽爹的。」

「那就快把腰帶解開吧。」老太太和老張頭幾乎同時催促說。然後，老張頭向山寶遞了一個眼色，並摸了摸腰，意思是藉機抓住這個大山貨，可山寶沒這麼領會，以為他爹讓他用刀割開腰帶呢。於是，急忙抽出刀來，去割姑娘的腰帶。老張頭一見事不好，就在山寶把刀伸腰帶裡要割的功夫，使勁撞了一下山寶，山寶一抖，挑開了腰帶，只聽「哎喲」一聲，什麼也不見了。

仍舊是繁星掛滿天空，不時地傳來幾聲「光棍好苦」的山雀叫聲，爺倆仍舊在一個小山坳裡。山寶如大夢初醒，叫了一聲：「爹，你在哪裡？」

老張頭一拍大腿說：「山寶，我在這裡。」

啟明星升上了天空，天很快就亮了，老張頭在一棵大槐樹下發現了一個棒槌坑，有一枝槐樹根被割斷了，嶄新的茬。有一個三尺多長半尺粗的棒槌皮在坑邊上，急忙伸手撿起來，說：「山寶，你看，這就是那個大棒槌皮，唉，就這些財分呀。」

爺倆拿著棒槌，來到了樣子哨的「榮寶店」，賣了大價錢。這件事傳開了，人們都說這是「天福」。於是，人們又把金龍頂子後崗改為「天福崗」，直到今天，人們還是管這條崗子叫天福崗。

甘飯盆的傳說

從前大椅山不叫大椅山，甘飯盆還沒叫甘飯盆的時候，這裡住著一戶人

家。那時甘飯盆這個地方一片荒山野嶺，古木遮天，方圓幾十里沒有屯堡。這家人就靠種地、放山過活。

這天，他們打山上回來，正要做飯，突然看見房東頭有一個石頭盆，盆裡裝著熱氣騰騰的米飯。怪了，這兒幾十里沒人家，誰做的飯呢？全家人到處尋找飯盆的主人，找了半天，人影也沒有。大夥兒一合計，先把這飯吃了吧，有人來再說。於是，一家人飽餐了一頓，將一盆飯吃得乾乾淨淨。第二天一早，飯盆又滿了，全家人才知道這是寶盆。從此以後，他們再也不用做飯。採來的藥材，打來的山牲口都拿去換錢，日子越過越好。

有一天，這家的老爺們兒忽然起了貪心，這麼個寶盆，光能出米飯，豈不太可惜了。要是賣給有錢人，能掙一大筆錢，那時候想吃啥沒有？於是，他就偷偷地把石盆運到外地去賣。誰知飯盆裡再也不出米飯，成了一個廢石盆了。他好後悔，可後悔也晚了。這件事傳開以後，很多人都搬到這裡，想等著寶盆再一次出現，時間一久，就建起一個屯堡。為了紀念那個盆，起名就叫甘飯盆。

金山屯的傳說

輝南縣境內有這麼一個村，這個村叫做金山屯。金山屯出金子，每年都有很多人到那裡淘金子。村裡住著一戶挖山貨的人家，老兩口兒年近花甲才喜得一子，可百天之後，孩子的眼睛卻仍然睜不開，老兩口兒發現這孩子的上眼皮特別大。年復一年，孩子長到了十二歲，可眼皮仍是越長越大，走起路來只好用雙手挑起眼皮。有一日，村裡來了一個南方人。人們都說南方人眼睛毒，能看地三尺，果真不假。此人來到村後，白天一步不停地繞著山前後地轉悠。太陽一落山，他便回到謝家店住下。七天過去了，南方人還是圍著山轉個不停，只見他手撓著頭皮，一副愁眉不展的架式。

忽然間，南方人發現了那個用手挑著大眼皮走路的孩子。頓時，他的臉上雲消霧散，大放光彩，南方人把從謝家店帶來的好吃的燒餅都給了大眼皮孩

子。以後的時間裡，南方人每天都是這樣去接近大眼皮孩子，漸漸地南方人便和孩子相處得十分親近。有一天，南方人對孩子說要去家裡串個門，孩子高興壞了。老兩口兒很熱情地招待南方人。濃香的北方高粱酒下肚後，南方人道出了真情。他對老兩口兒說：「老哥哥，老嫂子，實不相瞞，我對孩子好，我有自己的心思，你們知道嗎？」南方人停了停，呷了一口濃茶。老兩口兒當然是什麼也不知道嘍，聽到南方人的問話就更是丈二和尚摸不著頭腦。於是，老兩口兒更想知道南方人的葫蘆裡賣的是什麼藥了。

「告訴你們吧，這座山是座金山，你們的孩子就是開這座山門的鑰匙。所以嘛，我想借你們的孩子用一下，只用一個時辰。以後，你們老兩口兒就再也不用爬山越川地去挖山貨了，這金山，你們子子孫孫花不完，用不盡啊！」老兩口兒當然高興得不得了，滿口應諾。第二天，太陽一冒紅，南方人就領著大眼皮來到山下，圍著山向左繞三圈，又向右繞三圈。然後，讓孩子面朝正東跪下。南方人點著了三炷香，口裡嘟囔著咒語。不一會兒，只聽見轟轟隆隆的一陣悶響，大山穩穩地裂開了，露出了兩扇大石門，門上掛著一把大銅鎖。

這時，南方人便領著孩子朝門走去，當孩子走進銅鎖時，一撩起自己的眼皮，大門便緩緩地開了，山洞裡閃出萬道金光。只見山洞裡有一頭石頭毛驢拉著磨不停地走著。隨著磨的轉動，一粒粒的金豆子就落在磨盤上。南方人只捧起一大把裝進了小布袋，就領著孩子退了出來。當他們剛走出門口，山門又自動地關上了，大山也合在一起。

南方人的心眼兒夠多的，他沒有去孩子家，只是告訴孩子對誰也不要講，過年的這個時候他還來。不過，南方人心眼並不壞，他從小布袋裡取出一半的金豆子放在孩子的衣袋裡，告訴他回家後交給爹娘，路上千萬別貪玩。大眼皮孩子回家後把金豆子交給了爹娘，又把南方人的話說了一遍，老兩口兒一夜也沒闔眼。第二天，老頭兒早早起來，領著大眼皮孩子來到金山前，照著南方人的做法重複了一遍。說來也是怪事，老頭兒沒有唸咒語，可山門也照樣開了，也許那山門已認出了大眼皮孩子就是這山門的鑰匙。老頭兒不顧一切地領著孩

子衝了進去，他讓孩子撐著早就預備好了的大口袋，他便左一捧右一捧地裝啊裝。大眼皮孩子喊著爹爹快走，可老頭兒哪裡還聽得進去。突然，山門隆隆地向一起攏去，老頭兒這才一步一回頭地向外走去。可是已經晚了，門只剩下一條縫，大眼皮孩子的一隻腳剛伸出去，山門便死死地關上了，大眼皮孩子的血流出了山外，流出老遠、老遠。

一年過去了，花又紅了，草又綠了，南方人又回來了。他聽到大眼皮孩子的娘講了發生的事，南方人什麼也沒說，便一步一嘆息地走了。走了一段路，好心的南方人又轉了回來，他告訴老太婆說：「老嫂子，是我害了你的老伴和兒子。唉！人是不能太貪心嘍。老嫂子，山那邊有條小河，那河水是你兒子的血，那河中的沙子裡有金沫子，以後再有來闖關東的人，告訴他們去那裡淘金子。」老太婆抹著眼淚點著頭。

南方人走了，從此再也沒有回來，來到這裡淘金的人越來越多，他們在這裡安家落戶，從此這個村子就叫金山屯了。

輝南鎮的傳說

宣統元年（1909 年），輝南隸屬奉天省海龍府管轄。一九一二年，輝南籌備獨立建縣，選縣址和建縣的事兒全由當時駐朝陽的監督主辦。

可事兒不湊巧，這功夫勁兒正趕上監督的嬌妻身染重疾，不吃不喝，昏睡不醒，遠近名醫都看過了，就是不見病情好轉。監督大人心急如焚，坐臥不安，建縣的事也就顧不得了。正在這節骨眼上，一位久闖江湖的術士路過這裡，此人姓肖字太全。肖太全雖其貌不揚，但卻懂陰陽、通八卦、知風水、曉地理、測字問卜無所不精，對醫道也有很深的造詣。他無意之中聽說監督的愛妻染病，久治不癒，便自薦登門看病。監督大人見愛妻診治無望，也只好整日悲切。當他得知有人竟自告問病，真是喜出望外，覺得此人非等閒之輩。當他見肖先生雖衣著粗布卻貧而不俗，舉止言談謙而不卑，心中也就生了幾分敬意。肖先生見到病人微閉二目，細細地切起脈來。片刻，只見他輕點下頭，起

身道：「監督大人，依在下之見，夫人病情並無大疾，兩劑草藥便可痊癒，只因大補過度，加之延誤日久。不過，此病也無性命之憂，在下不才，如大人信得過，擔保夫人之疾不出十日即可痊癒。」說來也奇，不足十日病人果真起死回生。從此肖先生被監督大人奉為上賓，三日一小宴，五日一大宴。肖先生覺得盛情難卻，而監督大人卻覺得與肖先生相見恨晚。幾日後，肖先生向監督大人夫婦辭行，夫婦二人哪裡肯輕易答應，治病救命之恩不說，近日來，監督大人想起建縣一事不能再拖延了，執意將肖先生留下。肖先生見監督大人如此誠懇，也不好推脫，說道：「監督大人此言極是，歷代建都、造府、立州、建縣沒有不問風水的。風水合則江山盛、民國千年永固，風水有偏則遍生不祥，江山不牢、不能永年……」肖先生列舉了常見的歷史興衰與風水地脈有關的事例。

次日，監督大人與肖先生乘一輛四輪馬車沿路而行。「肖先生，你看朝陽如何？」剛走出朝陽西門，監督大人便開口問道：「不可。大人，這朝陽名字雖好，景色也有宜人之處，但這東西橫虎山對峙，橫虎有二必出一傷，對大人的前程有害無益。」監督大人聽了甚覺有理，便點頭讚許。他們乘車南行，來到大肚子川（今撫民鎮），監督大人又問道：「此地建縣如何？」

「大人，此地不可。此處雖可稱謂五穀豐登之地，可就山川地脈、陰陽八卦推看，山深林密路險，必有盜賊草寇之患，水濁陽少日後難養百姓，更要緊的是沒有『絕地』（殺人場），沒有絕地乃是建縣一大忌也。」監督大人聽了此番言語，雖點頭稱是，但也略有不快。心想：在這方圓數百里之內，難道連一個建縣的地方也找不出來？

從大肚子川返回朝陽，路過謝家店（今輝南鎮）。這次還沒等監督大人開口，肖先生便說道：「大人，依在下之見，謝家店這地方倒是一個不可多得的風水寶地。來時我們路過這裡，見大人沒有問起，也就沒有向大人進言。此地眼前雖荒涼些，但陡平各半，既沒有天災之年，也不會有饑荒可言。還有，這謝家店南有龍首山，綿延百里，尾入天池，可謂金龍得水；西南有鳳鳴山，這

龍首、鳳鳴正合龍鳳呈祥之儀。龍首、鳳鳴兩山遙相對應，坡陡山高，大有一夫當關，萬夫莫開之勢，據此天障，城內可保萬無一失。」

肖先生細細地向監督大人進言著，他見監督大人聽得很認真，又接著往下說道：「還有，這裡是通往樺甸、濛江、撫松的必經之路，發展商業大有前途。這蛤蟆河水深流急，直通輝發江，採山伐木可利用水路之便，再加上這山珍奇獸，狩獵放山獲益匪淺。」

此時正是夕陽西下斜照東嶺，呈出一片紫紅色，金輝映嶺如龍嘶鳴，似鳳洗翅，祥光瑞氣直入雲霄甚為壯觀，真可謂紫嶺夕照。

監督大人聽其言，見其景，拍手叫絕道：「立街建縣非謝家店不可也！」

回到朝陽鎮後，監督大人下了批文：立謝家店為縣址，並請肖先生為新縣址拉街號、定城圍。肖先生將謝家店方圓五十里劃為城域，在城內拉開東西五條街號，南北正中大道穿城而過，謝家店改名為輝南。時過境遷，輝南鎮在近百年的歷史發展中有了日新月異的變化，縣址又重遷回朝陽鎮，只是人們還不十分清楚，在輝南鎮還有肖先生的後代定居，因為當年為獎賞肖先生的功勞，監督大人曾給肖先生留一條街作為酬謝。

臥龍崗的傳說

在很久以前，輝南鎮南大陽屯的東山上，有一條龍。這條龍很有靈氣，保佑著這一方的生靈，大陽屯方圓百里之內，不刮特大的風，不下大的暴雨，從不下雹子，年年風調雨順，這裡的人們生活好極了。

大陽屯有個大財主叫勾勾心，他聽人家講，龍的一身都是寶，特別是龍的眼珠子，那是夜明珠，能避火、避風，還能消災消病，長生不老。於是，他就起了壞心，想把東山住的龍的眼珠摳回來。想雖然是想，要說摳龍眼珠，他可沒這個膽子。怎麼辦？為這事他吃不下睡不好，就像得了大病一樣。一天，他派往東山的人回來了，告訴他，那條龍住在山頂一個大石洞裡，這個洞兩頭通氣。他又想了一天一宿，終於想出了一個損招。他命家人偷偷地在洞口的大石

頭上綁上一把磨得飛快的牛耳尖刀。綁完後，命家人在後山的洞口點上火，然後他和家人在洞前等著摳龍的眼珠子。

　　洞後的火一著，煙和火直往洞裡灌，龍被火燒疼了，它呼地躥出洞，哧啦啦，被刀從脖子到尾巴豁開，躺在洞裡直掙命，鮮血淌了一大攤。勾勾心一看有門，就和家人們上前摳龍眼珠。誰知那龍沒死透，它用盡全身的力氣一搖頭，一甩尾巴，把勾勾心和家人全砸死了。

　　大陽屯的鄉親們聽到信兒後，都上山來看。他們流著淚，把龍埋在了山上，還修了座龍王廟。為紀念這條為老百姓造福的龍，就把這埋龍的地方叫臥龍崗。

鳳鳴山的傳說

　　距輝南鎮西南方向約十里，有一陡峭山峰，名曰鳳鳴山。它原來可不叫這個名字，據說原來它叫「棒槌嶺」。這裡還有一段淒美的愛情故事呢。

　　很久以前，棒槌嶺下住著幾十戶人家，金鳳姑娘的家和宋陽的家是鄰居。兩人從小就要好，到了二十幾歲兩人誰也離不開誰了，兩家老人看了十分高興。

　　金鳳姑娘不但人長得美，歌唱得也好聽，她站在蛤蟆河邊只要一開口，那歌聲就蕩過蛤蟆河水面，脆生生、水靈靈地傳出來。引得百鳥在頭上打轉，魚兒聚在腳下不肯離去。里長烏蘇是個老色鬼。這一天，他剛好路過這裡，被那銀鈴般的歌聲吸引住，他扒開柳樹毛子偷看了金鳳一眼，頓時，被姑娘的美貌驚呆了。里長的家住在牟家屯，他讓人打聽到姑娘的家，派管家送去禮物和山貨，依仗自己財大氣粗要娶金鳳姑娘做小老婆。

　　金鳳連看都沒看他一眼說：「命中八尺，不求一丈，我生是受窮的身，榮華富貴和我不沾邊。」

　　「丫頭，我可是為你好。」

　　「閉上你的嘴！」說著拿起掃帚一頓亂掃，管家只好快快不樂地走了。

母親看了一眼站在那裡氣得渾身哆嗦的女兒說：「我看今年的七月初七你和宋陽就把婚事辦了吧，免得我們都為你們操心。」金鳳姑娘聽了母親的話，臉像扯上一塊紅布，沒有吱聲，只是默默地點了點頭。

再說里長烏蘇聽到管家被罵和金鳳七月初七要結婚的信，氣得坐在那裡直喘粗氣。管家安慰說：「里長大人，何必和他們發這麼大的火，對付他們，您是綽綽有餘。」說完貼在里長的耳朵邊嘀咕一陣，兩人臉上都露出得意的笑。

那時候仗打得凶著吶，宋陽為了躲避努爾哈赤招兵，在外邊躲了一陣子，以為沒啥事了，才敢露面。這日，他和金鳳高高興興地到拉拉屯辦嫁妝。一路上他們有說有笑，宋陽不時地採一朵路旁的小花插在金鳳的頭上，兩人邊走邊說。冷不丁的，呼啦啦從路旁的柳毛子裡鑽出十幾個人，直奔宋陽和金鳳姑娘。這一下非同小可，宋陽用身子護住金鳳，在他們還沒弄清是咋回事時，兩個人都被捆了起來。

烏蘇踱著方步來到他們面前，提了個公鴨嗓說：「宋陽，我看你躲了初一躲不了十五，這回捆也要把你捆到前方去！」說完咧著大嘴嘿嘿一笑，又看了眼金鳳道：「都給我押回去！」

宋陽被押送薩爾滸戰場，金鳳姑娘送到里長府上，在那裡奇長軟硬兼施，姑娘至死不從，氣得他七竅冒火，急得團團轉，管家湊上前來又和里長嘀咕一番。

七月初七的晚上，金鳳姑娘綁著雙手被推到院子裡，烏蘇坐在椅子上，指了指院中間的一堆劈柴說：「看見了吧，跟了我可享榮華富貴，不然可別怪我不客氣！」

金鳳吐他一口：「我生是宋陽家人，死是他家的鬼，要殺要砍隨你的便，這世我報不了仇，到陰間也不會放過你的！」

「給我燒！」里長氣得張牙舞爪地喊起來。劈柴被點起來噼啪作響，管家一揮手，上來幾位家丁抬起姑娘扔進火裡，她一沒喊二沒叫，轉眼間火中不見人影，正在他們納悶時，突然火中飛出一隻金鳳凰，渾身金翅金鱗的好看極

了，在火堆上面飛了一圈，直奔里長撲去，里長在驚慌中被啄瞎了雙眼。然後金鳳凰化作五彩光環向棒槌嶺飛去，它在棒槌嶺的峰頂落下，淒涼地叫了幾聲之後，就不知飛到哪裡去了。從此以後，每年的七月初七金鳳凰都要回到棒槌嶺上叫幾聲「宋陽」，人們就把棒槌嶺改名為鳳鳴山了。

雙鳳朝陽的傳說

朝陽鎮，為何取名朝陽，還流傳著一段美麗動人的故事呢！

很早以前，這塊地方荒無人煙，但風景異常秀麗，背山面水，坐北朝南。山不高，而古樹參天，鳥獸成群；水不深，卻九河相會，魚肥蝦壯。有一年秋天，從關內逃荒來了兩戶人家，一家姓曹，來自山東的沂蒙山區，靠狩獵為生。一家姓楊，來自山東的古黃河岸邊，以打漁為業。兩家人在逃荒途中相遇，共同的命運使他們很是合得來，便結伴而行。當走到這塊地方，靠著獵人、漁家敏銳的眼睛，一下子看中了這塊風水寶地，便一家在山前，一家靠水邊定居下來。

又一年，曹、楊兩家女人雙雙有喜，便湊到一起商量，如生一男一女，便訂下兒女親家。果然天從人願，時隔幾月，曹家生一子，楊家得一女，兩家大喜過望，經過再三斟酌，將男兒取名曹陽，女兒取名綵鳳。滿月那天，兩家人聚到一起，互相祝賀，交換禮物，真的為曹陽、綵鳳訂下了百年之好。時間一長，這裡居住的人家逐漸多了起來，曹陽、綵鳳也已長大成人。只見曹陽長得威武英俊，壯得像山一樣，並練就一身好武藝，打虎獵豹，砍柴耕田，很是勇敢勤勞。綵鳳出落得花容月貌，美得像仙女下凡，捕魚捉鱉，描龍繡鳳，十分聰穎。鄉鄰們都誇他們是珠聯璧合，天地造就的一雙。

一天傍晚，二人相依相偎來到河邊，談論著幸福的過去，編織著美好的未來。哪曾想，「天有不測風雲，人有旦夕禍福」，這次幽會竟被一個妖怪看見，綵鳳的美貌使這個凶殘成性的妖怪魂不守舍。沒隔幾天，綵鳳見風和日麗，波平浪穩，一時興起，駕起船來到河心，撒網打起魚來。突然間，狂風驟起，惡

浪翻滾，從河裡鑽出一群怪獸，為首的一個尖頭闊嘴、大肚子的妖怪醉醺醺、色迷迷、直勾勾地盯著如花似玉的綵鳳，腳踏碧波一步幾搖的往前湊。被驚呆了的綵鳳見狀，顫聲問道：「你是什麼人？」

「笑話，這方圓百八十里的，哪個不認識我黑魚精？」妖怪嘿嘿笑道。綵鳳明白了，這個妖怪原來就是大龍灣黑魚精黑老大的三兒子，這小子經常興風作浪，強搶殘害良家女兒，早就臭名遠颺，這時三太子已經靠近了綵鳳的漁船，綵鳳厲聲問道：「你要幹什麼？」

三太子說：「不幹什麼，我要你給我當老婆！」說著就要上前去拉綵鳳。綵鳳急中生智，把手中的網一股腦朝三太子撒去，然後使足力氣，拚命搖了幾下船槳，小船箭似的順流而下，轉眼就跑遠了。

三太子沒得到綵鳳，極不甘心，過了三天，派了一個女妖怪前來提親。先以蜜語相勸，珠寶饋贈，後以惡言傷害，武力相挾。無奈綵鳳心戀曹陽，心如磐石，寧死不從。這下可惹怒了三太子，這個無惡不作的壞蛋，不顧一切地發起狂來，瞬間河水暴漲，把一片好端端的土地變成一片汪洋。再說楊家迫於生計，望著漫天大水，綵鳳爹硬要下河捕魚，綵鳳見家人勸說不行，就堅持要和爹一同去。沒想到這正中了三太子之計。當父女駕船行到河心，三太子作法掀翻了漁船，搶走了綵鳳。深通水性的綵鳳爹見心愛的女兒被搶走，手持漁叉，高聲喝道：「何方妖怪，為何光天化日之下搶我女兒？」

三太子笑嘻嘻答道：「未來的老丈爺，待女婿過幾天再登門叩拜。」說罷，分開水路跑得無影無蹤。當綵鳳爹回到家中將此凶信告訴大家，兩家人悲天哭地，不知如何是好。尤其曹陽見自己心愛的姑娘落入三太子之手，氣憤得眼睛都快滴出血來，冷不丁操起板斧，大吼一聲衝出家門，待家人追趕出來，他已跳進洶湧的洪水之中。後來有人說，曹陽跳進河裡後游了不知多長時間，終於找到了三太子居住的地方，與三太子血戰了幾天幾夜，終因寡不敵眾，戰敗身亡。三太子殺死了曹陽，以為絕了後患，便強逼綵鳳成親。綵鳳思念曹陽，茶飯不進，不管三太子如何軟硬兼施，她就是寧死不從。三太子為了絕了

綵鳳的念頭，便將曹陽已經被他殺死的事告訴了她，綵鳳聽後如五雷轟頂，萬念俱灰，趁三太子不注意撞牆而死。

幾年過去了，忽然有一天，正當晚霞映紅天帷的時候，從遠方飛來兩隻鳳凰，在山前水邊的上空翱翔飛舞，五彩繽紛，異常美麗，動人心弦。「鳳凰來了！」突然，河水裡冒出一股黑煙，接著鑽出一個尖頭闊嘴、大肚子的怪物，手持一根狼牙大棒，正是黑魚精三太子，後面跟著一群蝦兵蟹將。兩隻鳳凰一見，像兩隻利箭疾撲上去，轉眼和三太子戰到一處。人們驚奇之餘，頓然醒悟，不知誰喊了起來：「是曹陽、綵鳳變成鳳凰尋找三太子報仇來了！」人群沸騰了，有的回家拿出松明火把，把河岸照得如同白天一樣，齊聲為鳳凰吶喊助威。經過一夜一天的激戰，三太子終被啄瞎一隻眼，狼狼地率眾妖向遠方逃去。鳳凰打跑三太子和眾河妖，使久受其害的人們欣喜若狂，紛紛從家裡拿來最好的食品，擺案設香，共同祝賀兩隻神鳥的勝利並祈禱鳳凰留下來保護他們。鳳凰為了感謝家鄉人的虔誠，解脫家鄉人的苦難，雙雙飛舞了一段時間之後，分別飛向東西相距十里的北山西端，化做兩座大山屹立在那裡，鎮守著這塊美麗富饒的地方。從此，三太子和眾河妖再也沒敢來興風作浪，人們又開始過上了幽靜的田園生活。為了感謝和紀念曹陽、綵鳳堅貞不渝的愛情和敢於與邪惡鬥爭為民除害的精神，人們把鳳凰化作的兩座山分別取名叫東鳳舞山、西鳳舞山。

多少年過去了，這塊美麗富饒的土地上人口越來越多，變成了遠近聞名的繁華集鎮，東、西鳳舞山像兩個忠誠的衛士，聳立在鎮子的兩頭，人們引用「雙鳳朝陽」的典故，便把鎮子叫朝陽鎮。

三通河的傳說

相傳，清朝初年有個大學士，太傅兼太子太師，叫范文程。他在少年的時候跟父親渡過了遼河，走了些日子，在一條河邊蓋了一些房子住下。這條河邊就是三通河的河沼。有一天，他在月光下讀書，忽然聽到水的波浪聲特別大，

循聲看去，只見有一個像水牛大的鱉，搖頭擺尾地在河裡向月亮參拜。他便叫僕人起來看，僕人一看嚇得跌倒了。他急忙拿著弓箭跳到河邊射鱉，把鱉射死了。他脫掉衣服，下水把鱉推到河邊，用刀把鱉的脖子和尾巴割下來，分為三截，背到屋裡，把頭劈開，裡邊有一部黃帝戰蚩尤的書；把肚子割開，裡邊有一部伊尹相湯伐桀的書，把尾巴割開，裡邊有一部姜子牙佐武王伐紂的書。他拿起黃帝戰蚩尤的書一看，一個字不認識。再拿起伊尹相湯伐桀的書，也是有許多字不認識。唯有姜子牙佐武王伐紂的書一看就懂，他整整念了一個晚上也沒休息，有很大的收穫。不大一會兒太陽就出來了，三部書都沒有了，光剩下這個鱉了，把這個鱉烹了吃特別香。以後范文程跟隨清太祖征戰，幫助太祖出謀劃策，打一仗勝一仗。大家都認為是他得了姜子牙佐武王伐紂這部書的結果。正因為這個鱉的頭、肚子、尾巴有三部遺書，打這以後人們就給這條河起個名叫三通河。

八仙泡的傳說

輝南縣城東側雙鳳鄉境內，有一處自然形成的水城，現稱八里泡。據說很久以前，在離泡子不遠的地方住著一個漁民，每天都要到這裡撒網捕魚。一天，漁夫打上了一隻磨盤大的水龜，那隻水龜吱吱地似乎會說話，漁夫覺得很奇怪，於是又把它放回水中。第二天，當他又來撒網捕魚時，從岸邊走來一位白鬍子老頭與他搭話：「我是來自南海的仙龜，因昨日飲酒過度，離開了七位弟兄，被你網獲又放生，慈善之心，我必相報，希望每天陽光普照人間時，我們相會西岸沙灘上。」漁夫剛剛點頭，那白鬍子老頭的身影頓時不見了，只見水面上泛起一片白色的浪花。

從此，漁夫每天都能很快捕到許多魚，拿到集市上賺了很多錢，除了養活家裡老小外，他常常買上幾斤酒，去西岸沙灘與八仙暢飲。久而久之，人們就把這塊無名水域稱之為八仙泡。後來，一些人對龜類有些忌諱，加之人們猜度八仙泡與縣城相距足有八里之多，所以雙鳳嶺的傳說，八仙泡逐漸改為八里

泡，原稱無人再提。

　　輝南縣朝陽鎮城北的那座雙鳳嶺，雖然沒有碑文，也沒立什麼牌坊，但那山的名字，卻是康熙皇帝起的。

　　相傳，清朝年間的一個冬天，康熙皇帝御駕北巡，來到大柳河北岸的山上視察戰備設施。在視察過程中，康熙發現一個身體瘦弱，臉色蒼白，挑著兩大捆柴火的十五六歲的小姑娘，一步三晃地往山下走著。康熙見狀，頓起憐意，緊走兩步，上前問道：「小姑娘，你年紀這麼小，身體這麼弱，為何家裡大人不來砍柴呢？」小姑娘聽了，兩隻大眼睛立時通紅，兩顆豆大的淚水在眼裡轉來轉去，一時說不出話來。跟隨康熙皇帝的一位大臣見狀，忙上前小聲對小姑娘說：「這位是咱們大清朝的康熙皇帝，還不上前跪下回話！」小姑娘聽了，嚇得連忙跪倒，流著淚抽抽搭搭地說道：「萬歲爺，恕民女無理，只因母親病重故去，父親下世又早，民女不忍心母親的屍體被野狗吃掉，只好上山砍柴賣錢，給母親買口棺材。」康熙聽罷，深受感動，上前扶起小姑娘說：「朕念你對母親的一片孝心，送你白銀二十兩，拿回家去發送老人，餘下的暫度風寒吧！」說著，叫隨從遞上銀子。小姑娘接過銀子，千恩萬謝，回家去了。

　　時過一年，康熙突然聽說宮門前來了一位名叫雙鳳的小姑娘，說是來還銀子的，心裡很納悶。於是，就傳小姑娘進宮，小姑娘進了宮，康熙一眼就認出是他去年北巡時遇到的那個砍柴的小姑娘。於是，康熙走到小姑娘跟前問道：「上次送你白銀二十兩，是念你對母親一片孝心，為何千里迢迢前來送還？」「萬歲爺，有道是：人生一世，無功不能受祿，我一個小民女，豈能白花萬歲爺的銀子呢？如今民女靠打柴，以將二十兩銀子攢夠了，為此特來奉還。」

　　說著，小姑娘從懷中取出一個小紅布包，雙手捧著遞了上去。康熙接過銀子，望著小姑娘，自言自語地說：「小小民女，人窮志大，真乃舉世罕見！」小姑娘謝了康熙皇帝對她的挽留，忍饑頂風，徒步返回家中。三年過去了，康熙又御駕北巡，決定去看看雙鳳姑娘。可當康熙皇帝來到雙鳳住的那個鎮子時，才知道雙鳳姑娘為了積攢銀子，整日起早貪黑上山砍柴，再加上去京城的

勞累，回來後就病倒了，沒有多久就離開了人世。康熙聽了鄉親們的訴說，心裡十分難受，為了表示對雙鳳姑娘的懷念，康熙就把雙鳳姑娘砍柴的那座山取名為雙鳳嶺。說來也怪，康熙的話音剛落，就見雙鳳嶺上閃出了一道金光，金光中，一隻金光閃閃的鳳凰，朝著太陽飛去了。打那以後，人們就把雙鳳嶺下的那個鎮子取名為朝陽鎮。

吉林文庫 A0703A23

文化吉林：輝南卷

主　　編	莊　嚴	
版權策畫	李　鋒	
責任編輯	林以邠	
發 行 人	陳滿銘	
總 經 理	梁錦興	
總 編 輯	陳滿銘	
副總編輯	張晏瑞	
編 輯 所	萬卷樓圖書股份有限公司	
排　　版	菩薩蠻數位文化有限公司	
印　　刷	維中科技有限公司	
封面設計	菩薩蠻數位文化有限公司	

出　　版　昌明文化有限公司
桃園市龜山區中原街 32 號
電話 (02)23216565

發　　行　萬卷樓圖書股份有限公司
臺北市羅斯福路二段 41 號 6 樓之 3
電話 (02)23216565
傳真 (02)23218698
電郵 SERVICE@WANJUAN.COM.TW
大陸經銷　廈門外圖臺灣書店有限公司
　　電郵 JKB188@188.COM

ISBN 978-986-496-279-2
2018 年 1 月初版
定價：新臺幣 420 元

如何購買本書：

1. 轉帳購書，請透過以下帳戶
   合作金庫銀行 古亭分行
   戶名：萬卷樓圖書股份有限公司
   帳號：0877717092596

2. 網路購書，請透過萬卷樓網站
   網址 WWW.WANJUAN.COM.TW

大量購書，請直接聯繫我們，將有專人為您
服務。客服：(02)23216565 分機 610

如有缺頁、破損或裝訂錯誤，請寄回更換
版權所有·翻印必究

Copyright©2016 by WanJuanLou Books CO., Ltd.

All Right Reserved　　　　　**Printed in Taiwan**

國家圖書館出版品預行編目資料

文化吉林. 輝南卷 / 莊嚴主編. -- 初版. -- 桃
園市：昌明文化出版；臺北市：萬卷樓發
行, 2018.01
　　冊；　　公分
ISBN 978-986-496-279-2(平裝). --
1.文化史　2.人文地理　3.吉林省
674.2408　　　　　　　　　　107002185

本著作物經廈門墨客知識產權代理有限公司代理，由時代文藝出版社授權萬卷樓圖書
股份有限公司出版、發行中文繁體字版版權。